KB0033278

식민지 조선의 근대학문과 조선학연구

식민지 조선의 근대학문과 조선학연구

초판 1쇄 발행 2015년 8월 31일

엮은이 | 연세대학교 역사문화학과 BK21플러스 사업팀
펴낸이 | 윤관백
펴낸곳 | 도서출판 선인

등록 | 제5-77호(1998.11.4)
주소 | 서울시 마포구 마포대로 4다길 4 곶마루 B/D 1층
전화 | 02)718-6252 / 6257 팩스 | 02)718-6253
E-mail | sunin72@chol.com
Homepage | www.suninbook.com

정가 20,000원
ISBN 978-89-5933-915-0 93900

식민지 조선의 근대학문과 조선학연구

연세대학교 역사문화학과 BK21플러스 사업팀

간행사

21세기는 문화의 혁신과 소통의 세기이다. 세계 각국은 세계와 소통할 자기 문화기반을 마련하기 위해 역사와 문화를 다시 탐구하는 데 많은 노력을 기울이고 있다. 전통과 역사에 대한 확인은 보편적 문화, 사상의 발전과 공유를 모색하는 출발점이기 때문이다. 세계화 시대를 사는 우리에게도 세계와 소통할 한국의 역사와 문화를 체계화하는 작업은 피할 수 없는 시대의 요구이다. 이러한 요구와 관련하여 연세대학교 역사문화학과에서는 '조선학 연구'를 주제로 근대한국학의 지적기반과 새로운 전망을 찾기 위한 연구, 교육프로그램을 진행하고 있다. 2013년 'BK21+ 미래기반창의인재양성형(인문사회 및 융복합분야) 교육역량 강화사업'에 「근대한국학 전문가 양성과정-조선학의 재발견과 세계화」 사업이 선정된 것이다. 향후 7년(2013~2020)간 식민지기 '조선학' 자료의 체계화작업과 글로벌 연구네트워크 구축, 전문 연구인력 교육체계구축 사업을 추진할 예정이다.

이 사업에서는 무엇보다도 근대한국학의 연구 인력을 우수한 자원으로 양성하는 것이 가장 중요한 과제이다. 대학원생들이 연구에 매진할 수 있도록 연구지원금과 연구실을 제공하고 있으며, 해외 연수와 학회 참여도 적극적으로 지원하고 있다. 또한 대학원생들 스스로 소규모 학술대회와 세미나를 기획할 수 있도록 자체 연구비를 지원하고 있다. 또한 매년 2차례

‘조선학 석학강좌’, ‘한국학과 세계 포럼’을 개최하여 국내외 한국학의 석학과 세계적 연구 흐름과 만날 기회도 마련하고 있다.

이제 근대한국학의 학적 기초를 마련하기 위한 첫 번째 작업으로 2권의 책을 간행하게 되었다. ‘식민지 조선의 근대학문과 조선학연구’과 ‘일제하 조선학 관련 기사목록(1)-동아일보, 조선일보(1930~1940)’이다. 지난 2년 동안 노력의 결실로 조선의 근대학문의 성립과정에서 조선학 연구의 위치와 의미를 찾는 논문집에 이어 일제식민지기 조선학에 관한 기초자료로서 신문기사 색인집을 내게 된 것이다. 본 사업팀은 향후 순차적으로 주제 논문집과 기초자료집을 간행하게 될 것이다.

이러한 사업의 성과는 앞으로 근대한국학의 학문적, 역사적 기반을 체계화하면서 동시에 세계와 소통할 수 있는 근대한국학의 새로운 학적 토대를 마련하는 디딤돌이 되어줄 것이다. 국내외 학계에서도 지속적으로 관심을 기울여 ‘조선학’의 기초연구가 활성화하고 세계적 수준의 학문 교류와 소통으로 나아갈 수 있는 기반을 마련하는 데 함께 노력했으면 하는 바람이다.

연세대학교 역사문화학과 BK21플러스 사업팀을 대표하여

왕현종 씀

들어가며

이 책은 연세대학교 역사문화학과 BK21플러스 '근대한국학 전문가양성과정 사업팀'의 2년간 연구성과를 묶은 결과이다. 연세대학교 역사문화학과 BK21플러스 사업팀이 연구목표로 삼은 '근대한국학'은 어쩌면 매우 익숙한 분야라고 할 수 있다. 근대 이후 한국의 역사와 문화를 연구해왔던 모든 인문사회과학분야가 이 범주에 포괄되기 때문이다. 사실상 하나의 연구팀이 다룰 수 없는 주제라고 할 수 있다. 그러함에도 본 사업팀이 '근대한국학' 연구를 목표로 삼은 것은 오늘날 '한국학'연구가 처해 있는 어려움을 극복하기 위해서는 근대 한국학 연구의 문제의식과 지평이 재검토될 필요가 있다고 생각했기 때문이다.

오늘날 '한국학'연구가 직면한 어려움은 크게 두 측면에서 비롯된다고 생각된다. 첫 번째는 본말이 전도된 국제화 요구이다. 세계학계와 한국학연구의 성과를 나누고 더 넓은 시야에서 한국학연구를 발전시켜야 한다는 것은 누구도 부정할 수 없는 시대적 요구이다. 그러나 오늘날 한국학연구가 직면하고 있는 국제화요구는 그와 좀 다른 측면이 있다. 무엇을 공유할 것인가를 고민하기 이전에 어떻게 공유할 것인가를 먼저 요구하고 있다. 어떤 내용을 영어로 쓸 것인지를 고민하기 전에, 어떻게든 영어로 쓰고 발표하는 것이 중요하다는 논리이다. 자연히 한국학은 무엇을 위한 학문인가라는 질문을 제기할 수밖에 없다. 대화는 상호소통의 관계이다. 만남에 급급하여 자신이 할 말이 무엇인지를 고민하지 않는 대화에서 생산적 결과를 찾기는 어려울 것이다.

두 번째는 자기부정적 경향이다. 어떤 근대국가도 그렇듯이 '자국학'은 발생적으로 민족주의적 속성을 띠고 있다. 근대국가건설이 요구하는 자기 정체성 확보요구가 저변에 깔려 있기 때문이다. 식민지배를 거쳐 분단을 살고 있는 한국사회는 그런 측면이 더 크다고도 할 수 있다. 그 결과로 오늘날 한국학이 직면하고 있는 또 하나의 상황은 민족주의적 한계에 대한 집요한 비판이다. 과하게 표현하자면 민족주의와 근대에 구속되어 다양한 정체성과 열린 사고를 구속했던 학문적 굴레가 한국학이라는 비판이다. 그러나 되물어야 할 것들이 있다. 그러한 비판들이 딛고 있는 기반은 비판대상이 되는 학문성과들과 무관할 수 있는지를, 또한 민족주의와 근대는 비판만으로 극복 가능한 현실인지를. 비판은 언제나 경쾌하지만, 딛고 넘어서는 결과를 생산하는 작업은 더디고 힘들기 마련이다. 무엇을 비판하기 이전에 무엇을 디딤돌로 삼을 수 있을지를 먼저 생각할 필요가 있을 것이다.

이상의 현실들과 관련하여 본 사업팀은 '한국학'연구의 진전을 위해 무엇보다도 근대 '한국학연구'들의 문제의식과 연구지평을 정리하는 작업이 필요하다는 결론에 도달하였다. 식민지배와 근대, 분단과 전쟁이 교차했던 근현대사는 '한국학'연구를 옭아맨 착잡한 현실이었지만, 동시에 그러한 현실은 자기의 역사와 문화에 입각한 주체적 현실 극복방향을 물었기 때문이다. 때로는 현실에 포획되면서도, 현실의 지반에서 또 다른 미래를 상상하는 노력들이 그 안에는 포함되어 있었다. 오늘날의 '한국학'이 무엇인가를 말하고, 과거를 딛고 넘어가려 한다면 자신이 딛고 있는 역사에 대한 보다 성실한 검토가 필요할 것이다.

이 책은 이상의 문제의식을 바탕으로 한말, 일제하의 조선연구를 검토한 6편의 글을 담고 있다. 1부 '근대인식과 '조선학'의 사상'에 포함된 세편의 글은 식민지기 '조선학' 연구의 사상적 고민을 다룬 글들이다. 근대의 모순과 조선민족의 근대를 동시에 고민했던 조선연구들이 고민했던 문제의식과 사상적 지향을 살펴보고자 하였다. 첫 번째 글인 이태훈의 '신남철의 보편주의적 역사인식과 지식인사회 비판'은 조선학연구에 투영된 보편주의적 맑스주의자의 사상적 문제의식을 검토한 글이다. 왜 그토록 신남철은 조선사의 보편적 발전과정을 강조하였으며, 그에 입각한 지식인사회 비판은 무엇을 의미했는지를 살펴봄으로써 맑스주의 지식인의 조선학연구가 당대 사회에서 갖는 의미를 밝히고자 한 글이다. 신남철은 역사발전의 보편성을 통해 절망적 현실과 관념적 초극론에 대응하려 하였으며, 때문에 역사발전의 보편성이 관철되는 보편사로서 조선학을 지향하게 되었다는 것이 이태훈의 결론이다. 식민지 지식인의 지적상황 속에서 보편적 역사발전론의 사상적 문제의식이 어떻게 시작되는지를 살펴보고 있다. 두번째 글인 정덕기의 '위당 정인보의 실학인식과 학문주체론: 양명학 연론을 중심으로'는 민족주의계열의 조선학연구자였던 정인보의 근세조선학 계보화가 갖는 사상적 의미를 검토한 글이다. 정덕기에 의하면 정인보가 '양명학연론'을 저술한 이유는 근세조선학의 계보를 재구성하여, 주체적 학문인식을 역사적으로 계보화하기 위한 것이었다. 전통의 비판적 계승과 근대의 주체적 수용을 결합시키려 했던 정인보의 사상적 고민이 양명학연구를 통해 어떻게 형상화되는지를 살펴본 글이다. 세 번째 글인 이태훈의 '민족 개념의 역사적 전개 과정과 그것이 의미하는 것'은 위의 글들과 조금 다른 각도에서 '조선학'연구의 핵심키워드인 '민족'개념의 형성과정을 살펴보고 있다. 국민과 민족으로 동시에 번역될 수 있었던 nation개념이 '민족'개념으로 정착하게 된 이유는 식민지배 속에서 국가를 상대화하기 위해서였으며, 그에 따라 민족개념은 종족적 단위과 정치적 단위를 동시에 포괄하게 되었다는 것이 이 글의 전언이다. 근현대 사상사의 핵심개념인 '민족'개념의 정치사회적 형성과정을 검토하여 '민족'단위 역사문화 인식의 역사적 기반을 밝히고 있다.

1부의 글들이 '조선학연구'의 사상적 문제의식을 중심으로 살펴본 글들이라면, 2부 '근대학문사상과 조선연구의 방법'은 조선연구 방법론에 미친 근대학문의 영향을 살펴본 글들이다. 첫 번째 글인 왕현종의 '한말 개혁기 민법 제정론의 갈등과 '한국 관습' 이해'는 근대적 민법제정과정에서 나타난 두 방향의 전통인식을 다루고 있다. 왕현종은 이 글에서 근대민법 성립과정은 한국의 관습전통에 바탕한 근대법 구축노력과 근대법의 식민지적 적용이 충돌한 과정이었으며, 비록 좌절되었으나 관습전통과 근대법을 결합시키려 했던 노력은 독자적 학문체제와 근대적 발상전환을 동시에 추구했던 조선학의 기본시각에 연결된다고 밝히고 있다. 문화전통의 근대적 제도화과정에서 주체와 목표에 따라 근대학문이 어떻게 상반된 방식으로 작용할 수 있는지를 보여주고 있다. 두 번째 글인 이준성의 '조선후기 역사지리연구의 계승과 식민주의적 변용 : 현도군의 위치비정을 중심으로'는 조선후기 역사지리연구성과의 식민주의적 변용과 배제과정을 살펴보고 있다. 일본 역사학자들은 보편성과 과학성을 무기로 조선후기 학문성과를 비과학적인 것으로 배제하였지만, 다른 한편에서는 실증성을 표방하는 자기 연구에 적극적으로 활용하였으며, 그러한 이중적 메커니즘이 조선후기 고대사 연구성과의 주체적 계승을 좌절시켰다는 것이 이글의 결론이다. 근대의 과학성을 무기로 동아시아의 지적전통을 배제하려 했던 식민주의 역사학의 모순된 양면성을 살펴본 글이다. 세 번째 글인 채관식의 '안재홍의 인류학 수용과 조선상고사연구'는 조선학운동의 중심인물이었던 안재홍의 근대인류학 수용과 민족문화사 체계화과정을 검토하고 있다. 안재홍은 루이스 모건의 '고대사회이론'을 활용하여 문화적 특수성의 보편이론화를 시도했으며, 그렇게 확인된 민족문화의 특수사상, 곧 '종국사상'을 실학과 조선학의 사상적 기반으로 연결시켰다는 것이 채관식의 설명이다. 근대학문과 민족문화인식의 상호관계를 통해 조선학의 사상적 지향과 근대적 학문기반을 밝히고 있다.

이상 여섯 편의 글은 본 사업팀이 가야할 길에서 보자면 시작의 첫걸음이라고 할 수 있다. 그러나 한국학이 식민지근대와 만나는 지점에서 무엇을 비판하고 흡수하려 했는지를 살펴본 작업이었다고 할 수 있다. 한국학이 한국사회의 현실과 대화하기 위해 필요한 역사적 경험과 문제의식을 발견하는 데 작은 기여가 되기를 기대한다.

필자들을 대신하여
이태훈 씀

목 차

2부_ '근대학문사상과 조선연구의 방법'

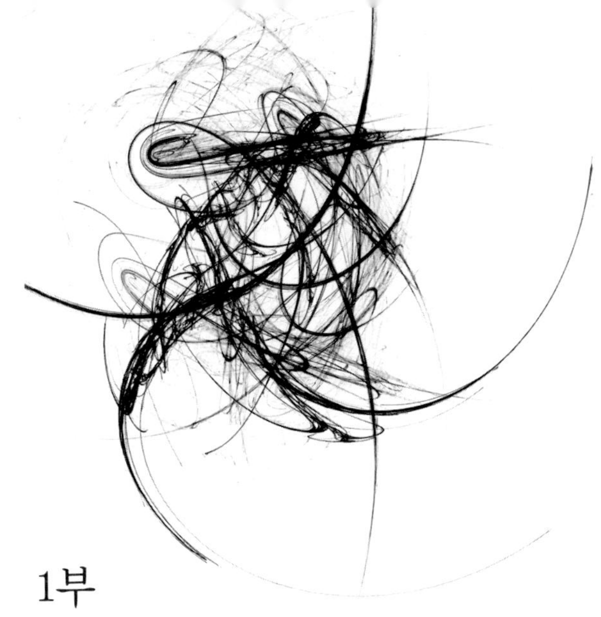

1부

근대 인식과 '조선학'의 사상

일제하 신남철의 보편주의적 역사인식과 지식인 사회 비판*

이 태 훈**

1. 서론

1930년대 식민지 조선의 지식층은 사상 전반에 걸쳐 매우 중요한 변화를 맞이하고 있었다. 1929년 대공황 이후 자본주의세계체제의 위기와 식민통제체제의 강화 속에 조선지식인사회를 압도했던 근대사상들이 자명성을 의심받았고, 식민지 조선의 해방 가능성 역시 심각하게 의심되었기 때문이었다. 지식인 사회의 현실 조건 변화 역시 새로운 사상 상황을 추동하였다. 대공황 이후의 경제위기 속에 지식, 사상의 주요 수용자이자 전파자였던 중등교육 이상 고학력층의 실업난이 가중되었고, 가장 강력한 영향력을 행사하던 사회주의사상 역시 전향과 탄압 속에 지배적 위상이 약화되고 있었다.

이러한 사상지형의 변화는 매우 복잡한 양상을 띠며 전개되었다. 한편으로는 기존의 사상기반과 현실인식을 비판적으로 재검토하여 조선현실에 근거한 주체적 대안을 마련하려는 노력으로 이어졌지만, 다른 한편에서는

---

* 이 글은 '일제하 신남철의 보편주의적 역사인식과 지식인 사회 비판', 『민족문화연구』 68호(2015.8.)에 실린 원고를 수정, 보완하여 수록한 것이다.

** 연세대학교 역사문화학과 조교수.

파시즘, 전체주의 사상의 영향력이 확대되며 근대적 가치 전반을 부정하려는 경향이 확산되고 있었다. 근대원리의 근원적 극복이란 문제의식이 인간의 이성적 능력과 자유를 부정하고 전체주의적 사회재구성을 지향하는 사상경향으로 연결되었기 때문이었다. 무엇보다도 현실에 대한 사상적 대결을 포기하고 일제의 지배질서 확대를 대안적 미래로 상정하는 사상적 전도양상이 두드러지게 나타났다. 일제의 전체주의적 국가통제를 사회주의적 변혁의 일환으로 간주했던 사회주의자들의 전향논리나 근대초극의 원리로 황도국가를 상정했던 친일지식인들의 논리는 그 대표적 예였다.

이 글에서는 이상의 문제와 관련하여 1930년대 한국사상계의 전환양상과 사상적 모색의 방향을 살펴보기 위한 작업의 일환으로 1930년대 좌파 철학자이자 저널리스트로서 활발한 비평활동을 전개한 신남철의 역사철학과 조선학연구론을 살펴보려고 한다. 특별히 신남철을 주목하는 것은 다음의 이유 때문이다.

먼저 독특한 보편주의 역사철학을 끝까지 고수하며 당대 지식인사회를 비판했던 신남철의 지적활동을 통해 당대 지식인사회가 직면했던 사상적 문제들과 극복방식의 실상을 살펴볼 수 있기 때문이다. 신남철의 평론활동은 당대 지식사회의 위기론, 근대극복론이 제기하던 문제들을 공유하면서도 지식인사회의 자기기만과 관념적 성격을 끊임없이 지적하여 현실과 사상담론 사이의 긴장관계를 폭넓게 드러내고 있었다. 신남철의 비판담론을 통해 당대 사상계의 문제의식과 갈등의 지점에 접근할 수 있을 것이라 생각되는 것이다. 두 번째 식민지 조선의 지배적 사상논리였던 맑스주의의 이론적 심화양상과 분화를 살펴볼 수 있기 때문이다. 이 시기 맑스주의의 이론적 심회는 매우 다양한 차원에서 진행되었지만, 그 방향은 다양한 차이를 내재하고 있었다. 특히 역사발전의 보편성, 계기적 발전성을 강조한 신남철의 주장은 조선사회의 아시아적 특수성을 강조한 당대 맑스주의 지식인의 지배적 인식과 다른 것이었다. 맑스주의의 실천성을 역사철학적 관점에서 정립하려 했던 신남철의 관점과 여타 사회주의 지식인들의 인식을 비교함으로써 당대 맑스주의 사상의 분화양상을 살펴볼 수 있을 것이다. 세 번째는 1930년대의 특징적인 학문, 사상동향이었던 '조선학'연구에 비판적으로 개입한 신남철의 '조선학연구론'을 통해 조선학연구의 지형과 '비판적 조선연구'의 사상적 의미를 살펴볼 수 있기 때문이다. 조선역사, 문화의 '합법칙적' 발전과정에 주목하며 조선학연구에 적극적으로 개입했던 신남철의 입장은 사회주의사상 틀 안에서 민족문화연구와 사적유물론을 통합적으로 재인식하려는 시도였다. 해방 후 '내재적 발전론'의 원형적으로 보여주는 이러한 논리를 살펴봄으로써 이시기 사회주의 지식인의 조선연구가 갖는 의미를 확인하고, 1930년대 조선연구가 한국근현대사상사에서 차지하는 위상을 살펴볼 수 있으리라 생각된다.

한편 철학자이자 문학비평가, 그리고 기자로 다채로운 활동을 전개한 신남철에 대한 연구는 철학, 역사학, 국문학 분야에서 적지 않게 축적되어 왔다. 우선 철학계에서는 이미 1970년대부터 신남철을 비롯한 맑스주의 역사철학자들에 주목한 조희영의 연구를 시작으로, 신남철의 맑스주의 수용양상과 실천철학의 의미, 그리고 신남철이 제기한 '신체적 인식론'의 철학적 성격을 분석한 연구들이 제출되었다.[1)] 당대의 현실에 실천적으로 대응하

1) 대표적으로 다음의 연구들이 참조된다. 권용혁, 「역사적 현실과 사회철학 - 신남철을 중심으로」, 『동방학지』 112집, 연세대학교 국학연구원, 2001; 권용혁, 「서구철학의 수용과 '현실': 신남철, 박치우, 박종홍을 중심으로」, 『철학과 현실』, 울산대학교 출판부, 2004; 김재현, 「일제하 해방 직후의 맑시즘 수용」, 『철학연구』 24, 철학연구회, 1988; 이병수, 「1930년대 서양철학 수용에 나타난 철학 1세대의 철학함의 특징과 이론적 영향」, 『시대와 철학』 17권 2호, 한국철학사상연구회, 2006; 조희영, 「현대 한국의 전기 철학사상 연구 - 일제하의 철학사상을 중심으로」, 『용봉논총』 3집, 전남대학교, 1975; 조희영, 「현대 한일 철학사상의 비교연구 - 1930년대의 박종홍과 삼목청의 철학사상을 중심으로」, 『용봉논총』 12집, 전남대학교, 1982; 조희영, 신상호, 성진기, 「한국과 일본에 있어서의 서양철학 수용형태에 관한 비교연구」, 『용봉논총』 7집, 전남대학교, 1977; 김재현, 『한국 사회철학의 수용과 전개』, 동녘, 2002; 봉기, 『신남철의 철학사상연구』, 전남대학교 철학과 박사논문, 2009.

려했던 철학적 문제의식과 인식과 실천의 변증법적 통일을 추구했던 그의 독특한 철학체계가 주목받았기 때문이다. 문학연구에서는 그의 역사철학적 문학비평과 지성사적 기반이 주목되었다. 1930년대 문학비평에서 역사철학적 비평이 차지하는 위상과 신남철의 지적배경인 경성제국대학의 지성사적 성격을 밝히려는 연구였다. 1930년대 문학계를 비롯한 지식인사회 전반의 역사철학적 전망을 분석하고, 경성제국대학이라는 식민지아카데미즘의 작용양상을 검토함으로써 신남철의 문학지성사적 위상을 규명하려 한 연구들이었다.[2)] 역사학계에서는 해방 전후 맑스주의 지식인들의 사상적, 실천적 경로를 추적하는 과정에서 신남철에 대한 연구가 이뤄졌다. 특히 1930년대 신남철이 주장했던 비판적 조선연구론과 해방 후 백남운과 협력하여 '조선신민당'에 참여하고 '연합성 신민주주의론'을 지향했던 정치적 행로가 주목되었다. 그의 사상과 정치적 지향이 1930년대 맑스주의 지식인의 현실인식, 학문관을 비롯하여 남로당 계열과 정치사상적 지향을 달리했던 좌파지식인의 행로를 보여주기 때문이었다.[3)] 이 글 역시 이상의 선행연구에 기초하여 신남철의 사상적 특징과 역사적 함의에 접근한 연구라고 할 수 있다.[4)]

---

2) 국문학계의 연구로는 다음의 연구가 참조된다. 손정수, 『개념사로서의 한국근대비평사』, 역락, 2002; 박광현, 「경성제대와 '신흥'」, 『한국문학연구』 26, 동국대학교 한국문학연구소, 2003; 손정수, 「신남철, 박치우의 사상과 그 해석에 작용하는 경성제국대학이라는 장」, 『한국학연구』 14, 인하대학교 한국학연구, 2005; 정종현, 「신남철과 '대학'제도의 안과 밖」, 『한국어문학연구』 54집, 한국어문학연구학회, 2010.

3) 상대적으로 연구가 적은 역사학계의 성과에서 다음의 두 연구가 신남철의 정치사상적 행로를 잘 설명해 주고 있다. 방기중, 『한국근현대사상사연구』, 역사비평사, 1992; 이수일, 『1930년대 전반 '성대그룹'의 반관학 이념과 사회운동론』, 연세대학교 대학원 박사학위논문, 2013.

4) 이 글이 기존 연구에 가장 크게 빚지고 있는 분야는 자료이다. 일제하 해방 후 다양한 비평활동을 전개하는 신남철은 해방 후 자신의 글을 묶어 『역사철학』, 서울출판사, 1948과 『전환기의 이론』, 백양당, 1948로 출간하였다. 그러나 이 책들은 신남철이 자신의 글들을 주제에 맞춰 간추린 것이었기 때문에, 빠진 글들이 있고, 특히 해방 후와 월북 후에 쓰여진 글들은 많은 부분이 수록되지 못하였다. 최근 연구성과의 축적에 힘입어 『역사철학』은 김재현의 상세한 해제를 덧붙여

그러나 기존의 연구성과에서는 크게 두 가지 문제가 해결되지 못했다고 생각된다. 첫째는 철학사상과 문학비평, 역사론, 그리고 현실비판을 관통하는 논리가 통합적으로 검토되지 못하였다. 철학적 인식과 조선연구론, 현실비판이 개별적으로 검토됨으로써 그의 사상을 일관되게 관통하는 문제의식과 그것의 사상사적 의미가 불분명하게 처리된 것이었다. 두 번째로는 대체로 1930년대 맑스주의 지식인과 경성제대 졸업생 그룹 안에서 신남철을 검토함으로써 신남철과 여타 좌파지식인들의 차이가 분석되지 못했다는 점이다. 주지하듯이 경성제대 출신 좌파지식인들의 상당수는 박헌영의 남로당에 참여하였지만, 신남철은 그와 다른 행로를 걸었고, 그러한 분화의 배경에는 1930년대부터 형성된 사상적 차이가 존재했기 때문이다. 그 차이가 무엇이고, 차이가 발생하는 사상적 근거가 무엇인지 밝혀질 필요가 있다 하겠다. 이 글에서는 이상의 점들을 염두에 두고 신남철의 보편주의적 역사철학에 입각한 문제의식의 설정과정과 학문적 적용이었던 조선학연구론, 그리고 현실담론이었던 지식사회비판론을 유기적으로 살펴봄으로써 일제하 신남철의 보편주의적 역사인식이 1930-40년대 사상현실에서 차지하는 의미가 무엇인지를 밝히도록 하겠다.

신남철 저, 김재현 해제, 『역사철학』, 이제이북스, 2010으로 재간행되었고, 나머지 글들은 정종현에 의하여 『신남철 문장선집』 1, 2, 성균관대학교 출판부, 2013으로 간행되었다. 이 글에서는 이 두 개의 편집본을 저본으로 삼아 연구를 진행하였고, 시기적 성격을 밝히기 위해 원저출전을 병기하였다. 이하 신남철 지음, 정종현 엮음, 『신남철 문장선집』 1, 2는 『선집』 1, 2로 약칭하도록 하겠다.

2. 학적기반과 보편주의적 철학인식의 형성

1930년대 이후 철학계, 언론계, 정치운동 등 다방면에서 맑스주의 지식인으로 활동한 신남철은 1920년대 지식인들과 달리 강점 이후 지적으로 성장한 식민지 엘리트였다. 1907년 한 달에 5-60원이 필요한 경성제국대학의 학비를 지원할 수 있었던 여유 있는 집안에서 태어나, 중앙고보를 거쳐 1926년 경성제국대학 예과에 3회로 입학하였으며, 경성제국대학 철학과 조수와 동아일보 기자로 활동하며 조선지식계에 이름을 알리기 시작한 인물이었다. 1907년생이란 점에서 보이듯이 3·1운동에 참여하기에는 너무 어렸고, 경성제국대학 입학 전까지 특별히 민족운동이나 사상사건에 연루된 적도 없었다. 3·1운동을 계기로 민족, 사회운동을 경험하고, 다양한 운동과정에서 지식인으로서의 위상과 사상적 기반을 마련해 갔던 선배세대들과 달리 제도교육과정과 아카데미즘을 통해 성장한 '강점 후 교육세대'였다. 1회 유진오, 2회 이강국, 박문규, 최용달, 5회 박치우, 박종홍, 김태준 등이 같은 시기 경성제대에서 공부했던 선후배였고, 『인문평론』, 『국민문학』을 주도했던 최재서와 철저한 내선일체를 주장했던 녹기연맹의 현영남(현영섭) 등이 동기였다. 식민지교육의 엘리트코스를 거쳐 1930년대 중반 이후 등장하여 해방 후 남북한 지식사회를 주조해 갔던 지식인들과 직간접으로 교류하는 가운데 지식인으로 성장해 간 것이었다.

그러나 엘리트코스만을 걸었던 성장과정과 달리 사상적 성장과정은 복합적이었다. 우선 별다른 운동 경험 없이 제도교육을 통해 성장한 지식인이었던 만큼 신남철의 지적성장과정에서 가장 중요한 역할을 한 것은 경성제대였다. 신남철이 진학한 경성제국대학 철학과, 구체적으로 철학 및 철학사전공은 일본 내에서도 인정받던 아베 요시시게(安倍能成), 미야모토 와키치(宮本和吉), 다나베 시게조(田邊重三) 등 '이와나미그룹'의 소장학자들이 주도하고 있었다. 이들은 이와나미서점이 출간한 칸트저작집의 주요 역자들로서 신칸트주의로 대표되는 다이쇼기 강단철학계의 첨단에 있던 신진학자들이었다. 일본 철학계 최상급의 수준을 경험하며 철학적 기초를 쌓아 간 것이었다.

신남철은 이들의 지도하에 칸트철학을 비롯하여 서양철학사, 철학개론, 철학연습, 인식론, 논리학, 철학특수강의 등의 과목을 수강하였으며, 신칸트주의 철학과 근대철학의 인식론, 방법론도 학습하였다.[5] 특히 경성제대 교수진의 구성과도 관련하여 신남철이 특별히 집중적으로 검토한 분야는 독일근현대철학이었다. 신남철은 독일 관념철학의 인식론을 전문연구분야로 선택하여 신칸트주의자이자 후설의 스승인 프란츠 브렌타노의 표향적 인식론을 졸업논문으로 제출한 것을 비롯해, 칸트, 헤겔, 셸링, 피히테, 하이네, 야스퍼스, 칼만하임, 하이데거까지 독일근현대철학에 대한 지식을 넓혀갔다.[6] 부르주아 근대철학의 완결판인 독일철학을 근본적으로 극복하고 싶다는 지적욕구와 더불어 하이네 등 '젊은 독일' 지식인의 고뇌와 지적 고투에 많은 부분 공감했기 때문이었다.[7] 또한 철학원전 텍스트를 번역 없이

5) 아베 요시시게는 동경제대 철학과를 졸업하고 유럽 유학 후 경성제대에 부임하였다. 패전 후 상원의원, 문부대신, 학습원원장을 역임한 철학계의 거물이다. 미야모토 역시 동경제대 철학과 출신으로 독일, 프랑스, 영국에서 체류하고 1925년 귀국하여 1927년 경성제대에 부임하였다. 칸트가 전공이다. 다나베는 동경제대 철학과 출신으로 1927년 부임하여 1929년 다시 독일, 프랑스, 영국, 미국 등에서 유학하고 1932년 귀임하였다. 그는 신칸트학파의 대표자인 리케르트의『역사철학』을 번역했으며 이와나미 철학강좌 중『판단론』을 집필하였다. 이 세 명은 이와나미에서 간행한 칸트저작집 중『종교철학』,『도덕철학원론』,『실천이성비판』,『논리학』의 번역에 참가하였다. 이상 경성제대 철학과 교수진과 신남철의 학부수강과정에 대해서는 손정수,「신남철, 박치우의 사상과 그 해석에 작용하는 경성제국대학이라는 장」,『한국학연구』14집, 191~192쪽 참조.

6) 칼 만하임, 칼바르트, 야스퍼스, 하이데거 등 당시 유럽학계의 최신 사상이 졸업전이나 조수시절의 글에서 검토된 것으로 보아 이미 대학시절 독일근대철학과 그 이후의 서구현대철학 문헌을 탐독했을 것으로 추론된다.

7) 신남철이 직접 자신의 학창 시절 독서경험을 소개하지는 않았지만, 재학기간 이래 1930년대 그가 쓴 글들에서 언급하고 있는 철학자들과 텍스트들을 검토하면 그가 독일 근대철학에 집중적으로 관심을 가졌음을 알 수 있다. 식민지시기 신남

독해할 수 있는 외국어 능력에도 많은 관심을 가졌다. 이 시기 경성제국대학에 입학한 학생들은 재학 중 독일어, 영어잡지를 직접 구독해 읽을 정도로 외국어 강독에 능숙한 경우가 적지 않았지만, 신남철은 졸업 후 10년이 지난 후에도 학창시절로 돌아간다면 한문, 영어, 독일어, 불어, 그리스어, 라틴어는 물론, 중국어, 러시아어, 이탈리어 등 모든 외국어를 모두 마스터하고 싶다고 할 정도로 어학능력에 관심이 깊었다.[8)]

그러나 제도적 학문과정보다 사상적으로 더 큰 영향을 준 공간은 학내써클이었다. 신남철은 예과학생회 역할을 했던 문우회를 비롯하여 좌파조선인 학생들이 주도했던 경제연구회와 그 후신인 조선사회사정연구소, 그리고 경성제대 조선인 학생들이 발행한 학술지『신흥』의 편집에 적극적으로 참여했다. 그리고 신남철은 이런 활동들을 통해 식민지 지식인으로서의 고민을 공유하면서 동시에 맑스주의를 본격적으로 학습하기 시작하였다. 좌파교수 미야케가 지도한 경제연구회와 조선사회사정연구소에서 플레하노프의『유물사관의 근본문제』, 부하린『유물사관』, 힐퍼딩『금융자본론』등을 읽었고,[9)] 그 밖에『독일이데올로기』,『자본론』등의 맑스의 주요저작과

철의 글을 편집한 정종현 편『신남철문장선집』1의 색인을 분석해 보면 가장 많이 등장하는 인물이 칸트이고 그 다음이 헤겔, 맑스로 이어진다. 또한 비판대상으로 빈번하게 등장하는 철학자들 예컨대 리케르트, 브렌타노 등은 신칸트학파 철학자들이고, 신헤겔주의는 신남철의 글 중 유일하게 3번에 걸쳐 직접적으로 비판한 학파였다. 이러한 글들이 집중적으로 발표된 시기가 1930년대 전반이었다는 점을 염두에 둔다면 그에 대한 독서와 학습은 1930년을 전후한 경성제대 재학시기라고 볼 수 있다. 또한 신남철은 하이네에 대하여 학부시절부터 깊은 관심을 갖고 탐독하였다. 본인의 회고에 의하면 1929년부터 하이네에 관심을 가졌고, 교우관계라고 표현할 정도로 깊은 애정을 보였다. 하이네가 보여준 혁명적 열정과 지적투쟁, 그리고 현실의 고뇌에 식민지지식인으로서 깊이 공감했기 때문이었다.『선집』1의 색인참조; 신남철,「혁명시인 하이네 - 이성과 낭만의 이원고와 철학」『동광』28, 29호, 동광사, 1931.11~12(『선집』1, 93쪽).

8) 철학자 강영안에 의하면 신남철은 번역어가 없거나 있더라도 직접 원어를 사용한 일제하의 대표적 철학자였다.「내가 지금 다시 학생이 된다면」,『조광』7권 10호, 조선일보사, 1941년 10월(『선집』1, 714면); 강영안,『우리에게 철학은 무엇인가』, 궁리, 2002, 200~207면.『선집』1, 50면 각주 7의 설명 참조.

스탈린의 '민족이론' 등도 읽어 나갔다.[10] 또한 '정통맑스주의' 진영으로부터 사회파시즘으로 비판받았던 사회민주주의자들의 저작물들 예컨대 칼 만하임의 『이데올로기와 유토피아』, 오토 바우어, '민족이론' 등도 그의 관심범위 안에 있었다.[11]

그리고 이러한 좌파 학생써클을 통해, 신남철은 스스로의 사상적 정체성을 맑스주의자로 정립해 갔다. 문우회의 토론에서 맑스주의자로 자임하며, 아나키즘을 주장한 현영남과 치열하게 논쟁한 것을 비롯하여, 근대부르주아철학의 모순을 논박하고 맑스주의의 유일한 과학적 진리성을 주장하는 글들을 공개적으로 발표하기 시작하였다.[12] 경성제국대학의 제도 아카데미즘을 통해 자신이 배운 근대철학을 비판할 철학적 무기를 확보해 간 것

---

9) 신남철은 1927년 1회 입학생 유진오, 2회 입학생 이강국, 박문규, 최용달 등이 중심이 되어 결성된 경제연구회에 가입하여, 1931년에는 이 단체의 후신인 조선사회사정연구소 창립멤버가 되었다. 이 단체들은 경성제대 조선인학생들이 결성한 좌익학생단체로 특히 지도교수로 좌익교수였던 미야케가 부임한 후 맑스주의 학습써클의 성격이 강화되었다. 다만 신남철은 이 단체에 가입은 하였으나 이후 경찰의 동향보고나 사회주의조직사건에서 전혀 언급되지 않는 것으로 보아 조직운동에는 간여하지 않았던 것으로 보인다. 이상 신남철의 성장과정과 써클활동에 대해서는 정종현, 「신남철과 '대학'제도의 안과 밖」, 『한국어문학연구』 54집, 한국어문학연구학회, 2010, 393-397면.

10) 신남철은 1931년 철학과를 졸업하고 그해 대학원에 입학하여 조수가 되었다. 1932년에 쓴 「이데올로기와 사회파시즘 - '신수정주의'와 현계단」(『신계단』 1호, 1932년 10월)에 이미 『독일이데올로기』와 1844년 수고를 편집한 란쓰후트와 마이엘의 『국민경제와 철학(번역명)』(Karl Marx, Siegfried Landshut, J P Mayer, *Der historische Materialismus*, Leipzig : A. Kroner, 1932)의 내용을 언급하고 있는 것으로 보아, 최소한 조수시절에 『독일이데올로기』와 초기 맑스의 문헌을 일정수준 이상 검토하였던 것으로 보인다. 「이데올로기와 사회파시즘 - '신수정주의'와 현계단」, 『신계단』 1호, 1932년 10월(『선집』 1, 128쪽).

11) 오토 바우어, 스탈린 등은 모두 1932년에 쓰여진 「민족이론의 삼형태」(『신흥』 9호, 1932.1)와 「입장의 문제와 이데올로기 - 이 글을 조선의 평론가들에게 보낸다 -」(『비판』 13-14호, 1932.5~6)에서 언급되고 있다. 적어도 1932년 초까지 사회민주주의계열의 사상과 지식사회학에 대해 연구했음을 알 수 있다.

12) 예컨대 첫 번째 글인 「철학의 일반화와 속류화 - 한치진씨의 하기 강좌를 읽고」, 『조선일보』, 1930.10.11-25(총11회) 같은 것들이 재학 중 쓴 글이었다.

과 달리, 제도 밖 공간에서 받아들인 맑스주의를 통해서는 자본주의와 식민지현실을 극복할 사상적 전망을 구축하기 시작한 것이었다.13)

13) 그리고 이러한 신남철의 지적성장과정은 동년배의 경성제대 출신 지식인들과 마찬가지로 1920년대 선배 지식인들과 또 다른 정체성을 형성해 간 과정이기도 하였다. 1920년대부터 활동한 기성 지식인들이 3 · 1운동을 계기로 민족, 사회운동에 투신하여, 운동에 더 치중한 유학생활과 귀국 후의 각종 운동과정에서 지식인으로서의 위상과 사상적 기반을 마련한 것과 달리 제국대학의 아카데미즘과 학내 학회를 통해 지식인으로서의 자기정체성을 형성했기 때문이었다. 이들은 경험이 아닌 학문적 전문성을 통해 '과학적' 전망을 담보하려 하였고, 선배 지식인들의 불충분한 지적기반에 대한 비판의식과 새로운 학문사상적 전망을 제시하려는 자의식 역시 매우 강하였다. 현실인식을 규정하는 사상적 엄밀함과 실천전망의 사상적 재구축을 특별히 강하게 의식했기 때문이었다. 그러나 이점은 당대 지식사회와의 갈등요인이기도 하였다. 예컨대 후술할 것처럼 신문학사를 둘러싼 논쟁에서 임화는 신남철을 아카데미즘에 매몰된 책상물림으로 비판한 것은 이런 경향성과 관련된 문제였다. 실제로 신남철은 많은 글에서 철학개념을 필요이상으로 장황하게 설명하며, 강의조로 서술하였고, 때로는 비판 대상인물이 '비과학적'이며 무지하기 때문에 오류를 범한다는 식으로 서술하였다. 지적인 자신감과 우월의식의 표출이었다. 이런 경향은 많은 경성제대 지식인들에게서 나타나는 모습이었다. 예컨대 김태준은 정인보를 비판하며 입장 뿐 만이 아닌 지식, 사상의 낙후성까지도 신랄하게 지적하고 있었다. 기왕의 여러 선행연구에서도 지적된 바와 같이 이러한 학문적 자의식과 '과학성'의 잣대가 지식사회의 헤게모니 전환과 관련되어 있다는 점에서, 과학성과 학문적 수월성이 근현대지성사에서 의미하는 바가 무엇인지를 면밀히 검토할 필요가 있다 하겠다. 그러나 이러한 경향성을 이들의 사상, 실천을 설명하는데 지나치게 강조하는 것은 문제가 있다고 생각된다. 경성제대 출신들의 다양한 향로가 경성제대라는 공유점으로 설명할 수 없는 다양한 요소들이 이들에게 작용했음을 보여줄 뿐만 아니라, 사상적 엘리트라는 자의식 역시 양면적으로 작동하기 때문이다. 한편으로는 신남철이 보여주듯이 당대의 사상상황을 비판적으로 극복하려는 자의식으로 작용하였지만, 다른 한편으로는 현재로부터 새로운 사상전망을 구축해야 한다는 강박 속에 현실과의 유착을 이론적으로 정당화하는 방향에 귀결되기도 하였다. 이들이 일제 하 뿐만이 아닌 해방 후 남북한 지식사회의 다양한 계열에서 중심적 역할을 했다는 것을 고려한다면, 식민지 지식엘리트들의 사상적 행로와 정치사회적 활동에 작용하는 다양한 사상적 문제의식들과 그 영향을 분석할 필요가 있다 하겠다. 이상 경성제대 출신 역사철학자들에게 작용하는 대학제도의 영향과 관련해서는 다음의 글들이 참조된다. 정종현, 「신남철과 '대학'제도의 안과 밖」, 『한국어문학연구』 54, 한국어문학연구학회, 2010; 손정수, 「신남철, 박치우의 사상과 그 해석에 작용하는 경성제국대학이라는 장」, 『한국학연구』 14, 인하대학교 한국학연구, 2005 참조.

한편 식민지교육체제의 정점인 경성제국대학을 졸업한 신남철은 비판적 지식인으로서의 삶을 자신의 진로로 설정하였다. 경성제국대학 출신으로 누릴 수 있었던 식민지엘리트로서의 삶을 거부한 것은 물론, 사회운동에 직접 투신하는 것도 선택하지 않은 것이었다. 당면한 조선사회의 사상 상황이 이론적 실천을 더욱 필요로 한다고 생각했기 때문이었다.[14] 대공황 이후 자본주의의 몰락이 기정사실화되고 있음에도 자본주의 위기를 틈타 등장한 각종 '위기철학'과 '불안사상'[15]이 현실의 모순을 호도하고 있으며, 맑스주의 진영 역시 사상적으로 동요하고 있다고 생각했기 때문이었다. 요컨대 부르주아 이데올로기의 반동성을 폭로하고 과학적 전망을 재구축하는 '이론적 담당자'의 역할이 필요하다는 것이었다.[16] 물론 고민이 없었던

14) 물론 이런 선택에는 운동에 참여한 적이 없었던 개인적 경험과 주변과의 관계, 그리고 위험한 삶을 결단할 수 없었던 의지의 문제가 작용했을 것이다. 그러나 신남철은 자신의 선택에 대한 더 이상의 언급을 남기지는 않았다.

15) 신남철은 1차 세계대전과 세계대공황을 계기로 각국에서 근대사회의 모순과 위기를 극복한다는 기치 아래 등장한 현대사조들 전반을 위기의 사상, 불안사상이라고 규정하였다. 현대의 위기와 근대인의 불안을 극복해야 한다는 철학적 목표를 제시하기 때문이었다. 그러나 신남철은 이러한 현대사상들이 위기극복이 아닌 위기은폐의 역할을 하고 있으며, 현대사상이 말하는 불안 역시 부르주아 인텔리들의 불안이라고 비판하였다. 신남철이 위기사상, 불안사상으로 거론한 현대사상가들은 당대 관념주의적 철학 전반을 지칭할 정도로 다양하였다. 이글과 관련해서 몇몇 대표적 인물들을 언급하자면 칼 만하임, 칼 바르트, 하이데거, 미키 키요시, 니시다 기타로, 타나베 하지메, 젠틸레, 크로체 등이 거론되고 있다. 다만 이들에 대한 신남철의 평가는 관념주의 극복이라는 문제의식이 강하게 작용하여, 각 개인의 사상을 다양한 각도에서 살펴본 것은 아니었다. 나치스에 반대한 칼만하임이나 칼바르트를 관념적 정신주의로만 평가한 것은 이러한 편향의 반영이었다. 이 글에서는 이런 점을 고려하면서, 신남철의 문제의식이 지향하는 초점이 무엇인지를 중점적으로 다루도록 하겠다. 신남철, 「불안의 사상의 유형화 -『개조』 6월호 미키 키요시씨의 소론을 읽고」, 『衆明』 3호, 1933.7(『선집』 1, 177-178쪽).

16) 1932년 신남철은 자신에게 주어진 향후 과제가 맑스주의의 독자적 과학연구방법의 정립이며 이데올로기에 맞서 그 정체를 폭로하고, 프롤레타리아의 당파적 입장에서 맑스주의의 과학성을 천명하는 것이 '이론적 담당자'가 간과해서는 안 될 임무라고 주장하였다. 정신주의와 관념적 주체를 내세워 자본주의체제의 모순과 부르주아사상의 무능을 은폐하는 사상들이 역사발전의 객관성과 생산계급의 주

것은 아니었다. 하이네와 같은 혁명적 문학가에 대한 미련이 남아있고, 현실운동에 참여한 동료들에 대한 부채감도 있었지만,[17] 조선사회의 사상적 혼란을 극복하고 과학적 실천전망을 제시하기 위해서는 이론적 방향제시가 더 긴요한 일이라고 생각한 것이었다.

대학 재학 중인 1930년 미국유학파 철학자 한치진의 철학대중화논의를 전면 비판하며[18] 공개적 문필활동을 시작한 신남철은 먼저 자본주의 위기를 은폐하는 다양한 먼저 부르주아사상의 공통된 모순이 어디서 기인하는가에 주목하였다. 하이데거, 칼 바르트, 하이데거 등의 현대 부르주아 철학사상도 칸트 이래 근대철학과 기본적으로 동일한 모순을 갖고 있으며, 자본주의위기상황에 직면하여 그 모순이 반동적으로 확대되고 있다고 생각했기 때문이었다.

체적 실천을 가로막고 있다는 것이었다. 또한 맑스주의가 과학적 사상이라 하더라도 그 과학성을 담보할 방법론은 아직 확립되어 있지 않기 때문에, 사상적 고투를 통해 주체적으로 마련해야 한다고도 생각하였다. 자신의 임무와 역할을 이론적 방향의 정립에 둔 것이라고 할 수 있다.「입장의 문제와 이데올로기 - 이 글을 조선의 평론가들에게 보낸다 -」,『비판』13-14호, 1932.5-6.(『선집』1, 123쪽);「이데올로기와 사회파시즘 - '신수정주의'와 현계단 -」,『신계단』1호, 1932.10(『선집』1, 124쪽) 참조.

17) 한편 신남철은 공개적인 지면에 쓴 첫 글인「철학의 일반화와 속류화 - 한치진씨의 하기 강좌를 읽고」,『조선일보』1930.10.11-25(총11회) 을 마치며 구치소에(럭업) 갇힌 동료들에 대한 울분을 토로하였다. 자신의 실천이 사변에 불타는 열정인지, 아니면 열정에 불타는 사변인지가 고민된다는 것이었다. 신남철은 그러한 고민에도 불구하고 이론적 실천에서 자신이 할 수 있는 역할이 있다고 생각한 것이었다(『선집』1, 74쪽).

18) 이 글은 신남철,「철학의 일반화와 속류화 - 한치진의 하기 강좌를 읽고」,『조선일보』1930.10.11-25(『선집』1, 48~74쪽)이다. 이글에서 신남철은 미국에서 철학전공으로 학위를 마치고 돌아온 한치진의 철학대중화 논의가 실제로는 철학속류화 논의이며, 궁극적으로 기독교적 신앙고백에 귀결된다고 비판하였다. 또한 한치진과 같은 논의를 극복하고 대중을 위한 철학을 어떻게 마련할 것인가를 검토하는 가운데, 인식론과 실천론이 결합된 과학으로 철학을 정립하는 것이 자신이 지향할 방향이라고 밝히고 있다. 재학 중 발표한 글이지만 그의 향후 방향을 예고하는 글이라고 할 수 있다.

신남철이 주목한 부르주아사상 일반의 공통적 특징이자 한계는 관념적 인식논리였다. 대상을 인식하는 정신을 대상에 앞서 전제하고, 형식적 인식 논리로 대상을 파악하려하기 때문에 객관적 현실인식을 가로막는 것은 물론 현실의 모순을 호도하는 형이상학적 이데올로기를 산출한다는 것이었다. 칸트에게로 소급되는 관념적 사고의 문제는 다음과 같은 것이었다.

> 이 순수한 아푸리오리라는 것이 한 개의 보편적인 자로써 온갖 인식의 선행조건이 된다는 것은 도저히 구체성에 있어서 생각할 수가 없다. 인식될 수 있는 온갖 것은 인식형성의 조건 하에 서지 않으면 아니 되고 또 인식의 목적은 순수하게 이론적 인간적 개체 의하여 지각되는 그러한 사실이라고 한다. 이 개체라고 하는 것은 인식주관이기는 하나 순수한 자아이며 대상에 가치추구적으로 교섭하는 것이라고 한다(주: '순수'라고 하는 것은 칸트에 있어서 아푸리오리와 동의의 것이다. 아푸리오리는 순수하지 않으면 아니 된다. 그러므로 칸트의 입장은 이같이 말할 수 있다고 생각한다). (중략) 이러한 인식방식은 문제를 또 그것의 전제를 늘 일정한 고정적 형식을 통하여 보게 된다. 그러므로 늘 문제제기의 태도가 공허하게 된다. (중략) 칸트적 문제제기의 방식은 이상과 같이 보편타당성의 가능의 문제에서 제출된다. 이 칸트적 방식은 현상학적 문제제기의 방식에서 그것이 철저한 모양을 얻는다고 볼 수 있다. 즉 후자는 그것이 온갖 자연적 태도에 있어서의 이론을 배제하는 무전제적 입론에서 본질의 구조를 직관한다고 하나 이것은 칸트에 있어서의 보편타당성의 가능의 문제대신 '현상학적 태도'라는 것을 접어놓은 것에 불과하다. 이 두 개의 사상은 역사적 사회적 사상의 설명 앞에서는 그것의 정체를 폭로한다. 환언하면 무능력이다.[19)]

칸트 철학 이래 부르주아 철학은 추상적 인간의 '순수한 선험적 인식형식'을 인식의 전제로 상정하기 때문에 역사적, 사회적 상황을 구체적으로 파악할 수 없으며 현대 부르주아 철학인 현상학 역시 동일한 한계를 갖고

---

19) 「입장의 문제와 이데올로기 -이 글을 조선의 평론가들에게 보낸다」, 『비판』 13-14호, 1932.5-6(『선집』 1, 114쪽).

있다는 것이었다. 현대의 각종 '위기사상'들이 등장한 배경도 이러한 한계와 관련된 것이었다. 자본주의체제의 보편성이 의심받지 않던 체제전성기에는 칸트철학 등 주류 근대철학이 지배이데올로기로 자리 잡을 수 있었지만, 자본주의체제에 위기가 발생하자 무능한 현실인식을 노출하였고 그에 따라 인간의 존재적 불안과 사상적 위기를 극복하겠다는 다양한 '위기사상들'이 등장하게 되었다는 것이었다.[20]

그러나 문제는 이러한 '위기의 사상들'이 부르주아사상 특유의 관념성을 탈피하기는커녕 오히려 그 관념성을 심화시키고 있다는 점이었다. 즉 현실의 위기를 사상의 위기, 인격의 위기, 인간존재의 위기라는 인간관념의 위기로 도치시킴으로써, 현실의 모순을 추상적 인간의 내면문제로 왜곡하였고, 나아가 관념적 극복론을 극단화하여 전체적 정신을 지향하는 파시즘의 사상논리로 전환되어가고 있다는 것이었다.[21] 우선 신남철은 현대 부르주아철학의 핵심이 부르주아사상의 관념주의적 한계를 또 다른 이념적 의식으로의 지양을 통해 해결하려는 데 있다고 보았다. 칼 만하임의 '사유의 위기론' 같은 것이 그런 예였다. 만하임이 제창한 지식사회학은 현대의 사회적, 역사적 사상들이 위기에 처해 있다는 진단에서 출발하지만, 그 원인을 현실이 아닌 현실을 향하는 관념, 곧 현실의식에서 찾음으로써, 또 다른 관념적 '이데'인 '직관적 전체'를 사상적 대안으로 주장하고 있다는 것이었다.[22] 전체성의 이념이 현실의 모순을 분석하고 극복하는 실천을 대체하고 있다는 것이었다. 선험적 인식형식을 비판하고 전제 없는 현실인식을 강조한 현상학 같은 경우도 이러한 정신우선론은 마찬가지였다. 실존적 현실에

20) 신남철, 「신헤겔주의와 그 비판」, 『신흥』 6호, 1932.1(신남철 지음, 김재현 해제, 『역사철학』, 이제이북스, 2010, 200~203쪽). 『역사철학』 원저는 1948년 백양당에서 출판되었다. 이하 2010년판을 따르며 『역사철학』으로 약칭한다.

21) 「최근 세계사조의 동향 -각국에 있어서의 약간의 문제의 적출」, 『동아일보』 1933.9.13-24(『선집』 1, 185~186쪽).

22) 위의 글(『선집』 1, 189쪽).

대한 전제 없는 인식을 강조하지만, 바로 그 전제 없음이란 인식태도를 또 다른 전제적 인식태도로 설정함으로써 인식주관에서 현실극복의 가능성을 추구하는 관념주의적 한계를 그대로 안고 있다는 것이었다.[23)]

그리고 이러한 정신우위의 사유방식은 현실을 파악할 수 없는 인간이성의 한계를 문제의 근원으로 보기 때문에 인간중심의 사유를 부정하고 초월적 절대정신에서 사상적 위기를 해결하려는 '신학적' 사유에 귀결될 수밖에 없는 것이기도 하였다. 위기의 본질을 보편적 정신을 상실한 인간중심주의, 물질주의로 보기 때문에 그 대안도 절대적 권위 혹은 신에게서 구하게 된다는 것이었다. 물질주의를 비판하고 철학의 대중화를 통해 '최후의 진영' '하나님의 성전'에서 '실존의 위기'를 해결해야 한다고 주장하는 한치진의 논의나[24)] 인간의 판단을 중지하고 신에게의 절대적 복종을 주장하는 칼 바르트의 위기신학 같은 경우가 바로 그러한 사유방식이었다.[25)]

나아가 이러한 관념성은 파시즘으로 가는 단초였다. 현실의 위기를 관념의 위기로 설정함으로써, 현실을 총체적으로 초극하는 또 다른 관념적 전체성을 현실극복의 기반으로 제시하기 때문이었다.[26)] 신헤겔주의의 등장이 바로 그 예증이었다. 신남철은 1931년 헤겔연맹에 의해 '헤겔에게로 돌아가자'가 제창되고, 전세계적으로 헤겔이 재흥하는 현상을 자본주의체제의 위기에 대응하는 부르주아철학의 반동적 극복시도라고 파악하였다. 개인의 보편적인 사유능력과 근대자본주의를 옹호했던 '자본주의 성숙기의 사상' 신칸트철학이 자본주의의 몰락을 설명할 수 없게 되자, 헤겔에 대한 반동적 해석을 통해 위기의 현실에서 절대정신의 현현을 추출하고, 절대정

23) 「입장의 문제와 이데올로기 - 이 글을 조선의 평론가들에게 보낸다」, 『비판』 13-14호, 1932.5-6.(『선집』 1, 114쪽).

24) 「철학의 일반화와 속류화 - 한치진씨의 하기 강좌를 읽고」 『조선일보』 1930, 10.11-25(총11회)(『선집』1, 66~67쪽).

25) 「현대 종교에 있어서의 루터적 과제 - 마르틴 루터의 생탄 사백오십년 -」 『동아일보』 1933 · 11.24.-30(총4회)(『선집』1, 212~213쪽).

26) 신남철에 의하면 모든 현대부르주아사상의 핵심은 '전체성에의 사념'에 있었다.

신과 현실의 조화를 추구하는 신헤겔주의가 등장했다는 것이었다.[27] 자유방임을 극복하는 전체성의 정신과 절대적 주체를 제기함으로써 국가라는 절대적 권위를 통해 계급모순을 강제로 봉합하는 파시즘의 사상적 기반이 되고 있다는 것이었다.[28] 당대 가장 유력한 철학사조였던 하이데거 철학도 이 점은 마찬가지였다. 하이데거의 철학은 '위기'의 원인을 '세계'와 세계 안에서 자신의 존재이유를 묻는 유일한 '세계내존재' 인간 사이에서 발생하는 '불안' '기분'으로 규정함으로써 현실의 모순을 추상적 인간의 내면문제로 호도하고, '구체적 현실에 대한 질문'과 '현실의 심각한 생활고와 그것으로부터 해방되려고 싸우는 사회의 진행'을 무화시키고 있다는 것이었다.[29] 하이데거의 철학이 특유의 추상적 존재론을 통해 현대사회의 위기에 불안해하는 인텔리계층의 심리에 성공적으로 침투한 것은 사실이지만[30], 실제적 역할은 자본주의의 모순을 은폐하여 나치스의 정치론을 지원하는데 있다는 것이었다.[31] 요컨대 관념의 위기를 관념으로 극복하려 함으로써 현실의 모순을 은폐하고 전체주의의 도래를 정당화하는 새로운 관념론이 각종 '위기사상'들의 실체이며, 그렇게 '전체성을 사념하는' 사상들이 현대 사상계를 지배함으로써 '사상적 혼란'이 발생하고 있다는 것이 신남철의 진단이었다.

한편 신남철은 일본과 조선사상계의 사상적 혼란 역시 이러한 현대사상계의 문제가 반영된 결과라고 보았다. 1930년대 전반 일본사상계에 혜성처럼 등장하여 조선사상계에 심대한 영향을 미치고 있던 미키 키요시의 역사철학이 그것이었다.[32] 미키는 근대위기를 극복할 사상적 방향으로 공간성,

27) 신남철, 「신헤겔주의와 그 비판」, 『신흥』 6호, 1932.1(『역사철학』, 205~207쪽).
28) 신남철, 「최근 세계사조의 동향 - 각국에 있어서의 약간의 문제의 적출」, 『동아일보』 1933.9.13.-24(『선집』 1, 191~192쪽).
29) 「나치스의 철학자 하이데거 - 그의 간단한 소개를 위하여」, 『신동아』 1934.11(『선집』 1, 294~296쪽).
30) 위의 글(『선집』 1, 292쪽).
31) 위의 글, (『선집』 1, 296쪽).
32) 1927년 독일유학을 마치고 일본학계에 등장한 미키 키요시는 맑스주의를 철학적

이성적 사고, 객관적 리얼리즘, 구성적 방법의 변증법적 종합을 주장하고, 파토스적 인간형과 로고스적 인간형이 종합된 새로운 인간형을 현실극복의 주체로 주장하지만, 그 실체는 현실의 실천을 가로막는 이데우위'의 형이상학이란 것이었다. 변증법적 종합의 실현할 유일한 주체가 파토스적 인간형과 로고스적 인간형을 종합한 새로운 인간형이라면 현실의 주체, 곧 프롤레타리아의 주체성과 현실의 실천투쟁도 지양되어야 할 극복대상이 되기 때문이었다.[33] 위기는 인식주체가 주체적으로 위기를 인식할 때 이미 극복의 전망이 마련된 것이며, 또 그 주체가 현재라는 객체를 부정적으로

으로 재독해하여 맑스주의에 대한 일본 지식사회의 주체적 앎을 정립했다고 평가받던 인물이었다. 교조적 수용에 머물러 있던 일본 맑스주의 사상계의 한계를 비판하고 맑스주의의 과학성을 철학적 해석으로 논증함으로써 당대 일본지식사회의 핵심인물로 떠오른 인물이었다. 특히 헤겔의 변증법에 바탕하여 위기현실의 인식은 곧 위기극복의 계기이며, 역사적 존재조건을 부정적으로 초극하는 인간주체의 실천에 의해 미래가 끊임없이 재창조된다고 주장한 그의 철학은 1933년 사노 마나부등의 전향 이후 맑스주의의 교조성과 현실 실천에 좌절하고 있던 당대 젊은 지식인들에 자유로운 주체행위를 열어줄 사상적 전망으로 크게 환영받고 있었다. 일본 사상계의 직접적 영향권 안에 있던 조선의 지식사회도 이는 마찬가지였다. 철학의 본질은 철학함이며 그것은 현실의 부정에서 다시 현실로 되돌아오는 과정이라고 주장했던 미키의 철학론이나 주체적 위기인식과 온존재를 던지는 실천을 강조했던 실천론까지 미키 키요시의 철학은 조선철학계, 지식계에 광범한 영향을 미치고 있었다. 대표적으로 박치우의 '위기의 철학'은 문제의식과 논리구조에서 미키의 철학과 상당한 유사성을 보이고 있었다. 신남철의 경우도 예외는 아니었다. 맑스주의의 과학성, 진리성을 철학적으로 재정립하겠다는 목표나 역사의 전개과정과 역사인식의 변증법적 통일을 강조한 '신체적 인식론' 은 미키의 철학에서 많은 부분 영향 받은 것이었다. 신남철은 바로 그렇게 조선사회에 적지 않은 영향력을 행사하던 미키 철학에 대한 비판을 통해 조선사상계에 또 다른 편향 가능성을 지적한 것이었다. 이상 1930년대 전반 미키철학이 일본지식사회에서 차지하는 의미와 조선사상계에 미친 영향에 대해서는 다음의 글들이 참조된다. 나카노 도시오, 「총력전체제와 지식인 - 미키 기요시와 제국의 주체형성」, 『총력전하의 앎과 제도』, 소명출판, 2014, 202~217쪽; 조희영, 「현대 한일 철학사상의 비교연구 -1930년대의 박종홍과 삼목청의 철학사상을 중심으로-」 『용봉인문논총』 12, 전남대학교, 1982; 김재현, 『한국 사회철학의 수용과 전개』, 동녘, 2002, 78~80쪽.

33) 신남철, 「불안의 사상의 유형화 - 『개조』 6월호 미키 키요시씨의 소론을 읽고」, 『衆明』 3호, 1933.7(『선집』 1, 181~183쪽).

초극하여, 질을 달리하는 새로운 전체성을 형성할 때 극복된다는[34] 미키의 주장에 대해 역사현실의 모순과 현실주체의 실천활동을 부정하는 관념론이라고 비판한 것이었다. 미키의 철학을 통해 현실비약의 욕구를 관념적 현실초극론으로 흡수하고 또 다른 전체주의적 세계관을 사상적 전망으로 제시하고 있던 일련의 사상논리들을 비판한 것이었다.[35]

그리고 이러한 사상전반의 관념화 문제는 일본사상계로부터 지대한 영향을 받고 있던 조선사상계의 문제라고도 생각하였다. 신헤겔주의와 유사한 방식으로 전체주의를 제기한 이광수는 물론이고,[36] 맑스주의 지식인도 비슷한 문제를 안고 있기 때문이었다. 현실의 주체적 인식과 실천적 투쟁을 주장하지만, 객관적 사회구조에 대한 인식이 결락되어 주체의 관념적 열정만을 지나치게 강조하고 있다는 것이었다. 신남철은 경성제대 2년 후배이자 자신의 뒤를 이어 철학과 조수가 된 박치우의 논리에서 그러한 위험성을 발견하였다. 관조적, 해석적 관점의 인간인식을 비판하고, '모순의 인간', '싸움의 인간', '심장의 인간'의 주체적 실천을 강조한 박치우의 논리

34) 조희영, 「현대 한일 철학사상의 비교연구 - 1930년대의 박종홍과 三木淸의 철학사상을 중심으로-」, 『용봉논총』 12집, 전남대학교, 1982, 30쪽.

35) 신남철은 일본철학계에 독일의 위기사상이 광범하게 확산된 까닭은 독일과 비슷한 자본주의 위기에 처해 있기 때문이며, 미키의 철학은 현대 위기사상과 기본적으로 사유방식을 같이 하는 니시다, 타나베의 아류라고 평가하였다. 「최근 세계사조의 동향 - 각국에 있어서의 약간의 문제의 적출」, 『동아일보』 1933.9.13.-24(『선집』 1, 193~194쪽).

36) 이광수는 1932년 『동광』 4월호에 게재된 「옛 조선인의 근본도덕, 전체주의와 구실주의 인간관」에서 영미식 개인주의의 침투로 인해 조선현실을 발전시킬 단체정신이 불가능하게 되었다고 지적하고 현실을 재건하기 위해서는 전체를 위해 개인의 이익, 행복 목숨을 버리는 전체주의가 필요하다고 주장하였다. 신남철은 이런 주장이 순간적 기분에 의한 것이 아닌 전체적 논지라면 민족파씨스트적 논리이며, 묵과할 수 없다고 비판하였다. 이광수, 「옛 조선인의 근본도덕, 전체주의와 구실주의 인생관」, 『동광』 34, 동광사, 1932.6; 신남철, 「이데올로기와 사회파시즘 -'신수정주의'와 현계단-」, 『신계단』 1호, 朝鮮之光社, 1932.10(『선집』 1, 131쪽); 이태훈, 「1930년대 후반 '좌파지식인'의 전체주의 인식과 한계」, 『역사문제연구』 24호, 역사비평사, 2010, 92~93쪽.

는 인간의 주체적 실천을 강조했다는 점에서 충분히 의의가 있지만, 관념철학과 마찬가지로 정서적인 파토스를 강조할 뿐, 인간위기의 사회적 근거를 제시하지 못하고 있다는 것이었다. 실천의지, 열정에서 실천적 주체를 구할 뿐, 그 주체가 딛고 있는 사회구조에 대한 인식을 결여함으로써, 일종의 관념적 의지론으로 흐르고 있다는 것이었다. 특히 신남철은 '운명적이며 생활적인' 인간의 내면의 소리에 호소해야 한다는 박치우의 주장이 나치스의 철학자 칼 슈미트의 '喚聲의 이론'(acclamation theory)과 유사하다고 지적하였다.[37] 객관적 사회조건에 기반한 실천보다, 인민의 주관적 열정과 감성에 기댄 실천을 강조함으로써, 직접적 갈채(acclamation)에 호소하여 독재자의 절대적 권위를 확보하려는 나찌스의 논리와 유사해지고 있다는 것이었다. 조선과 일본사상계에도 현대 부르주아 사상의 '관념적 위기론'이 침투하여 현실이 아닌 관념적 이념에서 사상적 대안을 추구하는 '이데' 중심적 경향이 확대되고 있다고 본 것이었다.

따라서 신남철은 이러한 한계를 극복하고 과학적으로 현실의 모순을 인식하기 위해서는 관념이 아닌 현실인간의 입장에서 문제를 파악하는 것이 핵심적 관건이라고 생각하였다. 신남철에 의하면 그것은 역사적 현실, 다시 말해 객관적으로 존재하는 역사발전과정 속에 존재하는 인간의 입장에서 현실을 인식하는 것이었다.

> 질의는 문제의 빛을 통하여 그 질의를 발한 개인의 배후로서의 입장의 문제에까지 원칙적으로 그러나 간접으로 관계하게 된다. 즉 예언하면 어찌하면 사느냐 라는 질의의 배후에는 실업이라는 문제를 통하여 피착취계급이라는 입장에까지 연결되는 그것이다. 문제는 그러면 어찌하여 제출될 것인가. 즉 그 제출의 방식과 그 선택의 근거는 어디서 구해볼 것인가. 문제의 제출방식은 '전제'에 관계한다. 그리하여 이 전제는 역사사회성에 의하여 제약된다고 생각한다. 하등의 전제함이 없이 돌발적으로 문제를 제기하지 못할 것은 자명

37) 신남철, 「특별논문을 읽고」, 『동아일보』 1935.1.19-20(『선집』 1, 314쪽).

> 한 일이다. (중략) 즉 '입장'을 정하는 자는 문제이고 문제를 규정하는 자는 역사사회성이다. (중략) 입장은 이론 정립에 있어서의 종국적인 것이 아니다. 그러나 그것은 문제를 한 개의 입장에까지 환원하는 것을 요구한다. 왜 그러냐 하면 '입장'의 본질 구명은 문제를 그리하여 전제에까지 소급하지 않고는 못 견디는 것이나 다시 그 소급에서 입장-정합으로서의 입장에까지 환원되어 우리의 현실적 입론의 실천적 출발이 되지 않으면 아니 되는 것이다. 입장은 그 이론적 의미에 있어서 통일된 모순 없는 異說 또는 일개의 체계에까지 정제된 주장의 형식에 있어서의 역사적 사회적 일단계이다. 문제의 문제성은 입장에 선행하여 그것의 이론적 구조를 밝히고 다시 그것에 환원하여 현실적 언표의 근거를 마련한다. 이 문제의 문제성은 그리하여 '해답'을 필연적으로 전제하게 된다. 이 해답은 현실적 진술(Angabe)을 요구한다. 이 현실적 진술은 또한 역사적 사회 견지에 있어서 입장의 진술에까지 연결되지 않으면 아니 된다. 그러면 이 전제의 문제는 어떻게 제출될 수 있는 것인가. 이 전제는 독립한 한 개의 자체로써 제기됨을 불허한다. 이것도 문제 및 입장과의 관련에서 사유되지 않으면 아니 된다. 전제는 한 개의 가정이라고 볼 수 있다. 전제 및 가정은 선행하는 것이고 추정하는 것은 아니다. 그러나 이 선행은 선천적 보편적인 것이 아니다. 일정한 역사적 단계에 있어서 그것의 필연적 전경을 조망하는 구체적인 다음에는 반드시 실현될 가정이다.38)

현실인식은 현실에 접근하는 입장에 의해 규정되며, 다시 그 입장을 규정하는 문제틀은 역사적 사회적 현실로부터 규정된다는 것이었다. 부르주아사상은 현실의 문제를 추상적 인간일반의 문제로 관념화시키지만, 모든 문제는 그 문제를 제기하는 존재가 어떠한 역사사회적 입장에 문제를 제기하느냐에 따라 달라지며, 실천적 출발도 현실적 문제제기에 대한 답으로부터 가능하게 된다는 것이었다. 곧 인간일반이라는 추상적 관념성에서 벗어나 현실의 계급적 입장에서 모든 문제를 파악해야 한다는 것이었다.

그리고 이는 특정한 계급의 입장, 곧 자본주의사회의 경우 노동계급의 입장은 현실극복의 전망을 제시하는 필연성의 사고를 의미하는 것이기도

---

38) 신남철, 「입장의 문제와 이데올로기 -이 글을 조선의 평론가들에게 보낸다-」, 『비판』 13-14호, 批判社, 1932.5-6(『선집』 1, 112~113쪽).

하였다. 특정한 역사적 단계에는 그 다음 단계를 전망하는 특정한 '필연적 전경'이 전제되어 있기 때문에, 그 필연성을 실현하는 계급의 입장에서 문제를 제기하고 인식할 때 총체적 인식도 가능하게 된다는 것이었다. 현실을 역사발전의 필연성 속에 파악하고, 그 필연성을 담지한 계급의 입장에서 현실의 모순을 인식함으로써 추상적 인간론이 아닌 역사적 현실이 요구하는 '현실적 진술'을 얻게 된다는 것이었다. 또한 그러한 인식과정은 근원적 실천의 근거로 연결되는 것이었다. 역사사회적 현실을 역사발전과정의 주체로서 인식할 때, 역사발전의 필연성에 몸을 내던지는 실천적 전망을 확보할 수 있기 때문이었다. "근원적 실천은 역사적 계열에서의 모든 과정이 신체와 피부에 침투하여 절실하다는 것을 자각하고 자기의 몸을 그 과정의 운행에 내던지는 파토스적 행위만이 참 의미의 실천"이란 것이었다.[39] 요컨대 "역사의 치차는 조금도 머무르지 않고 모든 것을 운전하여 제 갈 곳까지 간다"는 역사발전의 합법칙성에 대한 인식을 바탕으로, 그 역사발전방향이 '제 곳으로 가게 하는' 추동력으로 '인간의 주체적 참여'를 설정함으로써, 관념적 현실인식과 그로 인한 사상적 혼돈을 돌파하려 한 것이었다.[40]

미키 키요시를 비롯한 당대의 위기사상들이 역사와 현실을 부정적 초극의 대상으로 규정하고, 새로운 주체의 형성과 세계성의 구축을 현실극복의 전망으로 제시한 것과 달리 신남철은 미래의 전망을 내재한 필연성이 역사적 현재 속에 작동한다는 논리 아래, 그 역사발전의 필연성을 인식하고 주체적으로 참여하는 것이 과학적 현실인식이자 실천적 현실극복 방향이라고 생각한 것이었다. 현실을 추상적 관념으로 대체하고 다시 그 관념의 부정적 지양을 통해 현실로부터 비약하는 새로운 세계를 꿈꾸기보다는 맑스

39) 신남철, 「인식, 신체 及 역사 - 문화의 논리학의 기초론」, 『신흥』 9호, 1937.1(『역사철학』, 41쪽).

40) 신남철, 「계몽이란 무엇이냐 -역사와 개인에 대한 단상-」 『동아일보』(학생계몽대의 동원을 기회하야) 1934.6.20-23(『선집』 1, 262쪽).

의 보편적 역사발전론에 입각하여 현실을 파악하고, 현실에 존재하는 계급의 실천에서 미래의 전망을 구축해야 한다는 주장이었다. 그리고 이러한 주장은 조선의 역사와 현재를 보편적 역사발전법칙 속에서 이해하려는 인식으로 이어졌던 바, 조선학연구에 대한 입장이 그것이었다.

3. 조선학연구론과 특수성 비판

현대의 각종 파시즘사상과 사상적 혼란을 극복하기 위해 역사적 현실인식이 중요하다고 주장했던 신남철이 철학과 더불어 조선의 역사, 문화연구에 관심을 갖게 된 것은 필연적 귀결이었다. 특히 파씨즘이 전통과 정신의 절대화를 이데올로기의 핵심자원으로 활용한다는 점에 주목했던 신남철은 1930년대 전반 '조선연구의 붐'이 일자 '과학적 조선연구'의 정립이 무엇보다 중요하다는 인식아래 적극적으로 개입하였다.

신남철이 처음으로 '민족적 문화운동'에 대해 입장을 제시한 것은 1932년 조선어 표준철자법 논쟁이었다. 신남철은 발음 중심의 표기법을 주장하는 조선어학회와 형태소 중심의 규칙을 주장하는 조선어연구회 사이에서 벌어진 '철자법 표준화' 논쟁에 개입하여 조선어학회의 입장을 신랄하게 비판하였다. 신남철이 문제 삼은 것은 철자법규정보다는 자신들의 안을 강행하는 조선어학회의 활동방식이었다. 역사와 구성원의 우위를 앞세워 독단적으로 표준화를 추진하고 있다는 것이었다. 그리고 이러한 운동의 배후에는 '민족적 문화운동'을 내세워 대중의 주의를 끌려는 반동적 의도가 작용하고 있다고 주장하였다. 문화, 사회의 변동 사회적 제기구에 대한 파악 없이 '지배적 사적'을 '숭앙구가'함으로써 '민족일반'의 추상적 동일화를 꾀하고 계급적 사회모순을 은폐하려 한다는 것이었다. 특히 신남철은 철자법표준화, 브나로드운동 등의 '민족적 문화운동'을 주도하는 세력이 동아일보 등 부르주아 지배층이라는 점에서 계급적 성격과 의도가 분명하다고 주장하였다.[41] '민족적 문화운동'을 부르주아계급의 대중적 헤게모니 장악운동으로 파악하고, 철자법 논쟁의 계급성에 주목한 것이었다.[42]

그러나 '민족적 문화운동'에 대한 이러한 정세적 인식은 1934년 '조선학운동'이 전개되자 일정하게 변화하였다. 민족주의계열의 문화운동이 갖고 있는 부르주아적 관념성은 비판하되, 조선역사연구에 대한 과학적 접근을 포기해서는 안 된다는 것이었다. 역사, 문화에 대한 정당한 이해야말로 과학적 실천의 토대이기 때문이었다.[43]

우선 신남철은 민족주의계열의 문화운동에 대한 비판적 시각을 '조선학운동'에 대한 평가에도 이어갔다. 1934년 다산서세 99년 학술사업을 계기로

---

41) 신남철, 「선어 철자법 문제의 위기에 대하여」, 『신계단』 3호, 1932.12(『선집』 1, 137~141쪽).

42) 조선어연구회는 한글학자가 중심이 되어 조직되었고, 좌우파 지식인 대다수의 지지를 받았다. 특히 동아일보와 조선일보가 이들이 제안한 표준철자법을 채택함으로써 주류적 표준안으로 자리 잡았다. 이에 비해 조선어학연구회는 박승빈 등 한말유학생 출신인물과 조선인유지들이 결합하여 결성한 계명구락부가 근간이 된 단체였다. 조선어연구회에 비하여 전문적 연구자의 참여가 적었고, 세대적으로도 한말 이래의 구지식층이 많았다. 또한 윤치호, 박승빈 등 친일성향의 인물도 참여하고 있었다. 신남철은 조선어학연구회의 입장에서 쓴 글이 아니라고 밝혔지만, 실제로는 조선어학연구회에 간사로 참여하고 있었다. 이는 동년배 지식인 집단에서는 극히 예외적 선택이었다. 당대의 정치지형에서 보자면 우파적 경향성이 더 강한 집단의 입장에 선 것이기 때문이었다. 그러나 신남철의 입장에서 보자면 이미 부르주아세력 내의 소수세력으로 전락한 조선어학연구회를 매개로 주류 부르주아민족주의세력을 견제하려했던 것이라고 볼 수 있다. 신남철은 전체적 정세와 '사회제기구의 연대'의 측면을 주목해야 한다고 강조하였는바, 그것은 이러한 정세판단이 작용했기 때문이었다. 신남철은 사상적 문제를 항상 정치적 상황과 연결하여 평가하였고, 다양한 주장들이 어떤 정치적 효과를 갖는가를 주목하였다. 지적실천과 정치상황이 직접적으로 연결되어 있다고 생각했기 때문이었다. 이상의 조선어연구회의 논쟁에 대해서는 다음의 글들이 참조된다. 정종현, 앞의 글, 402~403쪽; 이혜령, 「한글운동과 근대미디어」, 『대동문화연구』 7, 성균관대학교 대동문화연구원, 2004; 미쓰이 다카시, 『식민지 조선의 언어지배구조』, 소명, 2013 참조.

43) 신남철, 「이상이란 무엇인가」, 『학등』, 1934.1(『선집』 1, 219쪽).

출발한 '조선학운동'에 동아일보 기자로서 개입한 신남철은 조선학운동과 더불어 활성화된 조선연구들이 전체적으로 관념적이며 비과학적이라고 평가하였다. 종래의 조선연구가 '고루하고 관념적인 방식'으로 이뤄져 왔기 때문에 조선의 역사와 문화에 대한 재음미가 당연히 필요하지만, '최근 조선학연구'들은 그러한 재음미에 도달할 수 없는 비과학적 연구라는 것이었다.[44] 백남운의 조선사회경제사 서문을 인용해 신남철이 제기한 비판의 핵심은 비과학적 방법론이었다. '방법론적인 자각이 없는 것은 물론 발생한 역사적 사실을 파악할 과학적 인식도 부족하여 조선의 역사, 문화, 전설, 민족을 신비로운 관념적 특수성'에 귀결시키고 있다는 점이었다. 역사연구는 기본적으로 '인간의 육체에 의해 구축된 생활조건의 형성, 발달, 전환과정을 추적하고, 그와의 연관 속에 문화사, 정치사를 해명'하는 것인데 현재의 조선연구는 그 근본을 결여했다는 것이었다.[45] 신남철은 이런 한계가 생긴 이유가 '민족의식'을 고취시킨다는 공리적 목표 때문이라고 보았다. '애국적 의식'을 고취한다는 공리적 목표에 맞추기 위해 개념적, 방법적 고민을 포기했다는 것이었다.

> "민족을 신비화하려는 결론에 달하기 위하여 너무나 성급한 것이었다. 역사발달의 원리에 대한 맹목과 구체적 개념적 파악의 결여 때문에 그 진지한 태도까지도 결과에 있어서는 하등의 보상을 얻지 못하고 말았다. 아니 보상은 커녕 조선 및 조선 역사연구의 제문제의 비판적 전진을 위하여 철저히 배격되어야만 할 것이다."[46]

최남선, 신채호, 권덕규 등 기성 조선학 연구자들의 연구는 민족을 신비화하려는 목적 때문에 역사발달과정을 개념적으로 인식할 수 없었고, 그 결과

---

44) 신남철, 「최근 조선연구의 업적과 그 재출발 - 조선학은 어떻게 수립할 것인가-」, 『동아일보』 1934.1.1.-7(『선집』 1, 225~226쪽).
45) 신남철, 「조선연구의 방법론」, 『청년조선』, 1934.10(『선집』 1, 277쪽)
46) 위의 글, 277쪽.

진지한 태도에도 불구하고 온전한 결과에 도달할 수 없게 되었다는 것이었다. '애국적 민족주의'라는 특정한 공리를 위해 역사성을 희생시키는 것을 비판하며[47], 그러한 방법과의 단절에서 조선연구의 전망을 찾은 것이었다.

그러나 신남철은 민족주의계열의 조선연구를 심각하게 비판하면서도 이러한 문제들을 이유로 조선학연구를 훈고적 · 관념적 역사연구로 치부하고 연구자체를 거부해서는 안 된다고 보았다. 민족주의계열의 조선연구와 조선학연구 자체의 의의는 별개의 것이기 때문이었다. "'조선학'을 지나학이나 동양학 같이 특수성만을 추출하여 일정한 정책에 연결하는 것으로 한정하는 것은 그 자체가 부르주아적 이해"이며,[48] 현실의 문제를 해결하고 그 지침을 얻기 위해서도 역사적 사실은 선택되고 해석되어야만 한다는 것이었다.[49]

신남철에게 보다 중요한 문제는 어떻게 과학적으로 조선을 연구할 것인가였다. 신남철이 제시한 과학적 조선연구의 기본 전제는 다음과 같은 것이었다.

> 우리가 조선을 연구하여 그 편견 없는 사실로서의 역사를 문화사적으로 천명하게 하자면 (1) 역사의 내면적 원동력으로서의 사회적 생산관계를 과학법칙에 입각하여 파악할 것 (2) 역사서술에 있어서의 기초적 조건이 사료문헌의 선택이 필요한 것이다. 이 선택이라는 것은 언제든지 현대적 정황을 고려하여 현대가 어떤 영향 발전의 결과가 되게 된 역사적 관심을 기초로 하여 현대를 초치한 新 機因을 탐색하는 요구를 가지지 않으면 아니될 것이다. (중략) (3) 역사적, 문화적 연구가 성취되려면은 일정한 '전체'가 前景에 조망되지 않으면 아니될 것이다. (중략) (224쪽) 하고냐 하면 개개의 생기된 사실과 그 여러가지의 계단은 전체의 속에서 또는 전체와의 관계에 있어서 고찰될 때 비로소 그 독자성에 있어서도 그 필연성에 있어서도 인식될 것이므로이다. (중략) 즉

47) 위의 글, 284쪽.
48) 위의 글, 274쪽.
49) 위의 글, 283쪽.

> 지금까지의 조선의 온갖 부문의 역사는 새로운 현대의 의식을 통하여 '다시 쓰이지' 않으면 아니된다는 것이다. (중략) 새로 일정한 전체적 관심 하에 다시 쓰이도록 (중략) 이것이 역사과학적 임무이다.50)

역사발전의 원동력인 사회적 생산관계의 발전법칙에 입각하여 조선사를 파악해야 하며, 현대적 정황을 고려한 사료선택과 역사 전체 속에서 개별 사실을 조망하는 역사인식에 유의해야 한다는 것이었다. 특히 현재성과 전체성이 중요한 관건이었다. 개별사실은 반드시 전체적 전경을 기반으로 고찰해야 하며, 그 전체성은 다시 현재적 문제의식으로부터 출발해야 한다는 것이었다. 곧 현재 조선사회의 문제로 수렴되는 역사발전의 필연성 속에서 개별 사실의 의의를 해석하고, 다시 그 해석을 토대로 현재의 문제에 대한 전망을 제시하는 연구이어야 하였다. 그리고 이러한 연구를 수행하기 위한 방법적 태도로 세 가지 점을 제시하였다.

> (1) '조선학 수립'의 문제는 오직 일개의 관념적 반실천적 태도에서 제출되어서는 아니 된다. 한 개의 문제는 언제든지 사회적, 구체적 연관에 있어서만 한 개의 절실한 문제로서의 엄격성과 해결가능성과를 발견할 것이니
>
> (2) 조선학도 소위 학적연구 그것에만 국한되어서는 아니 되는 것은 물론 한 개의 '프로스펙트'를 제공하는 동시에 반드시 사회적 제운동과 밀접하게 관계하여야만 한다. 따라서 그것은 사회적 실천의 방면을 자기의 타자로서 내포하고 있는 것이 아니면 아니 될 것.
>
> (3) 종래의 학자들이 취하여 온 설화적, 피상적 역사연구와는 전연 관계가 없는 것이어야 할 것. 문헌적 훈고적 연구도 고증적, 교심학적(후스)연구도 필요하기도 하겠지만 무엇보다도 조선의 사회적, 문제사적 연구를 조선연구의 주제로 하지 않으면 아니 될 것.

---

50) 신남철, 「최근 조선연구의 업적과 그 재출발 - 조선학은 어떻게 수립할 것인가-」, 『동아일보』 1934.1.1-7(『선집』 1, 224쪽).

> 그리하여 이 3자가 일정한 목표 아래 통일된다면 '조선학'은 빛나는 새 출발을 마련할 것이고 또 그때에 있어서만 비로소 가능할 것이다. 조선의 역사적, 사회적 제문제의 해결과 그 해결의 비판적 전진과 일치하는 곳에서만 그 의의를 발견할 것이다.[51)]

사회운동의 실천적 문제의식에 입각하여 실천적 전망을 제시하는 연구가 되어야 하며, 그러한 연구가 되기 위해서는 사회관계적 접근과 문제중심의 접근이 되어야 한다는 것이었다. "조선의 사회구성태의 사회적-경제적-정치적-관념적-제형태를 그 물질적 기초구조로부터 분석하고 또 그 발달의 역사를 역사적 법칙으로 정제하여 조선사회의 세계사적 성격을 확정하는 '조선연구'"가 조선학이 지향해야할 연구방향이었다.[52)]

한편 신남철은 이상의 맑스주의적 역사연구방법론의 입장에서 조선역사에서 정신적 특수성을 추출하려는 경향 역시 비판하였다. 근대사상의 한계와 식민지 현실을 극복할 사상적 자원으로 문화유산의 정신적 특수성을 발견하려는 경향이었다. 조선역사, 문화의 전승을 지배층 문화의 전승으로 대체하려는 시도는 당연히 비판되어야 하지만, 그와 또 다른 민족의 근원적 정신문화를 발굴하고, 거기서 현실을 극복할 문화적 전통을 찾아야 한다는 주장 역시 관념적 추상론이란 비판이었다. 맑스주의자가 아니면서도 현재적 문제의식에 입각해, 실천적으로 전통을 계승해야 한다고 주장했던 박사점(박종홍)의 논리가 그런 경우였다. 신남철은 무비판적 전통계승을 비판하고 현실극복의 실천적 입장에서 전통을 재인식해야 한다는 박사점의 주장에 동의하면서도 '문화유산의 특수성을 실체화하는' 사고는 상당한 위험성을 갖고 있다고 보았다.

---

51) 신남철, 「조선연구의 방법론」, 『청년조선』 1934.10(『선집』 1, 273쪽).
52) 위의 글(『선집』 1, 275쪽).

> "문화유산의 특수성은 일개의 통일체로써 사실상 존재하고 있다." 그러면 이 경우에 있어서 그 소위 고유문화는 여하히 대우를 받게 되는가? 또 그 특수성의 인식과정은 여하한가? 근로적인 사회적 그룹의 견지에서 권력적인 사회적 그룹이 떠받드는 민족적 특수성의 강조를 배격한다 하더라도 '현실적인 발전의 과정'에서 본 문화의 민족적 특수성의 특수성되는 연유는 해명되지 않은 것이 아닌가 생각한다. 씨는 처음에 문화유산에 대한 '무엇계기'를 물어야만 한다고 하였다. 그 '무엇계기'를 인식하는 과정이 '어떻게 계기'로서의 전승의 방법에서 해명된다고 하면 나의 이 의문은 의문될 수가 없겠지만 그래도 그 인식의 과정과 전승의 방법과는 스스로 특자의 영역을 가진 것이 아닌가 생각한다.53)

지배층문화 중심의 전통인식을 비판하는 현재적 관점은 충분히 인정하지만, 민족의 '원시적 문화'에서 '문화유산의 특수성', '민족적 특수성'을 규정할 구체적 근거가 어디에 있냐는 것이었다. 현재적 문제의식이 제기하는 '인식방법'의 특수성과 문화유산자체의 특수성은 서로 별개의 것임에도 이 두개의 문제를 혼동하여 근거 없이 '특수한 정신문화유산'의 발견을 주장하고 있다는 것이었다. 문화유산을 하나의 특수한 실체로 전제함으로써 실천적 전승이란 문제의식과 별개로 조선의 역사문화에 대한 연구가 추상적 특수성의 탐구로 변질될 수 있다는 비판이었다. 정신적 동일성을 강조함으로써 현실의 계급적 대립을 관념적으로 봉합하는 이데올로기가 될 수 있기 때문이었다.

> (박사점은) 사회적 그룹의 대립적 긴장이 도리어 민족문화의 특수성을 그 일층 현저하게 해주는 것이요 또 어디까지든지 역사적 발전적이며 민족적이면서도 세계적인 비권력적인 사회적 그룹의 긴밀한 현실적 통일에서 실천적으로 이해함으로부터 조선의 문화유산의 특수성은 객관적으로 인식된다고 할 것이다. 그러면 첫째로 사회적 그룹의 대립적 긴장과 둘째로 민족과 사회적

53) 「문화의 논리학에 대한 일 기여 - 특별논문을 읽고(3)(4) - 박씨의 [문화유산 전승방법]」, 『동아일보』 1935.1.29-30(『선집』 1, 319쪽).

> 그룹의 긴밀한 현실적 통일의 양자가 민족적 특수성을 시인하며 천명하는 근거의 구체적인 토대는 어디 있나? (중략) 이 양자(사회적 그룹의 대립적 긴장과 민족과 사회적 그룹의 현실적 통일)의 이른바 '인식근거'는 여하히 설명할 수가 있을 것인가?[54)]

박종홍은 민족문화의 원시적 저류에 현실을 극복할 문화정체성이 있다고 보고 '민족적이며 세계적인 비권력적 사회적 그룹'이 통일된 입장에서 조선문화유산의 특수성을 실천적으로 인식해야 한다고 주장하지만, 논리의 전제인 민족적 그룹과 사회적 그룹의 통일이 어떻게 가능한 것인지를 설명해야 한다는 것이었다. 곧 구체적 근거 없이 사회적 그룹과 민족, 곧 계급과 민족의 통일을 상정하고 '문화유산의 특수성'을 통일된 주체가 지향해야 할 사상적 전망으로 주장하는 것은 문화유산의 실천적 계승을 내세워, 현실의 계급대립을 무시하고 무조건적 통합을 주장하는 논리란 것이었다. 실천적 조선인식이 실천적이기 위해서는 발견하려는 '무엇'과 발견방법의 '어떻게'가 모두 현실에 기반해야 하는 것이었다. 요컨대 신남철은 사적유물론에 입각한 사회구조사 중심의 과학적 연구와 실천적 문제의식을 연구의 기본원칙으로 강조하는 가운데 실천적 문제의식을 내세워 또 다른 정신적 특수성 탐구론이 등장하는 것을 우려한 것이었다.

이러한 신남철의 주장은 기본적으로 민족주의적 조선연구를 비판하고 과학적 조선연구를 주장했던 당대 맑스주의 지식인들과 입장을 같이하는 것이었다. 경성제대와 일본유학을 통해 아카데미즘 안에서 체계적으로 훈련받은 김태준, 박치우, 최용달, 김광진 등의 신진 맑스주의 지식인들은 민족주의계열 조선학연구의 비과학성, 파시즘적 성격을 비판하며 실천적 과학적 조선역사연구를 주장하고 있었던 바, 그 핵심은 신남철의 주장과 같은 것이었다. '역사연구의 향할 바 목적은 반드시 현재의 실천에 있나니 과

54) 위의 글(『선집』 1, 320쪽).

학적 역사연구가 현대를 개변하기 위한 것, 그것을 위한 과거와 현재의 연구인 이상 역사연구는 현재의 실천에 의해 규정되고 실천을 위한 무기가 되지 않으면 안 된다'는 것이었다.[55] 신남철 역시 이러한 당대 맑스주의 지식인들의 '과학적 조선연구론'과 입장을 같이하며 조선연구의 방법론을 제기한 것이었다.

그러나 현실에 관철되는 역사발전의 보편성을 강조했던 신남철의 입장은 조선사의 특수한 후진성을 강조하던 여타 맑스주의자들과 몇 가지 점에서 중요한 차이를 보였다. 먼저 신남철은 1933년 백남운의 조선사회경제사 발간이후 제기된 '아시아적생산양식논쟁'에서 대다수 맑스주의자들과 달리 백남운의 입장을 지지하였다. 즉 맑스의 아시아적 생산양식론은 '고대적 아시아적 시대'를 의미하는 것일 뿐이며, 고대노예제-중세봉건제 - 근대 자본주의로 이어지는 보편적 역사발전과정이 아시아에도 관철되고 있다는 것이었다.[56] 아시아적 생산양식론을 봉건제의 아시아적 특징을 설명한 것으로 보고, 고대노예제, 아시아적 봉건제, 근대자본주의로 이어지는 보편적 발전과정이 조선역사에도 관철된다고 주장했던 백남운과 아시아적 생산양식론을 아시아지역의 정체적 역사발전을 규정한 이론으로 파악하고 조선사의 특징을 노예제의 결여, 봉건제의 저발전, 외부충격에 의한 봉건제 이행 등으로 규정했던 백남운 비판자들 사이의 논쟁에서 기본적으로 백남운의 입장에 동의한 것이었다.[57] 물론 신남철의 주장은 구체적 역사분석을 제시한 것도 아니고, 봉건제의 아시아적 형태를 강조한 백남운과 달리 노

55) 김광진, 「조선역사학 연구의 전진을 위하여」, 『조선일보』, 1937.1.3; 이수일, 『1930년대 전반 '성대그룹'의 반관학 이념과 사회운동론』, 연세대학교 사학과 박사학위논문, 2013, 118~119쪽.

56) 신남철, 「동양사상과 서양사상 - 양자는 과연 구별되는 것인가」, 『동아일보』 1934. 3.15-23(총8회)(『선집』 1, 244쪽).

57) 백남운과 그를 비판하는 맑스주의 지식인들의 논쟁에 대해서는 다음의 글이 참조된다. 방기중, 『한국근현대사상사연구』, 역사비평사, 1992, 161~163쪽.

예제사회의 아시아적 성격을 단편적으로 지적한 것에 불과하였지만, 조선 역사의 특수성과 봉건적 정체성을 강조한 대부분의 맑스주의자들과 달리 조선을 포함한 아시아지역에도 보편적 역사발전과정이 관철된다고 본 것이었다. '아시아적생산양식논쟁'은 조선을 비롯한 아시아 제국가의 혁명론과 연결된 논쟁이었기 때문에, 맑스주의 지식인으로서는 부담스런 문제였지만, 신남철은 공식주의자로까지 비판받던 백남운과 입장을 같이 한 것이었다.[58)]

신남철이 아시아적 생산양식의 보편적 성격을 강조한 가장 중요한 이유는 아시아적 생산양식론의 배경이 된 동양특수성논의 때문이었다. 1930년

58) 조선사의 특징을 봉건적 후진성과 정체적 특질로 인식하고, 식민지 조선을 제국주의와 해체에 이르지 못한 봉건제가 결합한 반봉건사회로 이해하는 것이 일제하 사회주의자들의 대체적 이해였다. 그리고 이러한 이해에 기반한 혁명론이 부르주아민주주의혁명론이었다. 부르주아민주주의혁명론은 이렇게 지배구조를 봉건적 지배층과 제국주의지배의 유기적 결합으로 상정하고 부르주아변혁과 사회주의변혁의 연속적 해결을 조선혁명의 특수성으로 규정했기 때문에 여전히 강고한 지주계급과 기생적 자본가계급, 그리고 끊임없이 동요하는 소부르주아층과의 비타협적 계급투쟁을 강조하게 되는 것이었다. 반면 세계사의 보편적 발전과정이 조선에도 관철되는 것으로 인식하여 자본주의 발전과 자본가계급의 성장을 일정하게 전제하는 백남운의 논리는 반제혁명에서 이들의 위상과 역량을 일정하게 인정하는 혁명전략을 구상하게 되는 것이었다. 결국 이 문제는 조선 공산주의자들의 주류적 혁명론인 반제부르주아민주주의혁명론의 역사적, 현실적 기반에 대한 질문이었고, 해방 후 비타협적 계급투쟁을 주장했던 남로당계열과 민족주의계열과의 통일전선을 주장한 백남운의 노선이 분기하게 되는 이론적 배경이었다. 또한 많은 맑스주의 지식인들이 백남운을 비판하고 비합법활동을 전개하던 공산주의자 그룹 안에서는 배격해야 될 논리로까지 지목한 것은 바로 이상의 문제가 배면에 깔려있기 때문이었다. 신남철은 "그것을 정당히 해석하느냐 못하느냐에 따라 동양의 사회적, 경제적 구성이 어떠한 것이며 그 현실적 동향과 '운동'은 여하할 것이냐의 이론에 중대한 차이를 생하는 것이라고 한다." 라고 하여 아시아적생산양식논쟁이 실천상의 중요한 차이로 연결될 수 있음을 어느 정도 알고 있었다. 그러나 그러함에도 보편주의적 역사인식의 입장에서 백남운의 견해에 동의를 표한 것이었다. 그리고 이상의 '조선학' 연구를 둘러싼 이론적 동질감은 이후 해방 후 백남운과 신남철이 정치적 노선을 같이하게 되는 사상적 배경이라고 할 수 있다. 방기중, 위의 책, 164~165쪽 참조.

대 초반 급격히 대두된 '동양적 특수성'논의에 대해 신남철은 현실적으로 존재하는 동서양사회의 차이를 부정할 수는 없지만 동서양의 차이를 본질화 하려는 시도는 지배층의 이데올로기적 공세라고 파악하였다. 동서양의 현상적 차이는 '경제적 지반'의 시대적 차이에 따라 과학 및 문화의 발전이 빠른 서양과 뒤늦게 그를 따라간 동양의 차이에서 발생한 '시기적 이질성'에 불과한 것임에도, '사상과 도덕, 윤리등 문화전반에서 동양과 서양의 차이를 체계화하려는 것은 결국 현실의 정치적, 사회적 생활을 규정하려'는 목적 때문이란 것이었다.[59] 즉 '문명의 편익과 그 생산관계의 질곡'은 어느 사회에나 보편적이며 '현대생활자'의 절실한 문제임에도 논리적으로 구분할 수 없는 동양적 특수성을 강조하여, 자본주의사회의 보편적 모순을 은폐하려 한다는 것이었다.[60] 따라서 신남철은 맑스주의자들의 아시아적생산양식논쟁이 지배측의 의도와 다른 것이라 하더라도, 동양적 특수성을 본질화 하는 것은 결국 이상의 문제점을 피하기 어렵다고 생각한 것이었다. "'아시아적 생산양식'의 문제는 하등의 동양사회의 특수성을 강요하는 것"이 아니며 "사회의 기초적인 부분으로서의 경제적 조직과 그 사상도 궁극적으로 동양과 서양이 구별되는 것이 아니"기 때문이었다.[61]

두 번째로 신남철이 입장을 달리한 부분은 조선학연구에서 근대학문의 역할을 어떻게 평가할 것인가의 문제였다. 신남철은 과학적 조선연구가 정립되기 위해서는 계급적 입장과 더불어 근대학문의 합리적 비판과정이 뒷받침되어야 한다고 보았다. 근대학문의 계급적 한계와 별개로 근대학문의 학문적 성과를 부정해서는 안 된다는 것이었다. 과학적 역사학은 사적유물론의 구조적 연구시각과 현실의 모순을 직시하는 계급적 당파성을 당연히

59) 신남철, 「동양사상과 서양사상 - 양자는 과연 구별되는 것인가」, 『동아일보』 1934.3·15-23(총8회)(『선집』 1, 235쪽).

60) 신남철, 「동양사상과 서양사상 - 양자는 과연 구별되는 것인가」, 『동아일보』 1934.3·15-23(총8회)(『선집』 1, 248~250쪽).

61) 위의 글(『선집』 1, 244면).

전제해야 하지만, 연구내용의 합리성을 뒷받침하는 분야연구의 축적도 필요로 하기 때문이었다. 즉 제대로 된 조선연구가 이뤄지기 위해서는 민속학, 문학, 조선어학 등의 전문연구성과의 축적될 필요가 있으며, 그 성과들이 '현대적 의식'에서 조망될 때 과학적 '조선학'도 성립될 수 있다는 것이었다.[62] 그리고 그런 관점에서 근대역사학의 선구자 랑케도 높이 평가하였다. 랑케의 역사연구는 지배층 중심의 역사관이라는 한계를 갖고 있지만, 그가 정립한 합리적이며 실증적인 역사연구방법과 보편사적 시각은 과학적 역사연구의 토대를 마련했다는 것이었다.[63]

자국학연구의 성장과정 역시 마찬가지였다. 신남철은 신비한 전통의 복고적 인식에 집착한 일본의 국학이 반동적, 시대착오적 국수주의로 귀결된 것과 달리 중국의 국학이 높은 수준의 과학적 연구에 도달한 것은 전통을 합리적 정신으로 비판했던 신문화운동기의 국고정리운동이 있었기 때문이라고 보았다. '데모크라씨와 과학과 모랄리티로써 새 중화민국을 건설하려했던 근대적 지식인들이 있었기 때문에 사상적 지침을 가질 수 있었다는 것이었다.[64] 이러한 관점은 계급적 시각을 결여한 근대학문의 부르주아적 한계를 일관되게 비판했던 대다수 맑스주의 지식인들과 다른 것이었다. 예컨대 신남철이 과학적 조선연구의 대표적 예로 거론한 「춘향전의 현대적 해석」의 저자 김태준은 국고정리운동을 자본주의성립기의 부르주아학문운동으로 규정하고 정인보등의 국학연구를 국고정리운동을 답습한 시대착오적 연구라고 비판했지만,[65] 신남철은 바로 그러한 연구가 있기 때문에 과학적 연구도 가능하게 된 것이라고 본 것이었다. 사회경제적 발전과정과

62) 신남철, 「최근 조선연구의 업적과 그 재출발 - 조선학은 어떻게 수립할 것인가-」, 『동아일보』 1934.1.1-7(『선집』 1, 226쪽).

63) 신남철, 「랑케전」, 방응모 편, 『세계명인전』 3, 조광사, 1940.7(『선집』 1, 638~640쪽).

64) 신남철, 「최근 조선연구의 업적과 그 재출발 - 조선학은 어떻게 수립할 것인가-」, 『동아일보』 1934.1.1-7(『선집』 1, 227~230쪽).

65) 김태준, 「조선학의 국학적 연구와 사회학적 연구 제2회」, 『조선일보』, 1933년 5월 2일; 이수일, 앞의 글, 120~121쪽.

마찬가지로 사상 역시 역사적 발전과정을 거치는 것으로 인식했던 신남철은 근대학문의 종합과 지양에서 과학적 조선연구의 방향을 설정한 것이었다.

마지막으로 신남철은 조선과거의 사상, 문화를 '합법칙적으로 전수'하려는 태도가 필요하다고 보았다.[66] 문화의 전통은 지성적인 것에 의하여 전수되며, 또 지성적인 것에 의하여 확충 발전된다는 것이었다. 설령 한계가 있다 하더라도 '사회발전의 정당한 코스에 기여하려는 선의지와 그것을 실현하려는 학술'에 의해 지성은 발전되어 온 것이기에, 그 성과에 기반한 비판적 극복이 필요하다는 것이었다. 신남철은 조선의 경우에도 이런 지성사의 발전과정은 동일하게 적용된다고 보았다. 특히 실학의 지성사적 의의를 높이 평가하였다. '서구적인 의미의 체계적 논리는 아닐지라도, 적어도 실학파의 대두 이후 서양의 그것과 공통된 사상발전이 있었으며, 비록 중도에 좌절되었지만, 실학파의 선의지적 지성은 근대국가를 자각해가는 지성사적 발전'이라는 것이었다.[67]

요컨대 신남철에게 조선의 역사, 문화는 세계사의 예외가 아닌 세계사의 관철과정이며, 과학적 조선연구는 그 보편성 속에서 현실의 실천적 과제를 해명하는 연구라고 생각한 것이었다. 또한 조선학 연구의 방향 역시 역사 전개과정과 마찬가지로 조선의 지성적 전통과 근대학문의 성과에 기반하여 더 높은 단계의 과학적 연구를 지향해야 한다고 본 것이었다. 역사와 역사연구 모두가 역사발전의 합법칙적 과정을 거쳐 발전한다는 인식 속에 조선학연구의 방법적 원칙을 제시한 것이었다. 이러한 신남철의 조선학연구론은 실천적 문제의식과 사적유물론을 강조한 점에서 당대 맑스주의자들의 조선연구론과 동일한 기반에 서 있는 것이었지만, 일원적 역사발전과정

66) 신남철, 「이상이란 무엇인가」, 『학등』, 1934.1(『선집』1, 220쪽).
67) 신남철, 「특집 지성옹호의 변 : 지성은 문화의 무기고」, 『비판』, 1938.11(『선집』1, 588~589쪽).

과 학문사상의 내재적 발전을 강조한 점에서는 중요한 차이가 있는 것이었다. '미래의 이상은 역사적 토대에 기반한 인식'이란 관점에서 현실을 비판하되 조선사회의 발전적 성격을 부정하지 않으려한 것이었다.

4. 보편주의적 역사인식과 지식인사회 비판

한편 이상과 같이 신남철은 보편주의적 역사철학과 조선역사의 과학적 연구에서 현실을 극복할 사상적 전망을 모색했지만, 그를 둘러싼 1930년대 조선지식인 사회는 심각하게 동요하고 있었다. 1930년대 중반을 지나며 민족운동이 전반적으로 약화되는 가운데 졸업시즌이 훨씬 지나도 전문학교 이상 출신자들의 취직율이 1/3이 되지 않는 만성적 실업난이 계속되자,[68] 현실에 대한 절망감이 정신적 방황으로 이어졌기 때문이었다. 기대했던 사회적 지위와 남루한 현실의 격차에 절망하여 자포자기적 현실도피나 향락적 유흥을 일삼는 지식인들의 사회적 일탈이 심각한 사회문제로 등장하였고,[69] '한때는 유물론 사상에 심취했으나 빛나던 전망을 상실하고, 이제는 어디로 갈지를 몰라 현실에 좌절하고' 있다는 절망적 탄식도 끊임없이 제기되었다.[70] 그리고 이런 상황은 각종 민족, 사회운동으로부터의 이탈을 정당화하는 명분으로 활용되었다. 예컨대 한때 카프를 대표하는 비평가이자 좌파지식인 사회의 명사였던 박영희는 다음과 같이 자신의 운동포기를 정당화하고 있었다.

68) 「전문이상교 금년출신 취직은 불과 삼분지 일」, 『동아일보』, 1933.06.01; 「知識階級의 就職率은 求職者의 四割에 不過, 臨時雇 日傭에만 成績良好, 好況裏面에 失業洪水」, 『동아일보』 1935.06.07; 정선이, 『경성제국대학연구』, 문음사, 2002, 147~151쪽.
69) 「사설, 지식인은 자중하라」, 『조선중앙일보』, 1936.04.26.
70) 김영희, 「지식계급의 고민상」, 『청년』 15-2호, 1935년 5월, 5쪽.

> “지식계급은 성취한 일은 하나도 없고, 생활난은 닥처오게 되매, 비로소 실생활에 당면하게 되니 그 정세가 급박하였음을 초조하였다. 앞으로 그냥 나가려하나 용기가 없고 뒤로 물너스려 하나 그것조차 용이한 일이 아니였다. (중략) 무엇보다도 살아야겠다는 말이 이들의 입에서 부르지지게 된다. 사업이고 운동이고 남을 위한다는 것이고 나를 도라다 보는 것이, 모두가 금전이 있어야 한다고, 그들은 새삼스럽게 각성한 듯이 웨치며, 부르지진다. 그런후에 얼마가 지내서 보니 한 때에 진보적 지식계급이든 사람들이 일변하여서 어디로 어디로 닥치는대로 무엇이, 무엇이고 다없어져 버리고 (중략) 진보적 지식계급이 최고의 이상실천과 지식계급이 곳 우주의 지배자와 같은 그러한 과장에서 탈각하야, 한 개의 원리 한 구의 이론일지라도 오즉 이것에서 충실해서 학문을 성취하며 완성하야 비로소 사회에 내놓아 사회에 이함이 있으리”71)

1920년대 이래 조선의 지식인은 현실을 극복하기 위해 헌신적으로 실천했지만 어떤 성과도 얻지 못했으며, 이제 남은 것은 생활난 앞에 초조해 하고 당황해 하는 진퇴양난의 모습이란 것이었다. 따라서 이제는 성과도 없는 과장된 사회적 실천에서 벗어나 자기 자신을 위한 학문에 집중하는 것이 현명한 선택이며, 그것이 사회에도 도움이 된다는 것이었다. 식민지현실과의 대결을 포기하고 체제에 순응하고 있는 자신의 모습을 생활난과 민족운동의 허무함으로 정당화하여, 후배 지식청년들에게도 현실에 타협하라고 권유한 것이었다. 삶의 조건이 열악해지고, 현실을 극복할 실천적 전망 또한 불투명해지자, 체제순응 이외에 다른 길이 없다는 패배적 논리가 등장한 것이었다.

비판적 현실인식과 과학적 전망을 제시하는 것이 지식인의 가장 큰 책무라고 생각했던 신남철에게 이러한 상황은 심각한 문제가 아닐 수 없었다. 비판적 현실인식과 과학적 전망을 제시하기는커녕 지식인의 사회적 의식마저 사라질 수 있기 때문이었다. 이에 신남철은 지식인 사회의 무기력과 사상적 전망 상실을 극복하는 것이 중요한 지적과제라고 보고 당대 지식인

---

71) 박영희, 「조선지식계급의 고민과 기 방향」, 『개벽』 신간 3호, 1935년 1월, 8~9쪽.

사회에 대한 비판 활동을 전개하기 시작하였다. 먼저 신남철은 지식인 사회가 절망적 무기력함에 빠진 가장 큰 이유가 지식인 스스로의 사상적 취약성에 있다고 파악하였다. 일제의 억압과 사회전반의 위기가 위기상황을 발생시킨 것은 사실이지만, 절망적 분위기가 확산될 수 있었던 것은 근본적으로 그러한 현실과 대결하려 하지 않는 지식인들의 사상적 나약함 때문이란 것이었다. 현실을 어쩔 수 없는 상황으로 받아들일 뿐, 주체적으로 이해하고 파악하려 하지 않기 때문에 '비극, 낭만'을 운위하며, 관념적 '피안의 세계'에 몰두하게 된다는 것이었다.

> 위기적 인간은 정열도 이지도 또는 자기의 감성적 진실성까지도 일상적 세계를 넘어서 영원히 도달할 수 없는 피안에 자기의 전실존을 떼 맡기는 것에 의하여 오로지 피안적인 생활의 고뇌로부터 탈출하려한다. (중략) 현대의 위기의 사상가들은 사실 인간의 내면적 관상에 침윤하여 그 심리의 기미에 저촉해준 바 적지 않다. 그러나 그들은 결국에 있어서 더욱더욱 인간의 절망에 도달할 뿐이었다. 그리하여 철없는 젊은 세대인으로 하여금 비극을 논하고 낭만을 운위하게 하고 있다. 현재 이 나라의 지식청년들이 지드와 셰스토프를 즐겨 말하고 있는 현상은 마치 이러한 종교적 철학적 내지 문학적 자성에만 급급하여 자기를 위요하고 있는 악착한 현실의 운행에 맹목하려는 생활태도에 불외한다. 그들은 그들의 자신의 인격의 분열을 보지 못하고 있다. 그들이 인간의 의문성에는 상도하고 있다 하더라도 그 의문성이 연유하는바 원심적인 구체적 정황을 주체적으로 이해하고 파악하는 데까지 도달되어 있지 않다.[72]

'현실의 운행'에 맹목적으로 투항하는 생활태도와 그러한 와중에도 그 생활의 고뇌로부터 관념적으로 탈출하려는 자의식이 충돌하고 있다는 것이었다. 그리고 문제의 원인을 사회가 아닌 개인의 위기, 현실이 아닌 내면의 위기에서 찾기 때문에 위기의 사상가들에 끌리게 되어, 더더욱 절망적 자기의식에 침잠하게 되었다는 것이었다. '자기의 본래적인 (아이겐틀리히)

72) 신남철, 「신문화 건설의 길」, 『사해공론』, 1936.5(『선집』 1, 437쪽).

상태에 돌아가려하면 할수록 자기의 인간적인 존재(다싸인)에 대한 의문이 자꾸 생겨' 관념적 고민과 현실이 괴리가 만들어내는 '인격분열'의 상황에 빠지게 된 것이었다.[73] '순간'에 매몰된 향락적 태도 역시 마찬가지였다. 생활문제의 본질을 파악하려는 의지가 없기 때문에 현재를 하나의 순간으로 인식하게 되어, 순간적 향락의 분위기에서 문제를 해소하려는 태도를 갖게 되는 것이었다.[74] 요컨대 위기의 본질은 '현실의 위기'가 아니라 일상에 매몰되어 추상적 관념의 세계에서 자기내면의 불안과 위기감을 해소하려는 사상적 취약성에 있다는 것이었다.

그리고 이렇게 위기의 본질을 사상적 취약성으로 진단한 신남철은 당면한 지식인사회의 위기를 극복하기 위해서는 무엇보다도 현실을 절망적 기정사실로 전제하는 사고방식을 바꿔야 한다고 보았다. 전체주의와 파시즘이 확산되고, 갈 수록 삶의 조건이 열악해져 가는 상황에서 현실을 그대로 인식하는 것만으로는 현실투항의 길을 피할 수 없기 때문이었다. 눈앞의 현실에 매몰되지 않기 위해서는 직접적 감각과 현상적 인식을 뛰어넘을 수 있는 인식방식이 필요하였다. 신남철은 그 것이 역사발전에 대한 신뢰라고 생각하였다. 지나간 인간의 역사 속에서 역사발전의 법칙을 확인하고, 현실을 역사적 발전원리가 관철되는 과정으로 다시 사고할 때, '꿋꿋한 실천의 의지'와 '과학적 이상'을 다시 확보할 수 있다는 것이었다. 또한 그 과정은 역사 속 인간들이 주어진 사회적 조건 속에서 어떻게 자신의 실천방향을 찾았는지를 확인하는 과정이기에 현재의 실천방향도 확인할 수 있는 방법이었다.[75] 요컨대 과거의 토대에서 현실의 기반을 확인하고 역사발전의 방

73) 위의 글(『선집』 1, 438쪽).

74) 신남철이 지식사회 비판과 관련하여 직접적 대상으로 삼은 것은 주로 작가들이었다. 그러나 신남철은 문학적 경향을 사회상황의 반영으로 이해하고, 작품론과 작가론을 통해 지식인 전반의 문제를 다룬다는 점에서 지식사회 전체를 염두에 둔 비판으로 볼 수 있다. 「작가에의 진언장 -문제성의 결여-」, 『동아일보』 1938.8.31.-9.3(총4회)(『선집』 1, 574쪽).

향 속에서 현재의 과정적 의미를 파악하는 것이야말로 절망적 현실인식을 극복할 대안이었다. 신남철에 의하면 그러한 의식은 감각적 사유를 넘어서는 예지적 사고였다.[76)]

> 그 예지에의 개안이라는 것은 한말로 예를 들어 말하자면 급진적인 헤겔학도로서 자기를 선언한 하이네의 칸트비평과 같은 그러한 기발한 지의 섬광과 정의 분류를 판별하는 안광을 가지게 되는 것을 말하는 것이다. 그러므로 우리가 지성을 중시하는 반면에 그것을 초극하는 사념을 가지지 않아서는 아니 된다. 나쓰메 소세키의 말과 같이 지를 主重하면 圭角이 생긴다 하느니만치 우리는 단순한 지성을 딛고 넘어서서 예지에의 실천을 마련하지 않으면 아니 된다. 예지의 소산체는 만인이 공유할 수 있는 사상, 행동의 무기고다. 그 속에는 위대한 문화의 계획성이 있는 것이다. (중략) 군! 예지를 단순히 지성이라고만 보아서는 아니 된다. 나는 이 두 가지 것을 구별하여 쓰려고 한다. 군에게는 모르는 설명일는지 모르나 칸트라는 철학자가 구별하여 사용한 것과 같은 그러한 구별을 내가 상정하고 있다고는 생각말으라. 문화옹호의 선의지가 그것에 반하는 현실을 인식, 파악, 시정, 계획하는 의식태를 나는 예지라고 밖에는 무어라고 이름지을 수가 없다. 그리고 지성은 무엇을 수성하려는 정열에 눈을 뜨게 하는 것으로서 이 두 가지는 예지의 귀한 기반인 것이다. 개인적인 情主觀에 사는 군에게는 이 지성이 필요하고 그보다도 더 이것을 딛고 넘어서 예지에 도달하지 않으며 아니 될 것이다.[77)]

---

75) 「이상이란 무엇인가」, 『학등』, 1934.1(『선집』 1, 218~219쪽).

76) '예지'는 칸트철학에서 가져온 개념이었다. 칸트는 감각을 통한 직접적 인식대상인 현상계와 이성적 사고의 대상인 예지계를 구분하여 감각으로 확인할 수는 없으나 이성적으로 확신할 수 있는 세계를 예지계라고 규정하였다. 신남철은 이 예지개념에 기초하면서, 나아가 예지적 전망에 근거한 실천적 인식까지도 '예지'적 사고라고 파악하였다. 예컨대 "현대의 예지는 진리의 재건을 위하여 역사와 격투하는 '다스 로만티쉐 레알'(낭만적 진실)인 동시에 준비를 위한 잠복기의 연구정신"이라는 것이었다. 신남철, 「고전이냐 유행이냐 - 최근 문예평론에 대한 이삼의 단상-」, 『동아일보』 1937.6.24(『선집』 1, 474쪽); 칸트사전 편집위원회 편, 이신철 역, 『칸트사전』, 도서출판 b, 2009, 279~281쪽.

77) 신남철, 「고뇌의 정신과 현대 -어떤 작가에게 주는 편지-(3)」, 『동아일보』 1937.8.5(『선집』 1, 493쪽).

현실을 맹목적으로 인식하는 지성과 달리 미래의 필연성 속에서 현실을 재인식하는 사고가 '예지적 사고'이며, '예지적 사고'에 의해 경험적 체험을 질서화 할 때, 문화옹호의 선의지에 대립하는 현실을 인식, 파악, 시정, 계획할 수 있다는 것이었다. 곧 위기에 직면할수록 역사전체과정 속에서 현재를 재인식하는 '예지'를 가져야 하며, 그 예지적 사고에 의해 현재를 비판적으로 사유할 수 있게 된다는 것이었다. 이미 자신의 역사철학 속에서 강조했던 보편적 역사발전에 대한 확신을 지식인사회의 사상적 위기를 극복하는 논리로 끌어온 것이었다.[78]

그러나 이렇게 지식인의 사상적 취약성과 일종의 신념적 사고를 강조한 신남철의 주장은 당대 지식인사회에서 크게 환영받지 못하였다. 새로운 대안도 없이 역사발전의 필연성과 당위적 실천만을 강조하는 그의 주장이 구체적 현실을 모르는 교조적 훈계로 여겨졌기 때문이었다. 감당하기 힘든 억압적 현실이 삶을 억누르고 있는 상황에서 역사발전의 보편성과 원론적 세계관을 계속 강조하는 것이 도대체 무슨 의미가 있냐는 것이었다. 현실의 변화를 이해하지 못한 관념적 주장, 아카데미즘에 갇힌 서생적 비판이란 지적이 곧 제기되었다. 신남철의 지식인사회 비판과 평론활동에 가장 민감하게 반응하고 전면적으로 반비판을 제기한 것은 문학계였다.

신남철이 '최근의 문학작품'이 신변중심으로 흐르고 있으며, 대체로 '역사적 발전의 법칙을 파악하는 구체적 실천의 세계관까지 발전하지 못'하고 있다고 사상성의 약화를 지적하자[79], 김남천은 신남철의 주장이 '하늘에서 따

---

78) '지금'이라든가 '이곳'이라든가를 '우리의 세대'가 '명확하게 확신을 가지고 지시하는' 과정에서 '그것은 벌써 지양의 계기가 되는 것이고 또 지양된 것임으로' '우리는 불안 위기로써 이해되는 지금과 이곳'을 '비관의 것이 아닌' '빛나는 전망을 가진 것'으로 이해할 수 있게 된다는 역사철학적 논리는 1930년대 전반 이래 신남철의 지론이었다. 신남철, 「불안의 사상의 유형화 - 『개조』 6월호 미키 키요시씨의 소론을 읽고」, 『衆明』 3호, 1933.7(『선집』 1, 178쪽).

79) 예컨대 다음의 글들이 문제가 되었다. 신남철, 「최근 조선문학 사조의 변천 - 신경향파의 대두와 그 내면적 관련에 대한 한 개의 소묘」, 『신동아』 1935.9(『선집』

온 형이상학 원리에 의하여 규제되는 예술사'이자 '변증법의 초보공식으로 역사를 재단하려는 것'이라고 신랄하게 비판하였고,[80] 이태준은 '작가의 감성을 이해하지 못하고 오직 지식, 문예사조, 방법론만으로 작품과 작가를 평가한' 신중치 못한 행위라고 항의하였다.[81] 나아가 좌익비평계의 핵심이었던 임화는 신남철의 주장을 구체적 내용까지 분석하며 체계적으로 비판하였다.

임화는 신남철이 '신경향파의 문학이 문예, 예술적으로는 이광수 등의 부르주아적 문학에 뒤떨어지지만 소위 목적의식적 개조운동과 연결되는 초보적인 자각의식을 그 내용으로 했기 때문'에 높이 평가할 수 있다고 주장한 것에 대해 이러한 평가는 '세계관적 과정과 예술적 과정의 내적 관련을 설명치 않고 문학적 발전상에 있어 사상과 예술성을 분리하는 이론' 이며, 그 원인은 '구체적 현실의 무시와 역사현실의 계루과정에 대한 부정확한 이해, 즉 발전의 사상의 결핍으로부터 유래하는 것'이라고 혹독하게 비판하였다. '문학사의 구체적 사실과 그 문학을 낳은 사회적 현실로부터 출발하는 것이 진정한 과학적 사회주의의 발전'임에도, '자본주의발전의 특이한 부자연성에 따른 토착부르주아지의 소극적 반면'을 표현한 것에 불과한 이광수의 '왜곡된 자유표현'을 부르주아문학의 전형성을 표현한 발전인 것처럼 과대평가했다는 것이었다. 한마디로 문학작품의 예술성과 사상성은 분리될 수 없으며, 신경향파의 10년은 근대적 문화예술의 총체적 발전을 감당한 것임에도 이분법적 구도로 그 발전과정의 의의를 인식하지 못했다는 것이었

1, 372~373쪽); 「고뇌의 정신과 현대 -어떤 작가에게 주는 편지-」, 『동아일보』 1937.8.3.-7(총5회)(『선집』 1, 486~499쪽); 「철학자로서 문학자에게 일언 -작가의 정열적 예지」, 『동아일보』 1938.5.25.-26(『선집』 1, 564쪽); 「작가에의 진언장 -문제성의 결여-」, 『동아일보』 1938.8.31.-9.3(총4회)(『선집』 1, 570~571쪽).

80) 김남천, 「공식과 문학사」, 『조선중앙일보』 1935.10.4(정호웅 · 손정수 엮음, 『김남천전집』 1, 박이정, 2000, 267쪽).

81) 이태준, 「평론태도에 대하야(상)(하)」, 『동아일보』 1937.6.27, 29.

다.[82] 신문학사 서술내용을 들어 비판하였지만, 사실상 신남철의 지식인사회 평가가 조선의 특수한 현실이 반영된 사회주의 지식인들의 사상발전과정을 무시한 채, 도식적 구도로 조선사상계를 재단했다고 비판한 것이었다.

임화와 문학계의 비판은 그 자체로 정당한 것이었다. 일단 문학작품과 창작자에 대한 비평임에도 신남철은 구체적인 작품내용과 창작자의 고민을 고려하지 않았고, 문학사에 대한 개관 역시 구체적 작품 분석에 입각한 것이 아니기 때문이었다. 철학적 입장에서 작품의 사상적 지향만을 평가했다는 비판은 피할 수 없는 것이었다. 또한 세계관적 고민이 부족하고, 작가 자신의 주변부에만 몰두하고 있다는 훈계성 지적은 문학을 모르는 서생의 모욕적 단견이라고 분개할 만한 내용이었다. 신남철 역시 이런 점들을 고려하여 자신은 문학평론가가 아니며, 철학자로서 입장을 밝힌 것에 불과하다고 해명했지만, 글에 문제가 있다는 것을 스스로 인정한 것이었다.[83] 그리고 이러한 문제들은 신남철의 비평활동이 갖고 있던 본질적 한계이기도 하였다. 신남철은 끊임없이 역사발전의 주체적 현실인식을 강조했지만, 정작 원론적 주장을 넘어서는 역사적 현실에 대한 분석이나 사상적 대안을 제시하지 못했기 때문이었다. 구체적 내용분석과 실제적 대안 없이 사상적 방향만을 문제 삼는 비판이 설득력을 확보할 수는 없는 것이었다. 더구나 한 번도 현실운동에 참여한 적이 없었던 신남철이 지식인 사회 전반에 대해 사상적 기반이 취약하다고 주장한 것은 자신의 학문을 과신한 지적 오만이었다. 철학적 원론에 기댄 계몽적 평론의 한계가 문학문제에서 불거져 나온 것이었다.

그러나 이러한 한계에도 불구하고 신남철의 주장은 임화와 다른 각도에

82) 임화, 「조선신문학사론 서설」, 『조선중앙일보』 1935.10.9.-11.13(임화문학예술전집 편찬위원회 편, 『임화문학예술전집 2 -문학사』, 소명출판, 2009, 378-399, 438쪽).
83) 신남철, 「철학적인 작품을 기대 ; 특집 - 작가와 비평가의 변」, 『조광』 1937.9(『선집』 1, 501쪽).

서 당대 조선지식인사회의 문제에 접근한 것이었다. 임화는 자본주의발전과 계급분해가 지체된 조선의 특수한 현실을 강조하고 발전과정에서의 한계와 사상적 분화 역시 현실적 제약의 반영으로 설명하였지만, 정작 지식인사회 전반의 정신적 상황이 어떻게 변해왔는지를 설명하지는 않았기 때문이었다. 또한 여전히 문학주체들에 대한 신뢰를 전제로 외적 현실을 더 구체적으로 인식하고 변화시키는 것이 핵심적 문제라고 주장하였지만, 그러한 현실밀착적 사고가 가져올 문제들은 염두에 두지 않고 있었다. 즉 현실과 분투하는 지식인들의 사상적 노력만을 보고 있을 뿐, 그 저류에서 변화하고 있던 지식인사회 전반의 정신적 상황을 비판적으로 사고한 것은 아니었다.[84]. 이에 반해 신남철은 문제의 본질은 외부가 아닌 지식인 사회의 내적 상황이라는 관점에서 지식인사회의 현실에 접근하는 가운데 현실의 특수한 조건을 중심에 놓은 사고방식이 구체성의 획득보다는 사상적 방향성의 상실로 이어지고 있다고 파악한 것이었다.[85]

84) 임화는 문학의 위기에 대한 대응방향을 다음과 같이 제시하고 있었다. "금일 우리의 문학이 위기 하에 서있다면 (2행 삭제) 는 것이다. 따라서 문학적 위기의 극복은 또한 생활적 위기의 타개 그것과 한 장소, 한 시기에서 수행될 것이며, 문학상의 위기현상이란 0000000 한 개의 정직한 반영에 불과하다. 우리가 문학이 생활적 진실의 반영자, 구현자이고 그 토대 위에서 자기의 자유스러운 창조적 세계를 개척하는 것이 진리라고 하면 문학이 그 자신의 위기를 타개치 못하고 기피하거나 좌절한다면 그것은 곧 생활적 현실로부터 격리되는 것이다. 또는 이 위기현상의 구체적 인식을 그르친다고 하면 이것 역시 문학이 그것 위에 서서 발전해 나갈 토양으로부터 자기를 뽑아내는 비참한 결과에 도달할 것도 논리의 지극히 명확한 순서이다. 따라서 생활로부터 유리되는 문학이 곧 진정 의미의 예술성으로부터 떠나게 되는 것이라면 이 또한 자기를 예술적 파멸의 길로 인도하는 결과에 도달할 것이다." 요컨대 생활에 밀착하고 생활을 파악하라는 것이었다. 임화, 「조선신문학사론 서설」, 『조선중앙일보』 1935.10.9.-11.13(임화문학예술전집 편찬위원회 편, 『임화문학예술전집 2 - 문학사』, 소명출판, 2009, 376쪽.

85) 신남철에 의하면 정치경제적 위기는 인격의 위기, 교양의 위기로서 표현되는 것이었다. 곧 위기현실을 인식한다는 것은 곧 그 표현인 사상의 위기를 인식하는데 출발해야 하는 것이었다. 신남철, 「신문화 건설의 길」, 『사해공론』 1936.5(『선집』 1, 435쪽).

그것은 1930년대 식민지 지식인사회의 현실에 대한 시각 차이였다. 신남철이 주목한 것은 임화처럼 현실을 극복하기 위해 고투하는 실천적 지식인들이 아니었다. 그런 존재들 보다 훨씬 많은 지식인사회 전반의 경향이었다. 신남철은 이미 대다수의 지식인들이 현실에 압도되어 심각하게 개량화되었다는 판단에서 출발하고 있었다. '자신을 원자화하고 동물적 생존의 호화로운 완전에 모든 것을 거는 객체적 인간들과 한편으로는 일신의 명철보신을 꾀하면서도 다른 한편으로는 관념적 '신앙의 왕국'에서 희망을 찾는 자기분열적 지식인들이 대다수를 차지하고' 있으며 그러한 상황이 문학에도 반영되고 있다고 본 것이었다.[86] 따라서 현실의 제약을 문제 삼기 이전에 그 현실에 대응하는 지식인 사회 전반의 사상적 상황이 어떠한가를 검토할 필요가 있다고 본 것이었다. 임화가 프로문학의 역사적 성과를 토대로 그를 계승한 주체들이 어떻게 현실의 위기를 극복할 것인가를 고민했다면, 신남철은 그러한 주체들을 외부이자, 동시에 끊임없이 내부로 침투하고 있는 지식인 사회 전반의 사상적 조락과 후퇴가 어디에서 기인하는가를 문제 삼은 것이었다. 현실을 괴로워하며 현실을 고민하지만, 고민하면 할수록 현실과 대결하기 보다는 자신의 존재적 상황에 절망해 가는 지식인사회의 정신적 방황이 세계관 전반의 후퇴로 나타나고 있다고 본 것이었다.

한편 지식인사회 비판논리로까지 확장된 보편주의적 역사인식은 1937년 중일전쟁 이후 사상통제와 사상동원이 전면화 된 상황 속에서도 신남철이 굴절된 형태로나마 비판적 시각을 유지할 수 있게 한 사상적 근거가 되었다. 우선 신남철은 태평양전쟁이 발발하고 전시통제가 강화되자 압도적 현실상황에 동요하기 시작하였다. 현실에 대해 회의할 수밖에 없으며, 사상을 유지하기 위해서도 일단은 살아남아야 한다고 고백하였다.[87] 그리고 그런

86) 신남철, 「전환기의 인간」, 『인문평론』 6호, 1940.03, 12~13쪽.
87) 1936년 동아일보를 퇴사하고 1937년부터 모교인 중앙고보에 근무하던 신남철은 중일전쟁의 확대와 전시체제의 강화에 상당한 좌절감을 느끼고 있었다. 예컨대

흔들림은 자신의 핵심주장 일부를 스스로 부정하는 모습으로 나타났다. 예컨대 '아세아의 역사철학적 특징은 그 사회의 정체성에 있다'고 선언하여 동양사회의 보편적 성격을 주장했던 과거의 주장을 뒤집었고, '대동아공영권의 수리고성을 완수할 때 세계사는 새로운 출발을 마련할 것이라'하여 체제선전논리에 호응하는 모습도 보였다.[88] 역사발전의 보편성과 비판적 현실인식을 끊임없이 강조했던 그의 행적을 볼 때 명백한 사상적 굴복이었다. '우선 살자 그리고 난 뒤에 思想하자'는 절박한 심정 속에서 쓴 글이었지만, 어쨌든 사상적으로는 크게 좌절한 것이었다.

그러나 신남철은 그렇게 사상적으로 굴복하는 와중에도 자신의 입장을

자신의 심정을 다음과 같이 고백하였다. "그날 밤 군이 차안에서 나에게 해내 던지다시피 한 말 - 개인주의자가 되고 그리고 꾀있게 잘 살아가야 한다는 말이 지금까지 잊혀지지 않네. 지금 같은 세상에서는 그것도 한 좋은 생활방법이 될 수 있겠다는 의미에서 씹어 맛봄직한 것이기 때문일세. (중략) 요새 같이 마음의 안정을 잃고 전전반측하는 때도 없을까 싶네. 지금은 로만티커의 정신적인 광란노도에다가 육체적인 전 생명을 걸은 '아고니아'의 시대다. 사실 고백하면 나에게는 확실히 회의주의적인 일면이 있음을 속일 수가 없다." 현실에 안주하고 미래를 회의하는 마음을 속일 수 없다는 것이었다. 그러나 그는 다른 한편으로 진리는 영원하며, 살아서 이 고통을 이겨내야 한다고 생각하고 있었다. "'진리는 이기라, 그리고 지구는 멸망하라' 이 두가지 잠언은 무엇인지 모르게 나에게 한 큰 힘을 준다. 생명이란 물, 진리라는 물을 길어다가 자기도 값있게 살리고 보람있게 살게 하자면 무엇보다도 '산다'고 하는 이 신체적인 물통이 필요하다. 죽어서 사는 것도 한 방식이겠으나 그러랴 하재도 우선 이 육체의 신체적인 삶이 필요하다." 라는 것이었다. 가혹한 현실에서 삶을 영위하기 위해서는 일정하게 타협할 수밖에 없지만, 궁극적으로 진리에 대한 인식은 포기할 수 없다는 것이었다. 일제말기 신남철의 글은 이러한 상황 속에서 나온 글들이었기 때문에 체제의 논리를 표면적으로는 수긍하면서도, 그 안에서 자신의 주장을 행간에 제시하는 방식으로 서술되고 있다. 체제의 선전논리, 예컨대 대동아성전론과 동양적 특수성이 전면에 배치된 글을 분석할 때, 이 점을 염두에 두고 독해할 필요가 있을 것이다. 신남철, 「편지-K군에게」, 『박문』 1939.7(『선집』 1, 619쪽); 신남철, 「사색일기 - 荊棘의 冠 -그날그날의 엑스타시스-」, 『인문평론』 1940.10(『선집』 1, 646-647쪽).

88) 신남철, 「동양정신의 특색 -한 개의 동양에의 반성-」, 『조광』 79호, 1942.5 「동양정신특집」(『선집』 1, 717~729쪽); 신남철, 「자유주의의 종언」, 『매일신보』 1942.7.1-4 「사변기념문화논문」(4회)(『선집』 1, 730~736쪽).

최종적으로 포기하지는 않았다. 오히려 체제의 선전논리를 자기논리 방식으로 해석하여 어떻게든 지배논리 안에서나마 자신의 입장을 유지하려 하였다. 먼저 신남철은 국가사회라 하더라도 역사적 필연성, 객관성이 증명되지 않는 사상을 일방적으로 강요할 수 없다고 항변하였다.

> 눈앞에 전개하는 가지가지의 사태를 옳고 바르게 보고 그것에 대한 처리와 장래에 대한 구체적인 방책을 세우자면 아마 대개 다음과 같은 세 가지 계단이 필요하지 않을까 한다. 즉 첫째로 우리의 앞에 전개되는 사태의 역사적인 현재가 그 말미암아 온 바가 어떠하냐하는 것이다. 그 현재의 연원과 되어 있는 모양이 어떠하며 그 속에 묻혀서 그것과 한 가지로 움직이고 뛰지도 못하게 붙들려 있는 우리의 '역사적 신체'의 지위가 어떠하냐 하는 것에 대한 속임 없는 통찰과 분석이 필요할 것이다. (중략) 역사적 현재에 대한 객관적 본질 통찰과 그 전이과정의 분석에서 꼼짝할 수 없는 일련의 법칙을 발견함이 없이 아무 정견도 없는 행위는 자기 자신을 그르칠 것은 두 말할 것 없고 나아가서는 국가사회의 적으나 크나 간의 해독을.. (중략) 둘째로 역사적인 현재와 그 속에 묻혀서 그것과 더불어 얽히어 있는 자기의 '역사적인 신체'의 방위를 자각하여 할 바 일을 결정하는 이른바 '역사적 인식'이라는 것이 불가피적으로 따르지 않으면 아니 되게 될 것이다. (중략) 역사적 인식은 어디까지나 합리적인 것이어야 하며 따라서 생명의 근원과 맞부닥뜨리는 결단으로서 끝으로 '역사적 실천' - 창조에로 발전하여 어떠한 문제를 해결하게 되는 것이라고 생각한다.89)

지배당국은 근대를 초극하는 동아의 신질서와 신체제의 정당성을 강조하지만, 어떤 창조적 미래도 역사발전의 객관성으로부터 논증되지 않는다면 생명의 근원을 거는 역사적 실천을 요구할 수 없다는 것이었다. 신체제 논리가 갖춰야 할 역사적 합리성, 법칙성을 제시하면서도, 실제로는 체제논리에 대한 강제적 동의를 거부한 것이었다. 일제의 침략전쟁을 옹호하는

---

89) 「문학의 영역 - 신체제 : 문학자의 해석은 이렇다」, 『매일신보』, 1940.11.27-29(총3회) (『선집』 1, 661~662쪽).

핵심 이데올로기였던 '동양적 세계론'에 대해서도 이는 마찬가지였다. 신남철은 동양적 문화권은 그 문화권대로의 특질을 갖고 있지만 결국은 그 특질은 세계문화의 보편성에 매개되어 가는 과정으로서의 특수성이기 때문에, 선불리 세계사적 문화라고 주장할 수 없다고 주장하였다. 동양문화가 세계사의 미래라고 주장하려면 그것이 어떻게 세계적인 것으로 '권입'될 수 있는지를 먼저 증명해야 하며, 그 전제인 동양에 대한 연구도 불충분하다는 것이었다. 동양문화의 다양한 특수성을 제시하면서도, 그러한 특수성이 곧바로 세계사적인 전망으로 격상되는 것에 대해서는 비판한 것이었다.[90]

나아가 신남철은 이러한 체제협조적 논리 속에서도 동양이나 서양의 문화적 특수성이 역사발전이 지향하는 보편적 가치를 대체할 수 없다는 것을 강조하려 하였다. 일본제국주의가 연전연승하고 서구 자유주의가 패퇴한다 하더라도 인간역사의 보편적 가치가 바뀔 수는 없다는 것이었다. 오히려 그렇게 보이는 현실을 인간역사에 내재된 보편적 가치가 새롭게 실현되는 과정으로 인식해야 하고, 이른바 '성전'의 의의 역시 그 한도 내에서 제한적으로 평가해야 한다는 것이었다. 역사에서 검증된 유일한 보편가치는 인간성의 자유와 피억압층의 자유이기 때문이었다.

> 이에 그 인식의 주체가 되는 개인 인간이 끝끝내 국가에 종속하는 것이면서도 행위하는 인간이라는 점에서 그 존재를 전연 무시해버릴 수가 없을 것이다. 역사는 (중략) 생성발전을 통해서 행위하고 행위하는 개인인간의 사회적 총력을 통하여 생성발전하는 것이라는 것은 벌써 남들이 지적하고 있는 것이다. (중략) 내가 전회에서 부정하여 버린 자유주의의 가장 알토라진 뼈다귀 - 알맹이는 다시 새 자태를 가지고 살아오게 될 것이다. 즉 그 역사적인 자유주의는 '초극'되지 않아서는 아니 된다. 그냥 폐기하여 무에 돌아가게 하는 것이 아니라 그것을 딛고 넘어가지 않아서는 아니 된다. 인간의 '휴머니티'가 아무

90) 「동양정신의 특색 -한 개의 동양에의 반성」, 『조광』 79호, 1942.5 「동양정신특집」(『선집』 1, 722~724쪽).

> 렇게나 있기도 하고 없기도 해도 좋은 그러한 보잘 것 없는 물건이 아니라 그가 가장 진정한 순수한 알맹이로서 반드시 있어야 하는 것임을 파악하여야 할 것이다. 즉 역사적 임무를 마친 이때까지의 자유주의는 다시 한 번 새 안광을 통하여 극복되어 새로운 대세기의 보무에 발맞춰 양기 재생되지 않으면 아니 될 것이다. 인간성의 자유는 위에서도 말한 바와 같이 종래의 자유주의에 있어서도 그것을 중요시하였고 또 개인의 주체적 결단의 총화에 의하여 새로운 세계질서를 수립하려는 금차 대전의 작전과 건설에 있어서도 또한 시인되어야만 할 것이다. (중략) 우리는 원리적으로 자유와 자유주의와를 절연히 구별하여 그릇됨이 없이하여야 할 것이다. (중략) 동아의 해방은 무엇을 의미하는가. 그것은 동아의 제지역의 주민을 미영의 식민지적 예속으로부터 민족적으로 해방하는 것이고, 또 그 민족 자체의 내부에서 그 절대다수의 인구를 봉건적 예속으로 부터 인간성을 해방하여 주는 데에 있다.[91]

현실적으로 서구의 자유주의가 패배하고 '세계사의 전망'이 등장하였다고 하지만, 근대 자유주의의 몰락과 별개로 여전히 역사는 행위를 통해 역사를 생성발전 시키는 개별 인간의 주체적 능력에 의해 진전되며, 또한 그 행위에 내재된 인간성의 자유는 또 다른 시대가 온다 하더라도 반드시 존중되어야 한다는 것이었다. 곧 자유주의의 패배는 그 안에 내재된 자유의 폐기를 의미하는 것이 아니라 그 자유가 폭넓게 실현되는 새로운 세계질서로 지양되어 가는 과정으로 이해해야 한다는 것이었다. 대동아전쟁의 승리와 새로운 역사의 시작을 천명하는 현실을 인정하면서도, 여전히 현실을 대상화하는 보편적 가치를 제기함으로써 현실비판의 지점을 남겨둔 것이었다.

이러한 신남철의 체제대응논리는 여타 좌파 역사철학자들의 전시체제 대응 논리와도 일정하게 다른 것이었다. 서인식, 박치우 등 좌파역사철학자들이 현실을 하나의 전제로 인정하고 당면한 현실을 전체성의 이념으로 지

---

91) 신남철, 「자유주의의 종언」, 『매일신보』 1942.7.1-4 「사변기념문화논문」(4회)(『선집』 1, 735~736쪽).

양하는데서 근대 이후의 역사적 전망을 모색했다면[92] 신남철은 역사발전의 보편성과 근대이래의 보편가치를 사상적 기축으로 삼음으로써 현실을 상대화하는 대응논리를 모색했기 때문이었다. 즉 신남철과 같은 시기 역사철학적 사고에 입각하여 현실의 실천적 극복을 주장했던 김오성, 박치우, 서인식 등이 일제말기 동아협동체, 근대초극론 등에서 근대 이후의 세계사를 탐색하는 가운데, 근대 자유주의에 대비되는 새로운 사상원리로 전체성을 고민한 것과 달리,[93] 신남철은 동양적 특수성을 수긍할 때조차도 끝내 현실의 체제를 세계사적 전망과 연결시켜 사고하지는 않았던 것이다.[94]

요컨대 신남철은 맑스의 고전적 역사발전론과 생산하는 인간의 자유의지라는 근대적 가치를 끝까지 고수함으로써 식민지 조선의 지식인들과 식민지배권력 모두에게서 제기되었던 근대초극적 세계사론을 빗겨간 것이었다. 어떤 측면에서 보자면 급변하는 세계사의 현실에 둔감한 원칙주의적 보편론이었지만, 역설적으로 그 보편성을 사상적 기축으로 고집함으로써 압도적 현실과 지배권력의 이데올로기에 대응할 수 있게 된 것이었다. 나아가 이러한 보편주의적 역사인식은 내재적 주체에 의한 보편적 역사발전을 전제한다는 점에서 변혁전략에서도 이념적 비약보다는 현실주체의 역량결집과 계기적 발전과정을 강조하게 되는 논리였다. 해방 후 신남철이

92) 이상의 문제에 대해서는 이태훈, 「1930년대 후반 '좌파지식인'의 전체주의 인식과 한계—서인식을 중심으로」, 『역사문제연구』 24호, 2010 참조.

93) 이상 김오성, 박치우, 서인식의 역사철학적 사고에 대해서는 손정수, 『개념으로서의 한국근대비평사』, 역락, 190-230쪽 참조.

94) 신남철의 글 중 거의 유일하게 체제의 논리에 호응하여 동양적 특수성을 인정했던 일제말기의 글에서도 마지막은 다음과 같은 회피로 마무리되고 있다. "그러면 이 동양적 특수성의 지반으로서의 정체성과 그것에서 연유하는 전체에의 몰입, 합일성은 현대에 있어서 어떠한 의의를 갖느냐가 당연히 문제되어 오지 않아서는 아니될 것이다. 그러나 이것은 나의 이 논고 이외의 과제가 되므로 「동양정신의 특색」이라고 하는 주어진 문제의 해답은 이것으로써 우선 만족하기로 한다." 「동양정신의 특색 -한 개의 동양에의 반성-」, 『조광』 79호, 1942.5 「동양정신특집」(『선집』 1, 729쪽).

조선사회의 반봉건적 후진성과 압축적 사회주의이행론, 곧 부르주아민주주의혁명론을 주장한 조선공산당에 참여하지 않고 신국가건설의 과도적 성격을 인정하며 진보적 민족주의자와 노동자농민의 계급연합을 강조한 조선신민당에 참여한 것은 이러한 일제하의 사상적 지향이 반영된 결과라고 하겠다.

5. 결론

이상에서 살펴본 것처럼 신남철은 '지리, 기후, 경제적 조건 등이 역사를 만드는 데 대단히 중요한 요인'일지라도 역사를 움직여 가는 동력은 모든 인간에 공통된 '살려고 하는 의지와 행복에 대한 원망'이며, 그리고 그 동력에 기반한 생산활동이 세계사의 보편적 발전과정을 규정한다고 생각한 보편주의자였다. 그리고 이러한 신남철의 보편적 역사발전에 대한 신념은 현실의 위기를 '정신적' 위기로 전환시켜, 전체주의의 등장을 정당화 하고 있던 당대의 사상적 혼란에 대응해야 한다는 문제의식에서 출발한 것이었다. 파시즘이 도래하고 있던 세계사적 상황과 식민지배가 강화되어 가고 있는 조선의 현실을 역사발전의 보편적 전망 속에서 상대화하고 비판할 수 없을 때, 결국 현실을 회피하거나 현실이 이끄는 전체주의에 매몰될 수밖에 없다고 생각한 것이었다.

신남철이 적극적으로 과학적 조선연구론을 제기한 것도 같은 문제의식에 기반한 것이었다. 역사발전의 보편성이 현실을 관통하고 있다는 것을 확인하기 위해서는 현실의 전제가 되는 조선역사의 과학적 인식이 무엇보다도 중요하다고 생각했기 때문이었다. 조선역사의 합법칙적 과정이 밝혀질 때 역사적 현재의 위상과 역사적 토대에 바탕한 실천전망도 마련될 수 있다고 생각한 것이었다. 그리고 그렇기 때문에 조선역사를 정체적 특수성으로 인식하거나 관념적 정신으로 인식하려는 경향은 비판되고 극복되어야만 하는 것이었다. 조선사회의 보편적 역사발전과정을 부정할 때 미래를 가능케 하는 역사적 토대 또한 부정될 수밖에 없기 때문이었다. 조선사회의 역사적 발전과정과 현실을 극복할 주체적 역량을 인식할 수 없다면, 미래의 전망 역시 관념적 이상을 벗어날 수 없다는 것이었다.

그리고 이러한 보편주의적 역사인식은 지식인사회에 대한 비판으로 이어져, 현실에 대한 비판적 인식을 포기하고, 주변적 현실상황과 관념적 이상에 침잠했던 당대의 지적상황을 전방위적으로 비판하는 활동으로 확대되었다. 눈앞의 현실이 불투명할수록 역사발전의 방향 속에서 현실을 상대화하는 '예지적 사고'가 필요하다는 것이 그의 주장이었다. 예지적 사고에 의해 현실을 맹목하는 '현상적 지성'을 극복하자는 것이었다. 그의 주장은 추상적 당위론을 벗어나지 못하여 억압적 현실로부터 새로운 탈출구를 모색하던 좌파 지식인들에 의해 신랄하게 비판되었지만, 전망적 사유조차 현실의 틀에 구속되어 있던 당대 지식인사회를 철학적으로 극복하려 한 노력이었다. 또한 역사발전의 보편성과 근대적 보편가치를 고수한 그의 논리는 전체주의적 현실이 변용된 다양한 근대초극론을 빗겨날 수 있었던 사상적 장치가 되기도 하였다.

한편 일제하에 구축된 보편주의적 역사인식은 해방 후 신국가건설운동에 참여하는 그의 정치적 입장으로 연결되었다. 신남철은 해방이 되자 '역사발전이 필요로 하는 희생'을 각오하며, 처음으로 정치적 실천활동에 참여하였던 바, 그 방향은 백남운의 조선신민당에 참여하여 '신민주주의' 국가건설론을 이론적으로 지원하는 것이었다.[95] 다수의 좌파지식인들이 혁명

95) 해방 후 신남철은 경성대학교수를 거쳐 조소문화협회, 조선학술원, 과학자 동맹에 참여하는 등 적극적으로 정치사회활동에 나섰으며, 1946년 2월 백남운이 위원장이 되어 발족한 조선독립동맹 경성특별위원회에 참여한 이후에는 백남운의 핵심참모로 활동하였다. 특히 그는 조선신민당 안에서도 이론적 선전을 담당하는 대표적인 활동가였고, 그가 조선문학자대회에서 발표한 「민주주의와 휴매니즘

적 주체에 의한 급진적 사회변혁을 추구했던 조선공산당에 참여한 것과 달리 계급연합과 과도기적 변혁전략을 강조했던 조선신민당에 참여한 것 것이었다. 역사 속에서 형성된 내재적 주체의 필연적 실천과 법칙적 발전과정을 신뢰했던 그의 사상적 입장에서 볼 때, 이러한 선택은 어느 정도 예고된 것이었다. 역사발전과정의 보편적 법칙 속에서 신국가건설과정을 전망할 때 조선사회의 단계적 발전과정과 진보적 주체의 결집은 건너 뛸 수 없는 과제이기 때문이었다.

요컨대 신남철의 지적행로는 보편주의적 역사인식을 통해 식민지파시즘체제를 거치며 조선지식사회가 부딪힐 수밖에 없었던 비관적 현실인식과 관념적 현실초극론에 끊임없이 대결해 간 과정이었다. 억압적 현실과 급변하는 세계정세 속에서도 보편적 역사발전에 대한 신뢰를 바탕으로 현실극복의 사상전망을 상실하지 않으려 한 것이었다. 그것은 현실을 극복하려 하지만 결국은 현실의 논리에 구속되는 경우가 많았던 한국근현대지성사에서 볼 때 적어도 사상적으로는 독특한 대결방식이었다. 그러나 역사발전의 보편성과 필연성에 대한 신뢰를 넘어 한국사회의 구체성을 담아내는 사상적 전망을 제시하는 것은 여전히 남아 있는 과제였다. 그는 월북 후 숙청될 때까지 끝내 그 대안을 제시하지 못하였다.[96] 그것은 학문적 구상을 넘어 실천적 지식인으로서 감당해야 할 사상적 과제였으며, 동시에 분단과 전쟁을 겪어야 했던 한국지식인사회에 남겨진 과제이기도 하였다.

-조선사상문화의 당면정세와 그것의 금후의 방향에 대하야」는 조선공산당의 전략전술론, 국가건설론, 정치행태, 지도자론을 전면적으로 비판한 대표적 문건이었다. 방기중, 앞의 책, 251~254쪽 참조.

96) 1946년 월북한 신남철은 김일성 대학교수를 지내며. 1950년대까지 학문 활동을 이어갔지만, 1958년경 숙청되어 사망한 것으로 추정되고 있다. 한편 그가 북한에서 집중한 학문분야는 박지원 등의 실학사상연구였다. 학문사상의 내재적 발전과정을 강조했던 그의 문제의식이 월북 이후에도 이어진 것이라 하겠다. 정종현, 앞의 글, 422~425쪽.

참고문헌

권용혁, 「역사적 현실과 사회철학 - 신남철을 중심으로」, 『동방학지』 112집, 연세대학교 국학연구원, 2001.

_____, 「서구철학의 수용과 '현실': 신남철, 박치우, 박종홍을 중심으로」, 『철학과 현실』, 울산대학교, 2004.

김재현, 「일제하 해방 직후의 맑시즘 수용」, 『철학연구』 24, 철학연구회, 1988.

_____, 『한국 사회철학의 수용과 전개』, 동녘, 2002.

박광현, 「경성제대와 '신흥'」, 『한국문학연구』 26, 동국대학교 한국문학연구소, 2003.

방기중, 『한국근현대사상사연구』, 역사비평사, 1992.

봉 기, 『신남철의 철학사상연구』, 전남대학교 철학과 박사논문, 2009.

손정수, 『개념사로서의 한국근대비평사』, 역락, 2002.

_____, 「신남철, 박치우의 사상과 그 해석에 작용하는 경성제국대학이라는 장」, 『한국학연구』 14, 인하대학교 한국학연구, 2005.

신남철, 김재현 해제, 『역사철학』, 이제이북스, 2010.

_____, 정종현 엮음, 『신남철 문장선집』 1, 2, 성균관대학교 출판부, 2013.

이수일, 『1930년대 전반 '성대그룹'의 반관학 이념과 사회운동론』, 연세대학교 대학원 박사학위논문, 2013.

이병수, 「1930년대 서양철학 수용에 나타난 철학 1세대의 철학함의 특징과 이론적 영향」, 『시대와 철학』 17권 2호, 한국철학사상연구회, 2006.

정종현, 「신남철과 '대학'제도의 안과 밖」, 『한국어문학연구』 54집, 2010.

조희영, 「현대 한국의 전기 철학사상 연구 - 일제하의 철학사상을 중심으로」, 『용봉논총』 3집, 전남대학교, 1975.

_____, 「현대 한일 철학사상의 비교연구 - 1930년대의 박종홍과 삼목청의 철학사상을 중심으로」, 『용봉논총』 12집, 전남대학교, 1982.

조희영, 신상호, 성진기, 「한국과 일본에 있어서의 서양철학 수용형태에 관한 비교연구」, 『용봉논총』 7집, 전남대학교, 1977.

爲堂 鄭寅普의 實學인식과 학문주체론

-「陽明學演論」을 중심으로-*

정 덕 기**

1. 서론

爲堂 鄭寅普는 1929~1936년 동안『星湖僿說』교간(1929)·「朝鮮古典解題」(1931,「해제」로 略)·「陽明學演論」(1933,「연론」으로 略)·「五千年間 朝鮮의 얼」(1935~1936,「얼」로 略) 등의 저작과「朝鮮學에 丁茶山의 地位」(1934)·「茶山先生의 一生」(1935) 강연활동을 했다.[1] 이 중 1933년「연론」의 연재는 전후 저작을 살펴볼 때 독특한 위상을 갖는다고 생각한다. 1932년은 식민관학의 결과물인『朝鮮史』가 첫 출간된 해였고, 1934년은 다산강연을 통해 조선학운동을 제창하는 해였다.[2]『조선사』에 대한 정면 대결은 조선학

---

* 이 글은 '爲堂 鄭寅普의 實學인식과 학문주체론 -「陽明學演論」을 중심으로-',『東方學志』167집(2014.9)에 실린 원고를 수정, 보완하여 수록한 것이다.

** 연세대학교 역사문화학과 강사.

1) 정양완,「담원 정인보 선생 연보」,『애산학보』39, 2013.

2) 최근 '조선학' 혹 '조선학운동'의 범위와 연원에 대한 논쟁이 제기되면서, '조선학' 이란 용어는 최남선이 처음 사용했고(이영화,「1920년대 문화주의와 최남선의 조선학운동」,『한국학연구』13, 2004, 22쪽), 위당은 당대 학술장 속에서 조선학 연구를 실학과 접목시켜 운동화하고 이념적 배경을 제시했다고 거론된다(정출헌,「국학파의 '조선학' 논리구성과 그 변모양상」,『洌上古典研究』27, 2008 ; 신주백,

운동 제창 이후 「얼」의 연재를 통해 이루어졌다. 이는 위당의 관심사가 1929~1935년까지 '조선근세학술정리'에 있었으며, 1935~1936년부터 '조선역사연구'로 전환되었음을 보여준다. 「연론」은 위당이 정다산에 관한 일련의 강연을 통해 조선학운동을 제창하기 만 1년 전에[3] 연재되었고, 저작으로 보면 '조선근세학술정리'의 마지막 저작이기도 하다. 따라서 「연론」의 저술 동기와 위상은 『성호사설』 교간~조선학운동 제창이라는 흐름에서 볼 필요가 있다.

현행연구에서 「연론」의 저술 동기는 '일반 독자의 계몽'을 중심으로 설명하는 것이 일반적이다. 초기의 평가는 知行合一의 정신을 통해 식민지 한국에 어떤 정신을 흥기하려는 것이나,[4] 민족정신의 분석[5] 또는 강조를 통해 독립정신을 드러내려는 의도로 이해되었다.[6] 한편 위당이 유교적 전통가치를 근대 지향적 가치로 변화시키고자 한 인물 · 문화운동가라는 시각에서 양명학을 부각시키려는 의도가 있다거나,[7] 주자학의 안티테제로서 '양명학부흥'을 위한 학술정신의 산물이라는 견해도 있다.[8] 이 시각에서 「연론」의 저술은 민족혼을 환기하려는 계몽의 의도나 실심을 통한 민족정신의

「조선학운동에 관한 연구동향과 새로운 시론적 탐색」, 『한국민족운동사연구』 67, 2011, 170~177쪽 ; 정종현, 「단군, 조선학 그리고 과학」, 『한국학논집』 28, 2012, 25쪽). 조선학과 조선학운동의 개념과 당대 학술장의 모습은 논란거리이나, 적어도 다산강연을 통한 위당의 행적은 '조선학운동제창'으로 합치되므로, 본고는 1934년의 다산강연 이후를 조선학운동의 제창으로 서술하겠다.

3) 「연론」의 연재는 1933년 9월 8일에 시작되었고, 「朝鮮學에 丁茶山의 地位」에 대한 강연은 1934년 9월 8일이었다. 날짜에 특별한 의미가 있지는 않겠지만, 꼭 1년의 차이가 있다.

4) 洪以燮, 『韓國史의 方法』, 探求堂, 1968, 318~319쪽.

5) 장준하, 「브니엘/돌베개 이후」, 『씨올의 소리』, 1973, 96~97쪽.

6) 洪以燮, 「陽明學演論 해제」, 鄭寅普 著 · 洪以燮 해제, 『陽明學演論 外』, 三星文化財團, 1972, 252쪽; 지교헌, 『한국민족문화대백과사전』 14, 한국정신문화연구원, 1990.

7) 李澋稙, 「위당 정인보의 유교 개혁주의 사상」, 『韓國思想史學』 20, 2003.

8) 신현승, 「鄭寅普의 朝鮮陽明學派 硏究에 관한 一考察」, 『인문과학연구』 23, 2009.

함양에 기여하고자 했던 것으로 종합되었다.[9)]

이상의 시각은 「연론」의 내용분석과도 연결된다. 양명좌파의 특징을 강조하는 견해는 「연론」의 의도가 개인의 양심(=실심)을 민족공동체의 윤리로 치환하여 '현실적 행동가 양산'을 위한 것으로 보았다.[10)] 반면 양명우파의 특징을 강조하는 견해는 自私·私欲의 발본색원·양지의 기능회복을 도모했다고 보았다.[11)] 한편 일본근대양명학을 주체적으로 종합하고, 저널리즘에 의탁해 청년·국민의 계몽차원에서 청년을 위한 모범적 傳記를 서술했다는 분석도 있다.[12)] 내용분석의 틀은 다소 상이하나, 「연론」의 저술 동기를 '민족혼계몽'으로 이해한다는 점은 유사하다고 보인다.

한편 최근에는 양명학적 학문방법·자세에 주목해 외국학술의 모방풍조를 비판하면서, 良知論을 實心論에 포함해 보편적 학문토대를 위한 주체적 인식론을 발전시키려는 의도로 보거나,[13)] 延專 교수로서의 위당을 부각하고, 연전의 국학연구에서 제기된 東西和衷의 학문적 태도 속에서 ① 유교의 폐단 극복·② 서양학문의 맹목적 순종에 대한 비판·③ 실심을 깨닫는 계기로 삼으려는 의도로 보거나,[14)] 또는 양명학선창의 목적 아래 ① 실증주의 같은 허학에 대결하는 비판적 힘으로서 양명학적 실학의 강조·② 근세 일본의 양명학 중시경향과 대결·③ 우가키의 心田개발에 대한 저항으

9) 송석준, 「한말양명학의 전개와 연구 현황」, 『陽明學』 13, 2005, 355~356쪽.

10) 이상호, 「정인보의 實心論」, 『한국양명학회 학술대회 논문집』, 2005a; 이상호, 「정인보 實心論의 양명좌파적 특징」, 『陽明學』 15, 2005b.

11) 한정길, 「鄭寅普의 陽明學觀에 대한 연구」, 『東方學志』 141, 2008.

12) 崔在穆, 「鄭寅普 『陽明學演論』에 나타난 王龍溪 이해」, 『陽明學』 16, 2006 ; 崔在穆, 「鄭寅普 '陽明學' 형성의 地形圖」, 『東方學志』 143, 2009.

13) 이황직, 앞의 글, 2010, 29~30쪽.

14) 김도형, 「1920~30년대 民族文化運動과 延禧專門學校」, 『東方學志』 164, 2013, 217쪽. 이 글처럼, 위당의 주요저술을 私學의 교수로서 위당의 입장과 官學에 대한 대응으로 풀어내려는 시각은 중요하나, 연전 외의 다른 私學들이 官學에 취한 입장·학풍을 위시한 위당의 행적에 대한 학교의 구체적인 지원(교과과정 등의 제도적 지원) 등이 더 정리되어야 분명한 서술이 가능하리라 본다. 이에 대해서는 차후의 과제로 남겨둔다.

로 보기도 한다.[15)]

즉「연론」의 저술 동기는 일반 독자의 계몽과 양명학선창을 중심으로 분석되었고, 최근에는 주체적 인식론의 문제 · 당대 학문풍토의 비판 · 일본양명학과의 대결구도 · 총독부정책과의 관계를 통해 이해가 심화되었다고 할 수 있다.[16)]

이상의 선행연구는 다각도에서「연론」의 저술 동기와 의의를 살피는데 기여하고 있지만, 다소 문제점이 있다.「연론」의 주제가 다소 생소한 학술 주제를 전문적으로 다루었다는 점에서 국민 · 청년 등 대중을 독자로 설명했다고 보기는 어렵고, 일반 독자의 호응 역시 설명하지 않고 있다. 아울러 서구학문이 유행하던 1930년대에 위당의 양명학 정리가 갖는 의의를 설명하려면「연론」 전후 저작에 대한 계기적 이해가 필요할 것이나, 현행연구는「연론」만을 독립적으로 조명하고 있다. 또한 1929~1935년의 '조선근세학술정리'는 '근세조선학'에 대한 비판적 성찰을 통해 國學 · 朝鮮學을 宗旨로 전통학문의 유산을 당대사회에 선택적으로 계승 · 적용하는 과정이라고 할 수 있다. 위당이 '조선근세학술정리' 이후 '조선역사연구'를 수행했다는 점을 고려하면, 양자의 접점이 되는 저술을「연론」으로 생각할 수 있는 것이다.

실제 위당은 학문을 '세상 사람이 알든 모르든 表準을 두는 곳'으로[17)] 정의하였다. 즉 위당에게 학술사의 정리는 당대의 표준 · 기준을 세우는 것이었고, 조선근세학술의 계보를 정리하여 전통학문의 현재적 의의를 정리하

15) 심경호,「위당 정인보의 양명학적 사유와 학문방법」,『애산학보』 39, 2013.

16) 다만 이 글에서는 최재목(崔在穆, 앞의 글, 2006 ; 최재목, 앞의 글, 2009)이나 심경호(심경호, 위의 글, 2013)가 설명했던 근세 일본양명학과의 관계에 대해서는 별달리 검토하지 않겠다. 최재목에 대한 이황직의 비판처럼「연론」과 일본양명학의 관련성은 적기 때문이다(이황직, 앞의 글, 2010, 29쪽). 이황직의 비판은 최근 위당에 대한 연구사 정리가 종합적으로 검토되면서 수용된 바 있다(강석화,「담원 정인보 선생에 대한 연구사 정리」,『애산학보』 39, 2013, 201~205쪽).

17) 鄭寅普,「論述의 緣起」,『薝園鄭寅普全集』 2, 1983, 116쪽. 이하 본고의 인용문은 대체로 '『薝園鄭寅普全集』 2'에 집중되므로, 해당 책의 글을 인용할 때는 '「글 제목」,『전집』 2, 쪽수'로만 표기한다.

는 작업이었다. 위당은 학문의 자세와 현재적 의의를 기준으로 허학과 '실학'을[18] 구별하였다. 이 점에서 「연론」의 저술동기를 이해하려면, 위당의 '실학' 인식과 '학문주체'에 대한 논의를 살펴볼 필요가 있다.

따라서 본고는 「연론」과 전후 저작 · 강연과의 상관성을 염두에 두고, 虛實論을 분석의 틀로 삼아 「연론」의 저술동기가 조선근세학술정리의 연장선에서 조선학을 정리하기 위한 의도에 있었음을 밝히고자 한다. 허실론에서의 '실학'은 다양한 의미를 갖지만, 전통지식인의 입장에서 실학은 대체로 ① 역사적 연원 · ② 추구하는 가치 · ③ 현실의 대안 · ④ 현재성에 입각한 진행형 학문이라는 함의를 가지고, ⑤ 지식인의 학문 행위에 대한 현재적 의의를 입증하는 작업이라 할 수 있다. 위당의 학적배경을 고려하면, 허실론을 중심으로 「연론」을 분석하는 것이 유효할 것이라 기대한다.[19]

---

18) 본고의 '실학'은 역사용어로 굳어진 조선후기실학이 아니다. 일찍이 윤사순이 정리한 것처럼(尹絲淳, 「實學 意味의 變異」, 『민족문화연구』 28, 1995), 전통지식인들에게 허학과 '실학'은 기존의 학적체계를 본인의 시대에 맞게 재편하는 과정에서 보편적으로 사용되었던 용어이다. 위당의 경우에도 비판의 대상은 허학이었고, 대안으로서 제시한 것이 '실학'이라고 할 수 있다. 본고는 이러한 의미에서 조선후기실학과의 구별을 위해 이하 '실학'으로만 사용하겠다.

19) 위당의 '실학' 개념을 살피려는 연구는 최근에도 시도되었다. 박홍식은 위당이 '실학연구의 명실상부한 최초의 연구물'을 만든 것으로 평가했고(박홍식, 「일제강점기 신문을 통해 본 실학 연구 동향」, 『동북아문화연구』 14, 2008, 226~227쪽), 최재목은 실학의 실질적인 개념정립을 『與猶堂全書』의 완간으로 보았다(최재목, 「일제강점기 정다산 재발견의 의미」, 『다산학』 17, 2010, 98쪽). 김진균은 위당이 다산서세 100주년을 기념하며 다양한 학술활동을 선도하고, 일련의 작업으로 근대적 의미의 실학개념을 만들었다고 하였다(金眞均, 「實學 연구의 맥락과 鄭寅普의 依獨求實」, 『민족문화논총』 50, 2012, 301쪽). 이상호는 위당의 실학을 하곡학 · 다산학으로 정리하고, 실학의 핵심개념인 '獨'이 역사연구와 연결되어 '얼' 사관으로 전화했다고 하였다(이상호, 「정인보 실학의 개념과 그 특징」, 『애산학보』 39, 2013). 심경호는 민족주체의식의 회복을 위해 양명학적 실학을 강조했다고 보았다(심경호, 앞의 글, 2013, 101쪽). 이상의 연구들은 주목할 만하나 본고는 조선후기실학에 대한 검토보다는 「연론」의 분석을 위한 논리적 틀로서 허실론을 활용한다. 전통학문에서 '虛 · 實'의 다양성을 고려하면, 전통용어를 활용하는 것이 위당의 사상을 분석하는데 용이할 것이기 때문이다.

진행순서는 다음과 같다. 우선 2장은 허학의 대상을 주자학자와 당대학자의 자세로 학문자세로 제시하고, 양자의 비판점과 공통점을 살펴보겠다. 3장은 양명학 계보화의 함의가 근세조선학의 계보화에 있으며, 1929~1935년의 조선학계보의 변화상과 관련되어 있음을 해명하겠다. 아울러 '계곡'과 '담헌'이 양명학자로 편입된 이유를 학문적 다양성과 주체성이라는 측면에서 설명할 것이다.

2. 虛學 비판의 대상과 과제

1) 주자학의 적용 자세에 대한 비판

위당의 저작체계에서 「연론」은 독특한 위상을 갖는다. 「연론」은 양명학이라는 전문 · 학술적 주제를 66회라는 많은 분량으로 연재했고, 「해제」 · 「얼」 같은 전후 저작이 조기마감된 것에 비해 저자의 내적 완결성을 갖기 때문이다. 반면 위당 생전의 해방공간에서 미완성이었던 「얼」이 『조선사연구』로 출간된 것과 달리, 단행본으로 출간되지 못한 글이기도 하다. 「연론」의 구성과 연재현황은 〈표 1〉과 같다.

〈표 1〉 「연론」의 구성과 연재현황

장	제목	주요내용	참고문헌	연재일	횟수	비율
①	論述의 緣起	머리말, 저술동기	·	09.08 ~09.09	02	3.03
②	陽明學이란 무엇인가	양명학의 특징 주자학과 차이	『傳習錄』	09.10 ~09.21	09	13.64
③	陽明本傳	왕양명의 신이한 행적	『明史』, 「薰本傳」, 楊綰 撰, 「行狀」 錢德洪 撰, 「年譜」	09.22 ~10.03	08	12.12
④	大學問, 拔本塞源論	양명학의 핵심이론	『易』, 『尙書』, 『傳習錄』, 「大學問」, 『論學諸書』, 「答顧東橋書」	10.04 ~10.24	16	24.24
⑤	陽明門徒及 繼起한 諸賢	중국의 양명학자	『明史』, 『鮚埼亭集』, 『明儒學案』, 『黃梨州遺書』	10.25 ~11.10	13	19.70
⑥	朝鮮陽明學派	조선의 양명학자	『遲川集』, 『谿谷集』, 『西河集』, 『國朝名臣錄』, 「遲川行狀」, 『練藜室記述』, 『明谷集』, 『崑崙集』, 『霞谷全書』, 『圓嶠集』, 『信齋集』, 『豎山問答』	11.12 ~12.14	15	27.73
⑦	後記	맺음말, 후기	·	12.15 ~12.17	03	4.55

비고: 1) 모든 연재는 『동아일보』의 1면 '생활·문화'란에 실렸음.
2) 독자반응은 해당시기의 『동아일보』, 「응접실」에 수록된 것을 기준으로 하면, 1건도 없음.

〈표 1〉처럼, 「연론」은 9월 8일~12월 17일까지 약 4개월 동안 연재되나, 휴재가 29일이나 있어 실질적으로는 3개월 정도의 연재 분량으로 볼 수 있다.[20] 총 7장으로 구성되었고, 4 · 5 · 6장이 16 · 13 · 15회로서 전체 분량의 67%를 차지한다. 장별 내용을 간략히 검토하면 다음과 같다. 2장은 양명학의 특징을 주자학과 대비하여 선명히 부각시켰고, 3장은 왕양명의 일대기를 신이한 행적을 중심으로 설명하였다.[21] 4장은 『大學』의 풀이 · 양지 · 치양지 · 지행합일 등 기초이론을 풀이하였다. 5장은 王艮 학맥과 전덕홍 · 유

20) 9월에 6일간(11일 · 13일 · 18일 · 24~26일), 10월에 5일간(2일 · 10일 · 16일 · 18일 · 23일), 11월에 10일간(11일 · 13~16일 · 23일 · 25일 · 27~29일), 12월에 8일간(3일 · 4일 · 8일 · 9~13일) 휴재했다.

21) 본고의 논지 상 「연론」 3장의 내용은 대체로 언급하지 않겠다. 다만 양명의 행적을 주로 신이 · 군공 측면에서 설명한 것은 마치 선조가 양명의 행적을 통해 호의를 가졌던 것과 유사한 효과를 내기 위한 장치로 보인다(정두영, 『朝鮮後期 陽明學의 受容과 政治論』, 연세대학교 박사학위논문, 2009, 28~30쪽).

종주 · 황종희 등의 중국양명학자를 節義 · 俠客 · 自心과 같은 기준에서 평가하였다. 6장은 최명길 · 장유~하곡학파와 담헌의 사상에 대한 평가를 진행한다. 상당히 체계적인 구성이라고 할 수 있다.

「연론」은 체계적으로 서술되나, 당대 사회에서 독자의 반응은 좋지 않았다. 연재 당시 위당은 고적보존운동을 통해 대중적인 인지도를 가졌지만,[22] 독자질문공간인 「응접실」에는 「연론」에 대한 문의가 단 1건도 없었던 것이다.[23] 그런데 위당은 독자의 반응을 어느 정도 짐작하였다.[24] 「연론」은 다른 글과 달리 '懇乞祈祀', 즉 '읽어줄 것을 간청하는 호소'로 시작했고, 본인의 평가도 猥濫된 苦言이었다는 점에서 그렇다.[25] 실제로 주제의 전문성을 고려하면, 이 글의 기획은 소수의 고급 독자(=당대 지식인)를 대상으로 했다고 볼 수 있다.

그러면 이 글은 당대 지식인들에게 時宜性을 가질 수 있었을까? 「연론」

22) 이황직, 앞의 글, 2010, 26~28쪽.

23) 「응접실」은 담당기자의 판단이 개입되어 독자의 반응을 모두 반영할 수는 없지만, 독자의 반응은 차후의 과제로서도 중요하다. 「얼」의 경우 몇몇 사례를 들면, 개념문의나(1935.03.30., 「동아살롱」 - Y · B · R生에 대한 T記者의 답), 「얼」을 수집한 독자의 존재(1936.07.06., 「應接室」, 殷栗讀者에 대한 讀者應答), 단행본 발간에 대한 관심을 찾을 수 있다(忙中閑, 1936.05.04., 「應接室」 - 全州大公生에 대한 忙中閑의 답). 이상에서 「얼」의 독자반응을 생각할 수 있다. 반면 「연론」은 연재 내내 단 1건의 질문도 없어, 일반 독자는 물론 고급 독자의 관심에서 다소 벗어나 있었다고 보인다.

24) 이 점에서 '同好 宋古下(鎭禹)의 斯學闡揚에 對한 苦心을 深謝하며(「後記」, 『전집』 2, 242쪽)'라는 말도 이해된다. 이 문장으로 송진우를 양명학 연구가로 보려는 노력도 있다(劉明鐘, 『한국의 양명학』, 동화출판공사, 1983, 333쪽, 338쪽; 박연수, 「하곡 정제두와 강화학파의 양명학」, 최영진 外, 『한국철학사』, 2009, 새문사, 336~337쪽; 심경호, 앞의 글, 2013, 101쪽). 이를 통해 송진우의 양명학에 대한 관심도 생각할 수 있기는 하다. 그러나 이 문장은 인기 없는 글을 연재 내내 1면에 게재한 감사로 생각하는 것이 적절할 것 같다.

25) '…(중략)… 내가 지금 이 글을 씀에 當하여서는 바란다는 것만으로는 내 情懷를 말하기에 오히려 不足하다. **곧 懇乞코자 하며 곧 祈祀하려 한다.**'(「論述의 緣起」, 『전집』 2, 113쪽)와 '猥濫히 이 苦言을 드려 **祈祀懇乞의 至懷**로 所愛所敬에 向해 바치고자 하는 것이다'(「後記」, 『전집』 2, 242쪽).

의 연재 시기는 홍이섭이 설명했듯이, '1930년은 사회적 격동기로 사상적으로는 근대적 성격을 지니지 못한 식민지 사회가 양명적인 정신으로 움직여질 것이 아닌 시대'였다.[26] 이 점은 위당도 인지한 것이었다. 위당은 「연론」을 '當世 新思潮에 遊泳한 名士네'들이 '참 썩은 소리'로 평가할 것으로 예상했고, '나도 이 말에 아주 反對하고자 아니 한다'[27]고 하였다. 이것은 謙辭이지만, 양명학을 당대 현실의 대안으로 생각한 것은 아니었음을 보여준다. 더불어 생각할 것은 위당 학문의 종지는 양명학이 아닌 조선학이었고,[28] 양명학은 '근세조선학의 一系'라는 점이다.[29] 실제 위당은 「연론」에서 양명학적인 수양론을 구체적으로 제시하지 않았다.[30] 더욱이 「연론」의 종료 이후 조선학에서 양명학의 비중은 축소되었던 것이나,[31] 양명학 관련 저술·강연을 하지 않았던 것도 유념할 필요가 있다. 이 점에서 저술 동기를 대중계몽이나 양명학선창에서 찾기는 어려울 것이다.

그러면 「연론」의 저술 동기는 무엇인가? 『연론』 1장에서 저술 동기는 2가지 虛·假에 대한 비판으로 나타난다. 일단 '가'를 통해 주자학자에 대한 비

---

26) 洪以燮, 앞의 책, 1968, 319쪽.

27) 「陽明學이란 무엇인가」, 『전집』 2, 122쪽.

28) 「연론」 이후 1934년의 강연에서 위당은 근세 조선학의 종합정리자로 다산을 주목하고, 다산의 학문을 '總括하여 말하면 先生의 學은 實學이요, 實學의 歸要는 '新我舊邦'이 그 骨子이라'로 평가한 것도 이를 반영할 것이다(「唯一한 政法家 丁茶山 先生 緖論」, 『전집』 2, 76쪽). 만약 양명학이 종지였다면, 강연에서 양명학과 조선학의 관계를 어떤 형태로든 정리했을 것이라 본다.

29) 「椒園遺藁」, 『전집』 2, 28쪽.

30) 「연론」에서 양지성찰에 대한 강조는 있지만, 敬·義·愼·體仁 등을 특징으로 한 하곡의 수양론(엄연석, 「『心經集義』를 통해 본 鄭齊斗 心性修養論의 특징」, 『陽明學』 19, 2007, 134~135쪽)조차도 비중 있게 다루지 않는다. 물론 이상호처럼 좌파라는 시각에서 보면(이상호, 앞의 글, 2005b), 수양론의 비중은 낮아질 수 있지만, '本心感通'을 중심으로 良知修證派의 견해를 긍정했다는 비판도 있다(한정길, 앞의 글, 2008). 이 점에서 양명학이 대안이라면, 별도의 수양론을 제시했을 것이다.

31) 조선학의 계보가 재구성되는 과정에서 정리자를 중심으로 한 평가가 이루어졌기 때문으로 보이는데, 이는 본고의 3장 1절에서 성호·하곡·반계의 위상변화를 통해 자세히 설명할 것이다.

판을 살펴보자.

> 가.
>
> ① 數百年間 朝鮮의 歷史는 실로 "**虛와 假**"로서의 演出한 자취이라…(중략)…末期를 結로 하여 가지고 가론 **黨爭**이요 가론 **殺戮**이요 가론 **勢道**이니 지는 패는 죽이어 없애게 되고 죽이고 나면 세력이 한편으로 모인다.[32]
>
> ② 朝鮮 數百年間 學問으로는 오직 **儒學**이요, 儒學으로는 오직 **程朱**를 信奉하였으되, 信奉의 폐 대개 두 갈래로 나뉘었으니, 一은 그 學說을 받아 **自家便宜를 圖하려는 私營派**들이요, 一은 **그 學說을 배워 中華嫡傳을 이 땅에 드리우자는 尊華派**이다. 그러므로 平生을 沒頭하여 心性을 講論하되 實心과는 얼러볼 생각이 적었고, 一世를 揮動하게 道義를 標榜하되 自身밖에는 보이는 무엇이 없었다.[33]
>
> ③ 世降 俗衰를 따라 그 學은 **虛學**뿐이요, 그 行은 **假行**뿐이니, 實心으로 보아 그 學이 虛인지라 **私計로 보아 實**이고, 眞學으로 보아 그 行이 假인지라 **僞俗으로 보아 實**이다. 그러므로 **數百年間 朝鮮人의 實心 實行은 學問領域이외에 구차스럽게 間間 殘存하였을 뿐이요, 온 세상에 가득찬 것은 오직 假行이요 虛學이라.**[34]

'가'의 ①에서 위당은 수백 년간 조선의 역사를 '虛假演出의 자취'로 강도 높게 비판하고, 예시로서 末期에 보이는 黨爭·殺戮·勢道政治를 들었다. 이 점에서 일단 「연론」이 비판하는 시점은 조선후기로 생각할 수 있다.

②에서 직접적인 비판 대상은 程朱學者의 허학·가행이며, 구체적인 폐단은 私營·尊華派로 제시되었다. 사영·존화파들은 평생 심성을 연구했지만 실심은 없었고, 도의를 표방했지만 자신만을 위했다고 하였다.[35] ③은

---

32) 「論述의 緣起」, 『전집』 2, 113쪽.

33) 「論述의 緣起」, 『전집』 2, 114쪽.

34) 「論述의 緣起」, 『전집』 2, 114쪽.

35) 주자학의 폐단으로 '私營'을 강조하는 것은 위당의 학통과도 관련이 있다. 이건창은 『黨議通略』에서 黨禍의 원인을 ① 道學太重·② 名義太嚴·③ 文詞太繁·④ 刑獄太密·⑤ 臺閣太峻·⑥ 官職太淸·⑦ 閥閱太盛·⑧ 升平太久의 8太로 보고, 특히 道學·官職의 문제를 들었는데(김기승, 「이건창 형제의 사상과 애국교육운동」, 『누리와 말씀』 5, 1999, 188쪽), 위당의 논지와 관련성이 높다고 보인다.

조선후기 내내 조선인의 학문영역에는 私計·僞俗만 남아 실심·실행은 없었다고 하였다. 즉 주자학의 절대화로 인한 허학성을 비판한 것이다.

그렇다면 주자학자의 문제는 무엇인가? 이는 「연론」 1·2장에서 중점적으로 설명되었다. 내용이 다소 많으므로 「연론」의 1·2장에서 양명학과 주자학에 대한 설명을 ① 폐해사례 → ② 경전의 해석 → ③ 학문과 사회의 관계 → ④ 학문의 특징으로 대조해보면 〈표 2〉와 같다.

〈표 2〉 「연론」의 1·2장에 보이는 양명학과 주자학의 대조

대분류	소분류	양명학	주자학
폐해	사례	언급 없음	① 사영, ② 존화, ③ 당쟁·살육·세도정치
경전의 해석	格物·親民	格物=正心, 親民=親愛民, 明德=親民	格物=窮理, 親民=新民·敎民, 明德≠新民
	至善	앎=행함·앎과 행함이 동시 완성	앎≠행함·앎도 실행도 없음
학문과 사회의 관계	학문 가능자	**무식한 사람**도 얼마든지 공부 가능	**전문적인 학자**나 공부가 가능함
	학자와 사회	일체 間隔이 없이 感通함 → 感通 없는 明明德은 없음 나라·백성의 문제는 나의 문제 → 자신의 몸을 바쳐 나라를 위함	마음 밝힘과 백성교화가 따로 있음 → 백성교화를 실수해도 明德이 가능 道義를 표방하나 자신 밖에 모름 → 道를 걱정하고, 나라걱정을 말라
	실행의 여부	實心을 논의하고, 實學·實行함	實心 없이, 虛學(=私計)·假行(僞俗)함
학문의 특징	학문의 목적	마음을 바르게 하는 것 → 자신의 의지·판단으로 공부함	바깥 사물을 두루 공부하는 것 → 揚名·名譽를 위해 남 따라 공부함
	학문의 기준	自心	(자신의) 기준이 없고, 外風에 흔들림
	학문의 방향	마음에서 시작해, 좁혀서 집중함	마음 밖을 향해, 널리 탐구하고 산만함
	주력한 분야	良知에 도달(致良知) 실질적 성과(실행)가 있음 마음을 돌이켜 공부함	禮儀 해석·경전주석 등 성과 없는 분야 심성문제만 분석하여 과학 저해 책만 보고 문자·경전만 보고 연구함
	학문의 특징	簡易直截, 本心따라 사는 공부 → 동양 옛 학문의 진수를 얻음 → 마음의 혼을 興起, 知行合一	繁博·博學·纖瑣, 私念따라 사는 공부 → 동양 옛 학문의 진수를 얻지 못함 → 마음의 진실을 가림, 先知後行
	학문의 효과	민족·민중 복리 도모 가능	(언급 없으나)민족·민중 복리 도모불가

비고: 1) 「연론」 1·2장에 보이는 양명학과 주자학에 대한 설명을 가능한 원문대로 정리함.
2) 비판의 초점을 출전의 순서와 필자의 견해에 따라 크게 4가지의 범주로 묶어 작성함.

〈표 2〉는 「연론」 1 · 2장에서 양명학과 주자학을 대조한 것을 정리한 것이다. 주자학은 여러 폐단을 일으킨 것에 비해, 양명학은 폐해사례를 설명하지 않았다. 경전해석에 있어서도 格物 · 親民의 문제를 통해 대조를 이끌어내고 있다. 특히 학문과 사회의 문제에서 주자학은 전문학자만 가능한 공부이지만, 양명학은 범인도 가능한 공부라고 하였다. 아울러 주자학자는 마음 밝힘과 백성교화가 달라 자신의 도만을 걱정하는 부류이나, 양명학자는 사회와 간격 없이 감통하고 나라 · 백성의 문제를 나의 문제로 여긴다고 하였다. 학문의 특징으로 지적한 것을 보면, 주자학은 외물을 두루 탐구함으로서 산만하다고 하였다. 반면 양명학은 목적이 마음을 바르게 하는 것에 있고, 마음에서 시작해 좁혀 집중하는 공부라고 하였다. 이로 인해 주자학은 성과가 없고, 과학을 저해하며, 책 · 문자 · 경전이나 보는 공부이다. 결과적으로 동양 옛 학문의 진수를 얻지 못한 繁博纖瑣의 공부이고, 판단기준 없이 외풍에 흔들리는 선지후행의 공부라고 하였다. 반면 양명학은 치양지를 통한 실행이 있고, 동양 옛 학문의 진수를 얻은 簡易直裁의 공부로서, 自心이라는 기준을 가진 지행합일의 공부라고 하였다. 이상을 총체적으로 고려하면, 민족 · 민중의 복리를 도모할 수 있는 학문이 양명학이라는 것이다.

위당이 「연론」에서 제시한 주자학자 비판은 이전의 글에서는 보기 어렵고, 무리한 해석이 많다는 지적도 제기되어 있다.[36] 그렇다면 양자의 본질적 차이점은 무엇인가? 위당은 이를 공부의 시작점이 다르다는 것에서 찾고 있다.[37] 학문의 출발인 격물을 주자학은 窮理로 보아 '마음 밖의 사물공부'에서 시작하여 外物이 판단의 기준이 된다고 보았다. 반면 양명학은 正心으로 보아 '내 마음을 바르게 하는 것'에서 시작하여 內心이 판단의 기준이 된다고 보았다.[38] 요컨대 주자학은 밖에서 나를 알고자 하는 공부이고,

36) 한정길, 앞의 글, 2008, 87~90쪽.
37) 정인보 지음, 홍원식 · 이상호 옮김, 앞의 책, 2002, 25쪽.

양명학은 나를 알고 밖을 파악하는 공부이다. 그런데 나와 밖은 다른 것이므로, 주자학을 통해서는 평생 앎도 행함도 없으므로, 주자학은 주체의식이 없는 허학이라는 것이다.

사실 위당의 주자학과 양명학에 대한 인식은 하곡의 그것과 유사하다. 하곡 역시 '주자는 수만 가지로 갈라진 곳에서 근본으로 들어가고, 양명은 근본에서 들어가므로, (주자는) 말에서 본으로 가고, (양명은) 본에서 말로 간다.'고 설명하였다.[39] 그러나 활용된 의도는 전혀 달랐다고 할 수 있다. 하곡은 주자학과 양명학을 상보적 입장에서의 회통을 의도하고자 설정한 것이었지만,[40] 위당은 양자의 차이를 설명하고자 했던 것이다. 하곡의 설명을 빌리면서도 반대로 활용한 것은 특별한 의도가 있다고 보이는데, 이는 다음 절에서 상론하겠다.

2) 서구학문의 수용 자세에 대한 비판

전 절에서 위당의 주자학자 비판이 가진 본질은 '주체의식의 부재'임을 지적하였다. 그리고 이 견해는 하곡의 주자 · 양명의 인식과 일견 유사하나, 하곡의 '補朱子'와는 달리 주자학에 대한 총체적 비판으로서 사용되었음을

---

38) 「陽明學이란 무엇인가」, 『전집』 2, 118~119쪽. 같은 장에서 '조여 들어가는 學問의 源頭를 散漫한 外物로 向하게 하매 自然 博考 廣究의 知的 範圍만 恢拓하려 함에 기울게 되며, 先頭의 最初 倚着할 곳인 "知"를 虛遠한 데로 보낸 즉 主腦 저절로 꼭 박이지 못하여 學者ㅣ 空蕩無依함을 感한다'고 한 것도 같은 맥락으로 이해할 수 있다(「陽明學이란 무엇인가」, 『전집』 2, 121~122쪽).

39) 蓋, 朱子, 自其衆人之不能, 一體處爲道. 故, 其說, 先從萬殊處入. 陽明, 自其聖人之本, 自一體處爲道. 故, 其學, 自其一本處入. 其或, **自末而之本**, 或, **自本而之末**, 此其所由分耳(鄭齊斗, 「答閔彦暉書」, 『國譯 霞谷集』 1, 민족문화추진회, 1981).

40) 其非有所主一而廢一, 則俱是同然耳. 使其不善學之則, 斯二者之弊, 正亦俱不能無者. 而如其善用, 二家, 亦自有可同歸之理, 終無大相遠者矣(鄭齊斗, 「答閔彦暉書」, 『國譯 霞谷集』 1, 민족문화추진회, 1981). 이상호는 하곡의 논의가 '朱王和會'를 모색하는 특징을 가진다고 설명하였다(李相虎, 『鄭齊斗 陽明學의 陽明右派的 特徵』, 계명대학교 박사학위논문, 2004, 188~192쪽).

설명하였다. 위당이 강화학파를 계승했음에도 양자의 입장차이가 보이는 이유는 무엇일까?

이는 두 사람의 시대적 과제에 대한 차이에서 비롯된 것으로 보인다. 하곡은 주자학의 절대화로 인한 斯文亂賊논쟁의 시대를 살았고, 학문 · 이념 대립의 극복이라는 과제를 안고 있었다.[41] 반면 위당은 전통학문이 폄하되고 서구학문이 유행한 시대를 살았고, 전통의 비판적 계승과 서구학문의 수용자세를 정립해야 한다는 과제를 안고 있었다.

실제 위당의 문제제기는 당대의 과제와 밀접한 관련이 있다. 위당은 '최근 數十年來로 風氣 점점 變하게 되매 三尺童子라도 前人이 잘못한 것을 指摘할 줄 안다. 그러나 前人을 攻駁하면서 依然히 도로 그 자취를 따르지 아니하는가.'라고 함으로써,[42] 당대 사람들이 이전시대를 닮아간다고 인식하였다. 동시에 '過去가 지금 우리에게 있어 何等의 影響力이 미치지 아니할진대 過去를 검토할 필요가 없다. 그러나 過去는 항상 當今을 斡運하는 隱勢力을 가지는 것으로서 閑視하지 못하는 것'이라고[43] 하였다. 즉 「연론」의 논법은 前代古事로써 當代現實을 비판하는 것이었고,[44] 그 초점은 주자학자가 아닌 당대학자들이었다. 이 점을 「연론」의 주요 저술 동기로 볼 수 있는데, '나'를 보자.

41) 정두영, 앞의 글, 2009, 79~80쪽.
42) 「論述의 緣起」, 『전집』 2, 113쪽.
43) 「論述의 緣起」, 『전집』 2, 114~115쪽.
44) 이는 여러 다른 글의 목적도 현실이라는 점에서 방증할 수 있다. 위당이 다방면의 '전통'을 연구한 것은 '今我의 그림을 밝히는 것'(鄭寅普, 「朝鮮文學原流草本」, 『薝園鄭寅普全集』 1, 1983, 261쪽)으로, 新我舊邦에 있었다(오영교, 「다산 정약용, 신아구방(新我舊邦)의 방안을 제시하다」, 『내일을 여는 역사』 45, 2011; 송석준, 「정인보의 양명학」, 『陽明學』 36, 2013). 즉 비판의 지점은 현실이었다.

나.

① 合한다 團結한다 하더라마는 派爭은 더 激化하는 것 같더라.…(중략)…心鋒 意刃으로 서로서로 겨누는 것은 前보다 몇 층 더 심한 것 같더라.[45]

② 學問에 對한 態度ㅣ 前부터 이미 冊張에서만 힘을 얻으려 하던 것이 더 한층 늘어서, 가론 英吉利 가론 佛蘭西 가론 獨逸 가론 露西亞ㅣ 紛然並進하지만, 대개는 工巧하다는 者ㅣ 幾多學者의 言說만에다가 表準을 어떻다 무어라 함이 대개는 저 "言說"로부터의 그대로 옮겨짐이요, 實心에 비추어 何等의 合否를 商量한 것이 아니니, 今으로써 古에 比함에 果然 어떻다 할까.…(중략)…저 "말"로서의 合否를 調査할지언정 제 "마음"으로서의 合否를 그윽이 살피어 본 적이 없음을 自認할 줄 안다.[46]

'나'는 「연론」의 저술 의도가 당대학자의 학문태도와 결부되었음을 보여준다. ①에서 위당은 당대학자가 合·團結을 외치면서도 心意鋒刃으로 파쟁하는 것은 전대보다 심하다고 하였다. 또한 책에서 기준을 얻으려는 경향이 심화되어, '工巧한 者'도 제 마음의 合否를 살피지 않고, '서구언설'을 표준으로 한다고 하였다. 즉 '가'와 '나'를 연결해보면, 당대학자들도 사영파·존화파로 인식했다고 하겠다. 요컨대 '前人'인 조선의 주자학자와 '오늘날 新思潮에 흠뻑 취한 名士'인 당대학자들의 학문을 분질적으로 허학이라 규정한 것이다.

실제 「연론」의 당대학자 비판과 주자학자 비판은 ① 폐해 → ② 학문과 사회의 관계 → ③ 학문의 특징이라는 범주에서 유사하게 이루어졌다. 〈표 3〉을 보자.

45) 「論述의 緣起」, 『전집』 2, 115쪽.
46) 「論述의 緣起」, 『전집』 2, 115쪽.

〈표 3〉「연론」의 1 · 2 · 7장에 보이는 당대학자 비판과 주자학자 비판

대분류	소분류	당대학자(서구학문을 하는 학자)	주자학자
폐해	사례	① 心意의 鋒刃으로 派爭 격화 ② 서구의 언설만으로 기준을 삼음	① 私營派 ② 존화파
학문과 사회의 관계	학자와 사회	남을 흉내 내고, 熱情없이 사회에 냉박함 사회·민족에 대한 고민은 없음	마음 밝힘과 민중교화가 별개의 개념임 도의를 표방하나 나라 걱정은 하지 않음
학문의 특징	학문의 기준	자심의 판단 기준이 없음 외풍·외국 학설을 무조건 수용함 영국·프랑스·독일·러시아의 대학자	자신의 판단 기준이 없음 외풍에 흔들리는 공부임 주자
	주력한 분야	책·서적으로 공부하고, 학설만 설명함 실심 이외의 考究를 통해 이론만 늘어남	문자·경전만 보고, 예의·주석이나 연구 실심은 얼러볼 생각이 없음
	학문의 특징	복잡·번쇄한 이론만 넘쳐, 實行이 없음	繁博·博學·纖瑣하여 私計·僞俗만 행함

비고: 1) 당대학자 비판은 원문대로 인용하고, 주자학자 비판은 <표 2>를 축약하여 제시함
2) <표 2>에 제기한 범주와 비교 가능한 것을 중심으로 정리함

〈표 3〉처럼, 「연론」의 당대학자 비판과 주자학자 비판은 유사한 결을 지닌다. 양자 모두 사영 · 존화의 폐해를 지녔고, 자신의 판단기준이 없이 당대학자는 서구학자를, 주자학자는 주자를 기준으로 삼았다고 하였다. 주력분야 역시 실심이 아님으로 인해, 양자 모두 복잡 번쇄한 이론만 있고, 실행이 없다고 보았다. 이 비판은 「後記」에서 종합되는데, '다'를 보자.

다.

…(중략)… 전이나 지금이나 꼭 一般이요, "그것이 어찌하여 옳습니까." "응, 누가 옳다고 하였으니까." 그 **"누가"가 朱子만이 아닐 뿐이지 自心으로 實照하여 가지고 眞是를 求하지 아니하기는 전이나 지금이나 꼭 一般이다. 虛인 줄 알라.** 저 말로써의 合否, 저 글로써의 合否, 이것은 다 虛인줄 알라.[47)]

47) 「論述의 緣起」, 『전집』 2, 241쪽.

'다'에서 위당은 양자를 '전이나 지금이나 꼭 일반'이며, 옳음의 기준만 주자에서 '누가'로 바뀌었고, '自心實照'가 없는 허학으로 비판하였다. 따라서 '다'에 보이는 실질적인 비판의 대상은 서구학문을 공부하는 당대학자와 전통적 주자학자들로 생각할 수 있다.

위당이 양자를 모두 허학으로 설명한 것은 학문의 방법과 특징이 같기 때문이라고 할 수 있다. 양자는 모두 '주체의식' 없이 외풍에 흔들리면서 외부의 학문을 무조건 수용하려는 태도를 가졌다. '나'라는 기준 없이 외물을 학문의 대상으로 삼아 복잡 · 섬쇄하기만 하고, 주체에 도움이 될 실질적인 행함이 없었던 것이다. 요컨대 위당은 판단의 기준으로서 '자신' · '주관' · '주체'가 없는 공부 일체를 허학으로 보아 주체성 없이 공부하는 학자들의 자세를 비판하려 했고, 주체성 없는 학문으로는 사회 · 민중의 복리를 달성할 수 없다고 보았던 것이다.

위당이 「연론」에서 양명학자를 허학자가 아닌 '실학'자로 설정한 것은 '주체'를 판단기준으로 삼았기 때문이었다. 주체성의 강조는 위당이 늘 주장한 것이며,[48] 「연론」도 유사한 맥락에 서 있다. 이 점에서 위당은 '실학'을 주체적 시각에서 외부를 탐구하여, 국가 · 민중 · 사회의 복리에 기여 가능한 학문으로 인식했다고 보인다. 결국 「연론」은 주체에게 실질적 공효가 있는 학문을 사회적 표준으로 설정해야 한다는 문제제기를 위한 것이며, 주체적인 학문방법에 관한 사례의 하나로 양명학적 격물론(=학문방법)을 설명코자 저술되었다고 하겠다.

---

48) 이황직, 앞의 글, 2010, 29쪽 ; 김진균, 앞의 글, 2012, 316쪽; 심경호, 앞의 글, 2013, 70쪽 ; 이상호, 앞의 글, 2013, 115쪽.

3. 양명학 계보화의 함의와 학문적 주체성의 강조

1) 양명학의 계보화와 '근세조선학' 계보의 구체화

위당은 전인과 당대학자가 '주체'가 없는 상태에서 '외물탐구'를 하는 허학을 한다고 보았다. 허학의 對로서, 위당의 '실학'은 자아를 중심에 두고 타자를 인식했다고 볼 수 있다. 위당은 '실학'적 학풍이 조선후기, 즉 근세조선에 실재했다고 보았고, 그 사례의 하나로서 양명학을 설명하고자 「연론」을 저술했다고 보인다. 그러면 위당이 「연론」에서 설명하는 양명학의 당대적 의의는 무엇이었을까? 이를 본 장에서는 근세조선학 계보의 구체화와 계곡 · 담헌에 대한 평가를 중심으로 살펴볼 것이다.

위당은 전형적인 전통지식인의 입장에서 허실론을 전개했고, '실학'의 학문적 연원을 입증하고자 했다. 이 과정에서 '실학'의 연원과 계보를 재정리하는 것은 조선근세학술의 재평가와 맞물린 중요한 사안이었다.[49] 이 점에서 주목할 것은 조선근세학술정리의 시작이 성호였다는 점이다. '라'를 보자.

> 라.
>
> 先生의 學問은 **史學으로써** 근거를 삼았나니 **先生은 眞學者이라 內外**를 알았다. …(중략)… **朝鮮民族의 史ㅣ 朝鮮을 中心으로 하여야 할 大典訓**을 세웠다. …(중략)… 오늘날에 있어 **古文獻蒐集에서 朝鮮의 芳臭를 或 萬一이라도 還魂케 할 수 있을까 하는 讀書士의 區區한 苦心**이 없을 수 없나니, 뒤늦다면 뒤늦다 하라, 星湖의 遺著이나마 摩挲抱持하는 것이 意味 없는 일이 아니다.
>
> …(중략)… **鄭霞谷(齊斗) 遺書는 朝鮮의 新建學으로 開祖되는 著述**이며, 兼하여 天文·曆象에 深造가 있는 邃學의 結晶인데, …(중략)… **申石泉(綽)**의 「易次考」·「書次考」·「詩次考」는 乾嘉諸儒의 樸學으로도 그 嚴確함을 따르기 어려울 만한 著述인데 …(중략)… 또 **安順菴(鼎福)**의 親筆寫本遺著 全部가 그 집으

49) '나는 實心에 對한 喚醒을 話頭 삼아온 지 오래다(「論述의 緣起」, 『전집』 2, 116쪽)'고 한 것도 이를 말한다고 보인다.

> 로 되굴러나와 「列朝通紀」 잡동사니 諸書의 原本이 지금 渺茫한 雲海를 건너 가 버렸다. 또 **李岱淵(李勉伯)**의 「敢書」는 朝鮮近世思想史로 최고의 名著일 뿐 아니라 間見하는 匡時의 奇懷가 實로 匹敵이 적을 막한 珍籍 …(중략)…[50)]

'라'는 1929년 『성호사설』의 교간후기로, 위당은 성호를 '史學으로 근거를 삼아 內外를 안 眞學者'로 평가하였다. 이후 讀書士인 위당은 스스로의 과제를 '朝鮮의 芳臭還魂'에 관한 고서수집으로 삼고, 차후 과제로서 하곡 · 석천 · 순암 · 대연 등의 저서를 들었다. 이 과제는 1931년의 「해제」로 연결되었고, 하곡 · 석천 · 대연의 저서는 「해제」에 실제로 반영되었다.

'라'에서 하나 더 볼 것은 하곡에 관한 평가이다. 위당은 하곡의 遺書(=『霞谷全書』)를 '朝鮮의 新建學으로 開祖되는 저술'로 보았다. 그런데 이 평가는 1931년 · 1933년 · 1934년에 조금씩 변화했는데, '마'를 보자.[51)]

> 마.
>
> ① **李星湖先生은 近古宏儒**라 …(중략)… 諸書ㅣ 다 綜密 廣該하여 **後學의 津逮**가 되는 名著인데, …(중략)… 燕巖의 實로 民弊를 實求한 데서 얻어낸 것이 아마 **星湖學風**인가 보다고까지 하였었으나 …(중략)… (1929, 「藿憂錄」 해제)[52)]
>
> ② **霞谷은 朝鮮에서 明朝 王陽明의 學派로 가장 두렷한 一人**이니 비록 **前으로 崔遲川 鳴吉, 後로 李椒園 忠翊**이 있으나 **霞谷처럼 一生을 王學研鑽에 供하여 良知說의 大成을 集한 이**는 다시 또 倫輩없었다(1931, 「霞谷全書」 해제).[53)]
>
> ③ 近世 朝鮮學의 派系 대략 三派ㅣ 있으니 **星湖를 導師로 하고 農圃의 傳緖까지 아우른 一系**있고, **李疎齋 頤命, 金西浦 萬重으로부터 流衍된 一系(湛軒이 이 系에 屬함)**있고, **霞谷의 學을 承受한 一系** 있다(1931, 「椒

50) 「「星湖僿說」을 校刊하면서」, 『전집』 2, 107~108쪽.

51) '마'는 시점이 혼재되므로 본문에 '연도, 「글 제목」'을 표기했고, 이하 '아'도 동일하게 처리하였다.

52) 「藿憂錄」, 『전집』 2, 47~48쪽.

53) 「霞谷全書」, 『전집』 2, 16쪽.

園遺藁」 해제).[54]

④ **朝鮮 陽明學派로서는 霞谷이 第一類中으로도 가장 大宗**이니 霞谷의 生平 著述은 전혀 陽明學을 體究한 學說로서 …(중략)… 陽明以後 陽明學派의 著書로서 가장 綜密하고 가장 切近하고 또 가장 詳述 細傳하여 **心齋의 直指**함이 있으되 **緖山의 規矩**를 兼하고 **龍溪의 超悟**함이 있으되 **念菴의 檢覈**을 合하기는 霞谷이니 **霞谷은 朝鮮陽明學派의 大宗만이 아니다**(1933, 「朝鮮 陽明學派」).[55]

⑤ 宰相으로 金潛谷 堉, 張谿谷 維ㅣ 或은 曆算을 改正하고, 혹은 僞學을 矯救하고 處士로 柳磻溪 馨遠은 一生苦心이 오로지 朝鮮制治의 一變을 主하여 서로 그 首緖를 引하자 崔鳴谷 錫鼎, 李疎齋 頤命의 天文·地理의 學과 李雲谷 光佐의 國防上 考究와ㅣ 廟堂에서 轉機를 보이고 **鄭霞谷 齊斗의 良知學이 비록 隱晦中 孤唱함이나 實로써 虛를 代하자는 學風이 이 뒤로 계승함이 많고** …(중략)… **朝鮮을 中心으로 한 實用的 考索을 大始하여 마치 大澤이 衆流를 받아 가지고 다시 江海로 滙行케 함과 같이 識巨 學偉한 宏碩이 있으니 이는 李星湖 瀷**이요(1934, 「唯一한 政法家 丁茶山先生」)[56]

⑥ 이때로 말하면 **柳磻溪, 李星湖의 學이 거의 朝鮮學林의 趨向을 一變하게 되어** …(중략)… 한편으로 巖廊의 **名人 金堉, 張維, 崔錫鼎, 李頤命, 李光佐 等이 先後**하여 實學으로서 虛矯를 救하려는 學風에 對하여 한갓 호법에만 그치지 아니하매 …(중략)… **朝鮮近古의 學術史를 綜系하여 보면 磻溪가 一祖요 星湖가 二祖요 茶山이 三祖**인데(1935, 「茶山先生의 一生」)[57]

'마'는 1929~1935년 동안에 이루어진 위당의 저술 · 강연 중에서 성호 · 하곡 · 반계를 설명한 것을 시계열 순서로 배열한 것이다. 1929년 위당은 성호를 眞學者 · 近古宏儒로 평가하고 星湖學風을 설정하는 한편, 하곡은 朝鮮新建學의 開祖로 설명하였다. 1931년에 성호를 다룬 별도의 글은 없지만, 하곡은 지천—하곡—초원의 계보 속에서 조선에서 양지설을 대성한 양명학

54) 「椒園遺藁」, 『전집』 2, 28쪽.
55) 「朝鮮 陽明學派」, 『전집』 2, 222쪽.
56) 「唯一한 政法家 丁茶山先生」, 『전집』 2, 70~71쪽.
57) 「茶山先生의 一生」, 『전집』 2, 62~63쪽.

자로 평가되었다. ①·②의 성호·하곡에 대한 평가는 ③으로 이어지면서, 1931년까지 근세조선학의 3파 중 성호·하곡은 각각 1파의 導師·종주로 정리되었다.

1931년까지 이루어졌던 조선학의 연원에 대한 성호·하곡의 위상은 1933년에도 유지된 것으로 보인다. 1933년 하곡은 중국·조선 양명학자의 大宗으로 격상되었지만, 「연론」은 근세조선학의 뿌리 중 하나인 '양명학자' 내부의 위상을 정리한 것이기 때문이다.

그런데 1934년의 성호·하곡이 갖는 위상은 1933년의 그것과는 차이가 있다. 조선학의 首緖로 잠곡·계곡·반계가 설정되었다. 그리고 비슷한 세대의 학자로서 명곡·소재·운곡·하곡 등이 설명되면서, 하곡은 실로 허를 대체하자는 학풍을 주도한 학자로 설명되었다. 한편 성호는 衆流를 받는 大澤·宏碩으로서 조선학의 실질적 시조로 설정되었다.[58] 즉 근세조선학에서 반계가 衆流의 首緖에, 하곡이 衆流에 해당했다면, 성호는 大澤이라는 중류의 정리자로서 격상되었던 것이다. 그리고 1935년의 근세조선학 계보는 반계(1祖, 衆流의 首緖) → 성호(2祖, 大澤) → 다산(3祖, 江海)으로 정리되었다. 요컨대 「연론」의 연재 이후 근세조선학의 계보에서 하곡은 衆流 중 하나로 설명되고, 반계가 부상하는 한편, 성호는 격상되었다.

이상의 정리는 1931년에 양명학이 근세조선학의 3가지 주요 흐름(3派) 중 하나로 정의된 것을 고려하면 당연한 귀결로 보인다.[59] 그러면 1933년 위

---

58) 1935년 「얼」 연재시기가 위당이 역사학자로 변신하는 기간이라는 점을 주목하면, 史學을 종지로 삼았던 성호를 사표로 삼았을 가능성이 있다. 전통지식인의 실학은 진행형 학문이므로, 현재성과 당대 인식에 따라 역사적 연원에 대한 다소의 변동도 가능하리라 본다.

59) '마-⑤' 자료는 다산의 계보와 양명학의 관련성을 보여주기도 하다. 따라서 '마-⑤'의 계보는 근세조선학의 주된 내용을 양명학으로 설정하려는 시도로 볼 수도 있다. 그러나 「연론」의 양명학 설명이 대체로 주체적인 학문자세에 치중되었다는 점과 '마-⑤·⑥'자료를 포괄하기 어렵다는 점에서는 다소 동의하기 어렵다. 1933년 하곡은 중국·조선양명학자의 大宗으로 격상되지만, 양명학은 '실로 허를 대체하는 분위기' 정도로 표현되고 있기 때문이다. 이 외에 다산의 계보를 설명하

당이 「연론」을 저술했던 또 다른 이유는 무엇일까? 관련해 생각할 것은 「해제」의 양명학자 정리가 불충분했었다는 점이다. ②에서 '지천-하곡-초원' 학맥이 설정되었지만, 「해제」의 양명학자 기준은 '하곡계승'이었고, 지천-하곡 관계도 뚜렷하지 않았다.[60] 또한 '양명학파가 없었다.'라는[61] 위당의 발언에서 1933년 당시의 지식인들에게 조선양명학의 인지도는 낮았거나, 저자의 입장에서 조선양명학의 인지도가 낮다고 생각했을 것으로 보인다.[62] 이

려는 의도에서 하곡의 위상이 약화될 수도 있었을 가능성도 있다. 그러나 담헌과 같이 다산도 '바-ⓒ'의 기준을 따라 양명학파에 편입시킬 수 있었음에도 그렇게 하지 않았던 것에서, 그러한 가능성은 없다고 보인다. 더욱이 양명학이 조선학을 포괄하기 어렵다는 점, 반계가 중류의 수서로서 부상했다는 점 등을 설명하기 어렵다는 점에서 근세조선학과 양명학의 전체적인 관계는 1931년 이후 변화가 적었다고 보인다. 다만 '마'의 근세조선학 계보가 정리자를 중심으로 한 것이라면, 양명학적 학풍이 근세조선학 형성기에 미치는 영향과 의미를 살필 필요가 있다. 이는 차후의 과제로 돌리겠다.

60) 「해제」에서 지천과 하곡의 관계는 불명확한 편이다. 위당은 '霞谷이 王學을 宗함은 淵源이 어디로서 왔는지 모르나 推測컨대 遲川의 影響도 없지 아니하였을 것 같다. 그러나 이보다도 이때에 朝鮮學風이 形迹 없는 속에 新氣運이 돌려는 始初이라(「霞谷全書」, 『전집』 2, 17쪽)'고 하였다. 그러나 「연론」은 상당한 분량으로 지천을 설명했다(「朝鮮 陽明學派」, 『전집』 2, 211~218쪽).

61) 朝鮮에는 陽明學派가 없었다. 陽明學은 내려오면서 어떠한 異端 邪說같이 몰아 …(중략)… 一二學者ㅣ 비록 陽明의 學說에 獨契함이 있다 하더라도 밖으로는 드러내이지 못하였다. 그런즉 陽明學派 없었다 함이 事實 아님이 아니다. 朝鮮은 晦菴學派뿐이다(「朝鮮 陽明學派」, 『전집』 2, 210쪽).

62) 당시 지식인들이 조선의 양명학에 대한 인지도가 낮았음은 1932년 11월 『新東亞』에 실린 玄相允(「陽明學과 日本思想界」)과 薛泰熙(「陽明思想의 要約」)의 논설을 통해서도 볼 수 있다. 양자 모두 주자학의 공리공담을 주장하면서도, 현상윤은 양명학의 實行을 강조하면서 일본양명학만을 설명했고, 薛泰熙는 중국양명학의 흐름과 일본으로의 전래 및 일본의 서구학문 수용에서 양명학이 가지는 의미를 설명했다. 조선양명학의 흐름을 설명하려는 위당의 시각과는 차이가 있어 본고에서 맞비교하기에는 무리가 있지만, 현상윤이 일본양명학만을 설명하거나, 薛泰熙가 小引에서 "新을 追從하는 現代雜誌로서 낡은 학설을 紹介한다는 것도 奇려니와 置之度外한 儒敎哲學-더구나 朝鮮서는 숨적도 못해 나려온 王學을 紹介한다는 것은 사뭇 稀貴한感이 없지 않다"(薛泰熙, 「陽明思想의 要約」, 『新東亞』, 1932.11, 84쪽)란 언급은 당대 지식인의 조선양명학 인지도를 보여준다고 생각한다.

는 ③에서 선언한 근세조선학의 3파에 대한 보충이 필요했음을 의미한다.

따라서 위당은 「연론」을 통해 독자적인 양명학적 흐름이 근세조선에 내재함을 주장하는 한편, 근세조선학의 3파 중 인지도가 가장 낮은 흐름을 선명히 부각하여 근세조선학의 실재를 증명하려 했다고 보인다. 이 점에서 「연론」은 「해제」와 상보관계를 지니며, 양명학 계보의 구체화를 통해 근세조선학의 독자성과 실재를 증명하는 작업이었다. 이 과정에서 「해제」보다 명확한 양명학자의 기준이 제시되는데, '바'를 보자.

> 바.
>
> 이제 陽明學派로서 밖으로 드러내지 못한 우리 前修를 찾아보면 참으로 寥寥莫甚한데, 그 중에서도 大略 三別할 수가 있나니 ㉠一은 두렷한 著書가 있다던지 그렇지 아니하면 그 言論間에라도 分明히 徵據할만한 것이 있어 外間에서는 몰랐을지라도 陽明學派라 하기에 의심 없는 이들이요, ㉡一은 陽明學을 非難한 말이 있는데 前後를 綜合하여 보면 이는 詭辭라 속으로는 陽明學을 主張하던 것을 가릴 수 없는 것이 있는 이들이요, ㉢一은 陽明의 學을 一言半句 提及한 적이 없고 尊奉함은 晦庵에 있다, 그러나 陽明을 말하지 아니하되 그 生平主張의 主腦 되는 精神을 보면 두말할 것 없이 陽明學임을 알 수 있는 이들이다.63)

'바'에서 위당은 양명학자의 기준으로 3가지를 제시했다. ㉠은 저서 · 언행으로 보아 양명학자이고, ㉡은 양명학을 비난했지만 양명학자들이며, ㉢은 주자학자이나 宗旨가 양명학자인 사람들이다. 즉 ㉠ · ㉡은 자료로 양명학자를 분류한 것이고, ㉢은 사상적으로 주자학을 극복한 학자를 지칭한다. 「해제」와 「연론」의 기준에 따라 양명학자를 정리하면 〈표 4〉와 같다.

---

63) 「朝鮮 陽明學派」, 『전집』 2, 211쪽.

〈표 4〉 「해제」와 「연론」에 보이는 조선양명학파의 계보

No.	학자	생몰연대	해제	해제대상	연론	근거	겹침	비교대상 양명학자
①	최명길(遲川)	1586(선조19)~1647(인조25)	○	△	○	㉠	○	
②	장유(谿谷)	1587(선조30)~1683(숙종09)	×	△	+	㉠	×	羅洪先·李容
③	최석정(明谷)	1646(인조24)~1715(숙종41)	○	△	×	×	×	
④	민이승(誠齋)	1649(인조27)~1698(숙종24)	○	△	×	×	×	羅洪先
⑤	정제두(霞谷)	1649(인조27)~1736(영조12)	○	○	○	㉠	○	中·朝양명학의 大宗
⑥	정후일	미상	×	△	+	㉠	×	
⑦	李震炳(遁谷)	1679(숙종05)~1756(영조32)	×	△	+	㉠	×	
⑧	이광신(恒齋)	1700(숙종26)~1744(영조20)	×	△	+	㉠	×	劉宗周
⑨	金澤秀(미상)	미상	×	△	+	㉠	×	錢德洪·王畿
⑩	이광사(圓嶠)	1705(숙종31)~1777(정조01)	○	○	○	㉡	○	羅洪先
⑪	이광려(月巖)	1720(숙종46)~1783(정조07)	○	△	×	×	×	
⑫	홍대용(湛軒)	1731(영조07)~1783(정조07)	○	○	+	㉢	○	
⑬	申大羽(宛丘)	1735(영조11)~1809(순조09)	○	△	×	×	×	
⑭	이긍익(燃藜室)	1736(영조12)~1806(순조06)	○	△	×	×	×	
⑮	이영익(信齋)	1740(영조16)~(졸년 미상)	○	△	○	㉡	○	
⑯	이충익(椒園)	1744(영조20)~1816(순조16)	○	○	○	㉡	○	王艮
⑰	정동유(玄同)	1744(영조20)~1808(순조08)	○	○	○	㉠	○	
⑱	남정화(心淵)	1758(영조34)~미상	○	△	×	×	×	
⑲	신작(石泉)	1760(영조36)~1828(순조28)	○	○	○	㉠	○	
⑳	이면백(岱淵)	1767(영조43)~1830(순조30)	○	○	×	×	×	
㉑	유희(西陂)	1773(영조49)~1837(헌종03)	○	○	○	㉠	○	
㉒	이건창(寧齋)	1852(철종03)~1898	○	△	×	×	×	
㉓	이건방(蘭谷)	1861(철종12)~1939	○	△	×	×	×	
	計		18명	8명	14명	■	9명	

비고: 1) 「해제」의 양명학자 기준인 '하곡학맥'과 「연론」의 양명학자 기준인 '바'를 통해 본문에 서술된 모든 양명학자를 포함하고, 생몰년을 찾아 생년순서로 정리함.

2) 「후기」의 이건방 · 박은식은 謙辭 속에 있어 포함치 않고, '해제대상'은 직접 해제대상을 'ㅇ'로, 해제대상을 설명하며 등장한 인물은 '△'로, 「연론」에서 추가된 학자들은 '+'로 표기함.

〈표 4〉는 「해제」와 「연론」에 보이는 양명학자를 정리한 것으로, 다음과 같이 분석할 수 있다. 첫째, 「해제」와 「연론」에서 언급한 양명학자의 수는 거의 유사하다. 「연론」의 양명학자 기준이 더 넓지만, 「해제」에만 언급되는 학자가 있기 때문이다. 둘째, 담헌의 계보가 변경되었다. 「담헌서」에서는 「의산문답」의 종지가 『곽우록』과 가장 상근하다고 하였다.[64] 반면 「초원유고」에서는 '근세조선학'의 2계열, 「연론」은 양명학자로 설정되었다. 셋째, 「연론」에서 추가된 양명학자 6명 중 4명(정후일 · 항재 · 김택수 · 둔곡)은 하곡학파라는 기준으로 추가되었고,[65] 2명은 ㉠에 따라 계곡이, ㉢에 따라 담헌이 추가되었다. 넷째, 계곡 · 항재 · 김택수는 나홍선 · 유종주 · 전덕홍 · 왕기 · 이용에, 초원은 왕간과 비교되었다. 다섯째, 하곡은 중국 · 조선 양명학자의 大宗으로 격상되었다.

이후 「연론」에서 중국 · 조선양명학자의 비교가 이루어진 것은 동아시아 속에서 조선양명학의 위상을 설명하기 위한 것으로 보인다. 〈표 5〉를 보자.

〈표 5〉 「연론」에서 조선양명학자의 비교대상인 중국양명학자

No	성명 (호) (종지)	출신 지역 (세대)	조선 양명 학자	설 명
①	錢德洪 (緖山) (規矩)	折中 餘姚 (及門)	장유 김택수 **정제두**	① 沈毅 · 篤謹한 사람으로, 實事·實物의 切近한 곳을 설명함 ② 愚婦愚婦이 대상, 민중疾苦를 몸소 周旋하고, 양명학을 가장 잘 계승 ③ 나홍선과 함께 深微 · 切近을 갖추나, 나홍선과 달리 克己에 힘씀
②	王畿 (龍溪) (超悟)	折中 山陰 (及門)	김택수 **정제두**	① 通明 · 玲瓏하며, 徹悟가 대단하여 向上一路의 體得한 경지를 설명함 ② 少年 때 俠客으로 기상이 씩씩하고 맑으나, 당대에 拘檢이 적다는 비판 ③ 徹朗한 悟境을 主로 하여 학설이 切近함에 부족함이 있음
③	王艮 (心齋) (直指)	泰州 安豊 (及門)	이충익 **정제두**	① 양명의 마음을 움직일만한 天品이 있고, 實行 · 熱情이 가장 뛰어남 ② 백성일용의 조리가 성인의 조리임을 설명하고, 백성을 찾아 강론함 ③ 천하국가에 대한 책임을 자임, 大人造命을 주장하고, 태주학파를 세움 ④ 가난한 집 출신으로, 『大學』 · 『論語』 · 『孝經』 정도의 짧은 학식을 배움

64) 「湛軒書」, 『전집』 2, 26쪽.
65) 「朝鮮 陽明學派」, 『전집』 2, 226~231쪽.

				⑤ '禪機'에 가깝다는 당대사회(明)의 비판을 받음 ⑥ 熱烈한 實行을 主로 하면서 학설이 深微는 부족함이 있음 ⑦ 왕문의 제자 중 가장 直裁·勇行하는 자, 警發이 있으나 說解는 적음
④	羅洪先 (念菴) (檢覈)	吉水 (及門)	장유 민이승 이광사 **정제두**	① 양명正傳 체득, 深微·切近을 얻어, 主靜으로 入門 ② 염계·양명 학맥이며, 經世를 강조해 被黜 후 고향에서 저술활동 ③ 양명에게 배우지는 못했으나, 眞을 얻은 及門弟子, 歸寂·靜寂 주장 ④ 전덕홍보다 覺念上 推覈이 刻苦, 獨知를 추구하나 민중과의 間隔 우려 ⑤ 흉년에는 몸소 구휼을 돕고, 도적떼의 침입을 막아냄
⑤	劉宗周 (念臺)	山陰 (再傳)	이광신	① 외오서에 삼감(愼獨)을 宗旨로 염암과 이론적 同調, 실질 학맥은 나홍선 ② 一念이 宗國을 잊지 못했고, 남도가 함몰하자 絕食하여 죽음 ③ 허위를 싫어해 책을 없앴고, 본심에서 공부. 天品誠潔로, 自克이 極層함 ④ 實行이 있으나, 愚夫·愚婦를 위한 실행은 아니고, 入門공부는 아님 ⑤ 上士에 대한 說法. 初學은 불가하여, 민중과 괴리되고 진학문은 아님 ⑥ 誠僞·眞假론을 주장하고, 실제로 실천함
⑥	黃宗羲 (梨洲)	折江 餘姚 (三傳)	**정제두**	① 19세에 고아로 북경의 원수를 거의 쳐 죽임 ② 명말에 불행한 일생을 살았고, 뜻을 이루지 못함 ③ 학문·氣節 통합, 다양한 운동 실행, 염대가 스승이나 심재의 영향이 큼 ④『明夷待訪錄』저술, 전제군주제·청 황제를 폐하려고 함
⑦	李容 (二曲)	西安 盩室 (·)	장유	① 청초 3문인 중 가장 孤苦하게 성장, 自心·自立·卓絕의 특징을 지님 ② 悔過自新이 宗旨, 청의 등용의도에 토굴에서 苦節로 저항함. ③ 학문을 전수받은 제자는 고염무뿐이나, 이용은 제자로 여기지 않을 것

비고: 1) 6장에서 비교한 중국양명학자에 한해서 설명을 압축하고, 생존연대·출신지역·세대를 표기함.
2) <표4>에서 중국학자와 비교된 조선학자를 표기했고, 조선학자 1명이 중국학자 2명 이상과 비교되면, 중복하여 표기함. 전덕홍~유종주는 명대, 황종희·이용은 청초의 양명학자임.
3) 종지는 '마-④'에서 발췌했고, 하곡은 황종희를 학설상 능가한 학자로 묘사됨.

〈표 5〉의 ①~④까지는 양명의 及門弟子로 특정분야에서 정수를 얻어 일파를 연 학자들이고, ⑤~⑦까지는 재전 이후 제자들로 급문제자들의 비판적 계승을 통해 양명학을 풍부하게 만든 학자들이다. 위당은「연론」에서 조선양명학자들을 중국양명학자들과 비교하면서, 중국양명학과 조선양명학을 등치관계로 놓았다.

아울러 위당은 하곡을 통해 조선양명학의 특징을 2가지로 제시하였다. 첫째, 하곡의 양명학 수용이 허학적 풍토를 비판하려는 시대적 요구로 표현하였다.[66] 위당은 하곡이 실심으로 허학을 비판하고, 주체적인 판단을 통해 양명학을 수단적으로 받아들였다고 보았다.[67] 둘째, 하곡은 당대 양명학이론을 가장 정확히 파악한 사람이었고, 여러 설을 명확하게 적용·종합하여 독자적인 학설을 정립한 학자였다. 위당은 하곡에 대해 양명의 급문제자들이 가진 정수인 規矩·超悟·直指·檢覈을 포괄하고, 왕기 학맥을 부정했던 황종희를 이론적으로 능가했다고 하였다.[68] 이상에서 하곡은 '회암에 대해 회의하고, 양명에 대해 契合한 학자'로서[69] 중국·조선양명학자의 大宗으로 격상되었던 것이다. 요컨대 하곡은 실심을 통해 양명학계의 선학을 비판적으로 검토하고, 동아시아 양명학을 한 차원 높인 학자였던 것이다.

이상을 통해 위당은 조선양명학의 특징으로 주체성과 독자성을 설명하면서, 근세조선학에 '실학'적 학풍이 실재했음을 밝혔다. 그리고 당대학자들도 주체성을 기준으로 하는 학문을 할 것을 요구하였다. 즉 서구학문 역시 주체적인 기준에서 이해함으로서 '조선적인 서구학문'을 할 것을 요구한 것이다. 그렇다면 1933년에 재구축된 근세조선학의 계보는 어떻게 될까? 〈표 6〉을 보자.

---

66) **이때에 朝鮮의 學風이 形迹 없는 속에 新氣運이 돌려 하는 始初이라** …(중략)… **霞谷의 陽明學이 正系의 淵源이 있다 함보다는 차라리 그 時代의 反動이라 함이 옳을 것이다.** …(중략)… **邦族文化를 慨想하는 根本精神에로 回向함**을 미루어 알 수 있나니 李疎齋 頤命의 數學과 좀 後輩로 申旅菴 景濬의 訓民正音硏究ㅣ **다 한 氣流의 振作**으로 볼 것이다(「霞谷全書」, 『전집』 2, 17~18쪽). 이 점은 양명학이 '변통론'의 하나로 수용되었다는 견해와도 연결된다(정두영, 앞의 글, 2009).

67) **霞谷當時 朝鮮의 學風이 形迹 없는 속에 新氣運이 돌려 하는 始初이라** …(중략)… **정녕코 陽明集을 보기 전에도 不知不識間 心懷에 縈繞하였었을 것이요** …(중략)… **이 實學은 이 心懷에 契合하였나니 단지 經典上 檢討로 좇아 舊疑를 헤치고 新解를 얻었음에만 그치는 것이 아니다**(「朝鮮陽明學派」, 『전집』 2, 222쪽). 이상호 또한 주자학의 문제점을 극복하기 위한 과정에서 하곡이 양명학을 수용했다고 보았다(李相虎, 앞의 글, 2004, 183쪽).

68) 주지의 사실이지만, 황종희의 『명유학안』은 양명우파의 시각에서 양명좌파를 비판하는 관점을 취한다(이상호, 「『明儒學案』과 양명우파철학」, 『中國哲學』 12, 2004 ; 윤상수, 「『明儒學案』의 陽明學觀 재고」, 『東洋哲學』 37, 2012). 위당은 황종희가 왕기의 四無論을 배격하여, '양명의 眞訓이 아니다.'고 한 비판을 제시한 후에 하곡은 善의 해석을 달리함으로서 왕기학맥을 긍정하였고, 양명급문제자들의 정수를 모두 취합했다고 보았다(「朝鮮陽明學派」, 『전집』 2, 224쪽).

69) 「朝鮮陽明學派」, 『전집』 2, 224~225쪽.

〈표 6〉 1933년 단계의 '근세조선학' 계보

왕대	星湖~農圃	疎齋·西浦~	遲川~霞谷~	미상
선조			최명길(1586~1647) 장　유(1587~1638)*	김　육(1580~1658)
양난	선조(1567~1608), 임진왜란(1592~1598)·정유재란(1597~1598)			
인조 현종		김만중(1637~1692) 이이명(1658~1722)	정제두(1649~1736)	이민철(1631~1715) 이민서(1633~1688)
양난 표현	인조~효종~현종(1623~1674), 정묘호란(1627)·병자호란(1637~1637) : ① 朝鮮學風이 形迹 없는 속에 **新機運이 돌려는 始初**(정제두, 「연론」과 동일)			
숙종 경종	정상기(1678~1752) 이　익(1681~1763) 이중환(1690~1752) 신경준(1712~1781)		이진병(1679~1756)* 이광신(1700~1744)* 이광사(1705~1777) 이광려(1720~1783)	나경적(1690~1762) 안정복(1712~1791) 유한규(1718~1783) 음우비(숙종 연간)
표현	숙종~경종(1764~1724) : ① 實事求是·眞學者(이익)·② 朝鮮學術**復興期**(이광사)·③ 朝鮮學研究(신경준)·④ 自族振起의 精神이 通篇을 衡貫하여(음우비), 朝鮮學**復興期**(음우비)			
영조	박지원(1737~1805)	홍석주(1744~1842)	**홍대용**(1731~1783) 신대우(1735~1809) 이긍익(1736~1806) 이영익(1740~미상) 이충익(1744~1816) 정동유(1744~1808) 남정화(1758~미상) 신　작(1760~1828) 이면백(1767~1830) 유　희(1773~1837)	이종휘(1731~1797) 이의봉(1733~1801) 이사주당(1739~1821) 이덕무(1741~1793) 이만영(1748~1817) 박제가(1750~1805) 이만수(1752~1820) 정약용(1762~1836) 서유구(1764~1845) 조종진(1767~1845) 신　위(1769~1845) 김매순(1776~1840)
표현	영조(1724~1776) : ① 近世 朝鮮學의 派系(이충익)·② 朝鮮의 學風이 **求是求眞의 本路로 向**함·③ **朝鮮을 中心**으로 한 研究·④ 朝鮮學界의 **新氣風**·⑤ 朝鮮學(이면백)·⑥ 朝鮮學의 **潛興期**(유희)			
정조		홍길주(1786~1841)		민노행(1777~미상) 김정희(1786~1856) 무예도보통지(1789~1790)
표현	정조(1776~1800) : ① **朝鮮의 學術이 이미 變轉하는 道程**(홍길주), ② 朝鮮學 提唱·朝鮮心 培植(무예도보통지)			
순조 철종			이건창(1852~1898) 이건방(1861~1939)	김홍임(1801~1849)
표현	순조~철종(1800~1863) : ①朝鮮學의 造詣 어떠하였음을 알 수 있을 뿐 아니라·朝鮮學(김홍임)			

비고: 1) 「해제」와 「연론」의 표제와 본문에 입전된 학자를 모두 포함했고, 책은 책명으로 표기함.
2) 학자는 생몰년을 추적해 생년기준으로, 책은 편찬시작연대를 기준으로 배치 후 왕대별로 분류
3) 「해제」와 「연론」에 차이가 보이면 「연론」을 기준으로 하되, 경우에 따라 다음처럼 표기함.
'밑줄' : 「해제」에 있으나, 「연론」에 없음 / '*' : 「연론」에서 추가 / **굵게** : 계파변동이 있는 경우
4) '표현'은 「해제」의 조선학 관련 표현이며, '표현'의 인명은 해당 인물설명에서 등장했음을 말함.

〈표 6〉은 1933년까지 위당이 구축한 '근세조선학의 계보'를 정리한 것이다.[70] '계파미상'은 별도의 분석이 가해져야 하겠지만,[71] 「연론」을 통해 양명학파는 구체성을 가지게 되었다. 「해제」의 양명학파정리가 실질적으로 하곡 이후(17세기)부터 시작된 것에 비해, 「연론」은 하곡 이전의 양명학자가 지천 · 계곡으로 명료화되면서, 양명학의 시작기원이 상향되었다. 동시에 근세조선학의 기원도 상향되어 양난 이전에 비정되었던 것이다. 아울러 근세조선학은 조선을 긍정할 수 있게 하는 가능성이기도 하였다. 위당은 조선양명학파를 '擧世排斥의 표적인데도 양명학을 공부한 一眞無假의 原血脈'이라고 하여[72] 조선지식인들이 실심을 토대로 시대적 과제를 수행하려 했던 자세를 높이 평가하였던 것이다.

2) 학문적 주체성에 대한 검토

위에서 양명학의 계보화가 가진 함의를 근세조선학 계보와의 관련성을 통해 정리하였다. 위당은 「연론」을 통해 가장 인지도가 낮았던 조선양명학의 흐름을 부각시키고, 주체성과 독자성이라는 성격을 제시하여 근세조선학의 실재와 특징을 정리하였다. 그렇다면 「연론」이 제시하려고 했던 주체성 · 독자성의 구체적인 내용은 무엇일까? 본 절은 이를 「연론」의 계곡 · 담헌에 대한 논의를 통해 정리할 것이다. 양자는 「연론」에서 추가된 양명학

70) 「연론」은 '조선 수백 년간의 역사'로 표현하나, 조선후기로 볼 수 있다. 이는 「해제」에서 '朝鮮學風이 形迹 없는 속에 新機運이 돌려는 始初'로 설명되는 시기가 인조代에 출생한 하곡(1649~1763)에 해당하는 설명이고(「霞谷全書」, 『전집』 2, 17쪽), '朝鮮學術復興期'가 숙종代에 출생한 원교(1705~1771)나 숙종代에 편찬된 『음우비』의 설명(「陰雨備」, 『전집』 2, 38쪽)에 해당한다는 점에서 그렇다. 특히 復興은 이전의 흥함을 전제한 표현이라는 점을 고려할 필요가 있다.

71) 계파미상은 대체로 「해제」의 본문에서 대상학자의 교우 · 가족관계나 문장력 · 당대의 영향력 등을 설명하며 나타난 것인데, 본고의 목적은 「연론」의 분석이므로, 분석은 차후의 과제로 돌리겠다.

72) 「朝鮮 陽明學派」, 『전집』 2, 211쪽.

자이면서, 「해제」와는 다른 기준을 적용했으므로, 「연론」의 의도를 읽기에 유용한 사례이다. 일단 계곡에 대한 평가를 '사'로 살펴보자.

> 사.
>
> 谿谷의 見地 이같이 卓越하므로 **朝鮮學風에 對해 남모르는 嗟傷을 품어 '中國은 學術이 갈래가 많아 正學者도 있고, 禪學者도 있고, 程朱를 배우는 者도 있고, 陸氏를 배우는 者도 있어 門徑이 不一하나,** …(중략)… 우리 士習이 果然 中國보다 나아 그런 것인가. 아니다, **中國에는 學者가 있으되 우리나라에는 學者가 없다.** 대개 中國은 人才, 志趣가 자못 碌碌하지 아니하여 **때때로 뜻있는 선비 있어 實心으로 學에 向하므로 그 좋아하는 바를 따라 공부한 배 서로 같지 아니하나** 그러나 가다가다 각각 實得이 있다. …(중략)… 오직 **程朱의 學이 세상에서 貴重히 여기는 바임을 들어 입으로 말하고 외양으로 높일 뿐이니, 다른 學만이 없을 뿐이 아니다.** 正學에 있어서도 언제 무슨 얻음이 있은 적이 있었던가. …(중략)… 嗚呼라, **이 數行 漫筆이 실로 朝鮮 儒學史의 總論이라 하여도 거의 過言이 아니다.**[73)]

'사'는 『谿谷漫筆』에 실린 계곡의 글을 위당이 인용하고 평가한 것이다. 「연론」은 계곡을 '農巖 이전 國朝 文章家의 唯一正宗'으로 설명하면서도, 양명학자라는 점을 더 부각시켰다.[74)] '사'에서 위당이 주목하고 있는 것은 계곡의 '조선학풍'에 대한 비판이다. '사'에서 계곡은 중국학자의 학문적 다양성이 實心에 근거하고, 학문적 다양성을 토대로 實得을 얻었다고 보았다. 반면 조선은 타인의 말만 듣고 程朱를 숭상함으로서, 다른 학문은 물론 정주학에서도 실득이 없다고 보았다.

73) 「朝鮮 陽明學派」, 『전집』 2, 219~220쪽.

74) 「朝鮮 陽明學派」, 『전집』 2, 218쪽. 계곡에 대한 최근의 연구에서는 양명학자보다는 文章家라는 측면에서 다양한 학문을 모색하고, 특정 학파에 소속되지 않는다고 보는 것이 일반적이라고 한다(오세현, 「조선중기 性理學의 위상과 谿谷 張維의 사상적 면모」, 『한국사연구』 156, 2012).

위당은 계곡의 견해를 '조선유학사의 총론'으로 평가하였다. 즉 조선은 주체성 없는 학문의 단일화로 인해 다양성은 물론 실효성까지도 상실했다고 본 것이다. 이 점은 근세조선학을 했던 학자들이 다양한 분야에서 연구 업적을 남긴 것을 꾸준히 거론하는 것과도 관련이 깊다고 보인다. 위당은 계곡을 통해 주체성에 입각한 학문적 다양성을 강조하고, 획일화의 폐단을 강조한 것이다.

이상의 평가는 담헌에게도 상당히 적용된 것으로 보이는데, '아'를 보자.

> 아.
>
> ① 「湛軒書」 內外集의 가장 重要한 것은 가론 **「毉山問答」**, 가론 **「林下經綸」**, 가론 「籌解需用」 가론 「燕記」의 四種을 算할지니 「毉山問答」은 湛軒의 本論이라 …(중략)… **毉山의 氣流를 求할진대 오직 李星湖의 「藿憂錄」이 가장 相近하다 할 것이요** 「林下經綸」은 湛軒의 政書이라 …(중략)… 武를 主로 함이 **李岱淵**과 같고 器具를 講함이 鄭農圃에 가깝고 政法의 嚴厲함으로써 積弱을 振起코자 함이 **丁茶山 若鏞**의 流인데 …(중략)… (1931.03.23., 「湛軒書」)[75]
>
> ② 이는 오히려 그의 藝事이려니와 湛軒 生平學問의 大致는 **「毉山問答」**이라는 問答體의 論述을 빌어 概見하였다. …(중략)… **陽明의 拔本塞源論과 表裏**됨이 宛然하였다(1933, 「朝鮮 陽明學派」).

'아'는 담헌의 계보를 표현한 것 중 전 절에서 언급했던 것은 제외하고 발췌한 것이다. 「연론」에서 담헌은 '바'의 ㉢에 해당하는 유일한 양명학자로, 담헌은 양명학을 말한 적이 없지만, 사상의 핵심종지가 양명학이므로 양명학자로 분류된 경우이다.[76]

---

75) 「湛軒書」, 『전집』 2, 26쪽.

76) 현행연구에서 담헌이 實心·實學을 강조한 것은 인정되나, 양명학자로 보는 경우는 없다. 아울러 최남선이 담헌을 북학파로 보면서 북학파로 설명되었지만, 최근에는 연암·초정과 담헌을 총체적으로 비교하여 북학파로 보는 것에 대한 문제제기가 이루어지고 있다. 이에 대해서는 장병한, 「담헌(湛軒) 홍대용(洪大容)의 실심적(實心的) 실학관」, 『韓國實學硏究』 13, 2007 ; 權政媛, 「湛軒 洪大容의 學問觀」, 『東洋漢文學硏究』 29, 2009 ; 김태년, 「한원진과 홍대용의 정학이단론」, 『정

담헌의 계보는 1931~1933년 단계에서 다소 유동적이었다. '아'의 ①은 3월 23일 연재된 『담헌서』의 해제인데, 「의산문답」은 성호와 가장 가까우며, 「임하경륜」은 대연 · 농포 · 다산의 성격을 모두 가졌다고 하였다. 그런데 '마'의 ③인 『초원유고』의 해제(3월 30일 연재)에서는 '疎齋 · 西浦에서 발원한 一系'에 포함되고, 1933년 「연론」에서는 양명학자로 편입되었다. 이는 담원학문의 종합성을 반증하지만, 양명학자로 설정될 필요성을 보여준다.

그렇다면 「연론」의 담헌론이 가지는 의미는 무엇일까? 일단 '바'의 ㉢에서처럼, 주자를 존숭했어도, '실학'인 양명학과 종지가 같음을 강조하는 것이 주목된다. 이 경우 담헌은 주자학자이면서도 '실학'을 한 사례이다. 즉 담헌을 통해 실심을 기준으로 하는 양명학, 나아가 조선학은 당대 지식인의 문제로 확산될 수 있는 것이다. 따라서 사상적 탄압에도 당대의 시대적 과제에 대응하는 '실학'적 학풍이 근세조선에 자리 잡은 사례를 의미한다고 볼 수 있다. 실제 위당은 6장을 시작하면서, '學間이 名途는커녕 擧世 排斥의 標的임에 不拘하고 내 마음에 옳으니까 나는 이를 獨修한다 할진대 이야말로 一眞無假의 原血脈이니 없었다 하는 朝鮮陽明學派 실상으로 가장 貴한 *存在*가 아닐는지는 누가 알랴'고[77] 하였던 것이다.

이 점은 「해제」와 「연론」의 담헌 서술이 가진 차이에서도 볼 수 있다. '아'의 ①처럼, 「담헌서」는 주요저술로 『의산문답』 · 『임하경륜』 · 『籌解需用』 · 『燕記』의 4종을 들어 논지를 균형 있게 소개하면서, 지전설의 의의를 적극적으로 평가하였다.[78] 반면 「연론」은 『의산문답』 외 3종의 논지를 '藝事', 즉 기술문제로 돌리고, 『의산문답』을 중심으로 논의를 진행하였다.

「해제」와 「연론」은 『의산문답』이 담헌의 본론이며, 서술의 구조는 '虛子

신문화연구』 116, 2009 ; 박희병, 「홍대용은 과연 북학파(北學派)인가」, 『민족문학사연구』 50, 2012 등 참고.

77) 「朝鮮 陽明學派」, 『전집』 2, 211쪽.

78) 「湛軒書」, 『전집』 2, 25쪽.

와 實翁의 의미 → 道術之惑의 痛論 → 허학의 폐해에 대한 역사적 고찰 → 域外春秋에 대한 언급'으로 이루어져 유사하다. 그러나 『의산문답』의 평가는 「담헌서」에서 '北學의 提唱을 의도하고, 성호의 『곽우록』과 相近한 것'으로 평가했으나, 「연론」에서는 양명의 拔本塞源論과 유사하다고 하였다. 이후 위당은 담헌의 학문에서 ① 學問亡國論과 ② 域外春秋를 강조하는데, '자'를 보자.

> 자.
>
> ① '處士가 橫議하더니 周道가 日蹙하고, 秦皇이 書를 焚하더니 漢道가 小康하고, 石渠에서 分爭하더니 新莽이 位를 簒하고, 鄭·馬가 經을 演하더니 三國이 分裂하고, 晋氏 淸談으로 神州가 陸沈하였다.'고까지 激論하여 거의 **學問亡國論**에 가까운 말을 提唱하였으나 **古事는 모두 虛映이고, 本意는 朝鮮 數百年間 學問界를 罵盡한 것으로, 담헌의 학이 스스로 透悟한 곳이 있음을 알 수 있다.**[79)]
>
> ② **'四夷 疆을 侵하매 中國이 이를 寇**라고 하며, **中國이 武를 瀆하매 四夷 이를 賊**이라 하나니, 서로 **寇**라 하고 **賊**이라 함이 **그 義 한가지**라. …(중략)… **孔子로 하여금 九夷에 居케 하였던들 內外 나누일새 마땅히 域外의 春秋** 있으리라' 하여 從來 學者間에 鐵案으로 내려온 大明義理를 뿌리째 뽑아 버렸다. …(중략)… 自族을 外로 생각하기에까지 미치는 것을 痛恨하는 一面 本心의 喚起를 이 한 일에서 비롯하여 **自類를 主로 하는 實學, 自土를 衛하는 實政을 擧하려 하는 深懷**를 이에 붙임이니 누구나 朝鮮 陽明學派를 披索하여 보려면 湛軒의 이 苦心에 敬意를 表하여야 옳을 줄 안다. **學問의 分界는 虛, 實뿐이라 霞谷의 「存言」과 湛軒의 「問答」이 모두 한 實字를 表揭함이니 이 실로 後學의 着眼할 곳**이다.[80)]

'자'는 「해제」에도 인용되었지만, 「연론」은 이 문장을 적극적으로 평가하였다. 일단 ①은 학문이 망국의 결과를 가져온 대표적인 5가지 사례를 설명

---

79) 「朝鮮 陽明學派」, 『전집』 2, 236쪽.
80) 「朝鮮 陽明學派」, 『전집』 2, 237쪽.

하였다. 處士橫議는 楊墨盈天下를 초래하여, 爲我·兼愛로 인해 無父無君의 논리들이 횡행하고, 充塞仁義의 결과를 낳았다.[81] 분서갱유 역시 학문의 다양성을 해쳤으며, 石渠會議 또한 정치권력의 학술개입·개인이나 학파의 이익에 따른 경학파벌의 분화를 가져온 사건이었다.[82] 鄭馬經演 역시 실심 없이 주석에만 힘쓴 학자들이 학문의 기준이 되자 삼국의 분열이 일어났고, 東晋淸談이 발달하면서 학자들이 민생을 돌보지 않고 허무·은둔의 개인주의적 성향을 초래한 것을 비판한 것이다. 위당은 이러한 사례를 열거한 담헌의 의도가 古事의 설명에 있는 것이 아니라 근세조선의 학문계를 겨냥한 透悟로, 학문과 망국의 관계를 논의했다고 보았다. 위당은 허학이 가진 존화·사영의 폐단은 망국을 초래하고, 허학으로는 독립을 실현할 수 없다고 보았던 것이다.

한편 위당은 ②에서 寇賊一義를 강조하고, 공자가 구이에 살았다면 域外春秋가 있었다는 담헌의 말을 인용하였다.[83] 담헌의 논의에서 寇는 중국이 침범한 四夷를 지칭하는 용어이고, 賊은 四夷가 침범한 중국을 지칭하는 용어이다. 즉 寇·賊은 침입을 당한 입장이 다르기 때문에 별도의 용어로 활용되었다고 파악한 것이고, 주체성이라는 입장에서 타국과의 관계는 상대적임을 설명한 것이다. 이 관점의 연장선에서 나온 것이 '역외춘추'로, 주체성에 입각한 학문의 수용이 필요함을 주장하는 한편, 대명의리 같은 존화의 폐단을 일소했다고 평가하였다. 위당의 주장을 받아들이면, 서구의 학문을 조선에서 하게 되면 自類와 自土를 主衛하는 實學, 즉 '조선적이고 주체적인 서구학문'이 되어야 하는 것이었다.[84] 위당은 이러한 자세가 이미

81) 『孟子』, 「滕文公」下.

82) 윤대식, 「白虎觀 회의를 통한 이념의 제도화와 公의 독점」, 『동양정치사상사』 11, 2012; 李康範, 「'稱制臨決' 典型의 수립과 經說分化의 시작」, 『中國語文學論集』 65, 2010; 李世東, 「石渠閣 經學會議에 대한 一考察」, 『中國語文學』 43, 2004.

83) 현행 연구에서도 이를 통해, 담헌이 화이론이라는 인식틀 자체를 완전히 부정한 것으로 파악하고 있다(박희병, 앞의 글, 2012, 152~153쪽).

84) 다만 「연론」은 '주체성 없이 공부하는 당대학자'를 구체적으로 지적하지 않는다.

조선양명학파의 핵심으로 근세조선학에 실재했음을 논증하고, 後學이 공부할 착안점이라고 하였다.

요컨대 위당에게 있어 모든 학문은 개인에 있어서는 '자신 · 주체'를, 국가에 있어서는 '主自類 · 衛自土'를 중심으로 해야 하는 것이었다.[85] 이 점에서 허학은 단순히 주자학을 말하는 것이 아니다. 1장에서 설명한 '前人을 攻駁하면서 依然히 그 자취를 따르는 학문'인[86] 당대 학문 역시 주자학과 같았던 것이다. 주체성 없이 외부의 말에 휩쓸리는 학문이야말로 망국의 요소이며, 주체성 앞에서 외부는 철저히 상대화되는 것이다.

따라서 「연론」은 당대학자들의 허학적 학문태도를 비판하고, 주체성을 중심에 둔 학문이야말로 '실학'임을 천명했다고 볼 수 있다. 그리고 「연론」은 당대 실학의 연원으로 독자적인 근세조선 '실학'의 경험을 상기시키는 작업이기도 하였다. 나아가 조선후기에 침잠했던 근세조선학을 부상시켜 조선에 대한 긍정적 인식의 단초를 마련하는 작업으로 볼 수 있다.

특히 「연론」은 주체성을 신뢰하면서, 사회에 대한 실천을 강하게 표현하고 있었다. 위당은 '양지=본 모습(실심)=주체'로 설정했고, 반복된 양지의 발현을 강조하였다.[87] 「연론」을 종합적으로 살필 때, 개인의 주체성이 실심이라면, 사회와 민중의 주체성은 국가를 통해 발현된다. 주체성의 확립과 사회 · 민중과의 感通은 동시에 이루어지며, 심지어 '明德보다도 親民이 더 重하니 明德을 모르더라도 民만을 親할진대 明德은 依然히 自在하여 없어

이에 심경호는 역사왜곡 및 「얼」과 관련해 실증주의자를 지목한다고 보았다(심경호, 앞의 글, 2013, 90~91쪽). 이러한 견해는 경청할만한 것이나, 위당의 의도는 특정 서구학문을 지목하기보다는 당대 지식인 전체에 대한 문제제기가 더 크다고 생각한다.

85) 이는 「얼」에서도 보인다. 위당은 瑠璃王의 '以道興治'(「광개토대왕릉비」)를 '동명성제의 유훈'이며, '나라를 일으켜 다스리지 못하면 아무리 훌륭해도 민족 전체의 법도가 될 수 없다'고 하였다(정인보 지음, 문성재 역주, 「典故甲」, 『조선사연구』 下, 우리역사연구재단, 2013, 526~527쪽).

86) 「論述의 緣起」, 『전집』 2, 113쪽.

87) 「陽明學이란 무엇인가」, 『전집』 2, 133쪽.

지지 않는다.…(중략)…本心은 感通에서 살고 間隔에서 죽는다.'라고 하였다.[88] 이는 국가 · 사회에 기여하지 못하는 개인의 수양은 의미가 없다고까지 본 것이다. '근세조선학'을 정리하는 일련의 과정에서 주체성과 다양성을 주요한 화두로 삼았던 것도 이 문제와 연관되어 있다고 하겠다.

4. 결론

본고는 위당이 '1933년에 「연론」을 저술한 이유는 무엇인가?'라는 문제를 해명하고자 한 것이다. 선행연구에서 「연론」의 저술 의도는 근대학문의 대안으로서 양명학을 제시하고자 한 것이 일반적이었다. 그러나 「연론」 전후 저작들과의 관계를 고려하면, 전통학문의 정리와 성찰이라는 측면에서 볼 필요가 있다. 「연론」 전후 위당의 행적은 근세조선학에 대한 비판적 성찰을 통해 전통학문의 유산을 당대사회에 선택적으로 계승 · 적용하는 과정을 보여주고 있다. 이는 「연론」이 국학 · 조선학의 재구축 시도와 밀접한 연관성을 가지고 있음을 반증한다. 이러한 시각에서 본고는 위당의 학적배경이 전통학문에 있었다는 점을 고려해, 허실론을 분석의 틀로 삼아 「연론」의 의도와 의의를 살피고자 하였다.

위당은 1929~1935년에 조선근세학술의 정리를 시도했고, 1935~1936년에 조선역사연구를 진행하였다. 「연론」은 1935년까지의 조선근세학술정리를 위한 저술로는 마지막 저술이었으며, 저자의 내적 완결성을 가진 저작이었다. 위당이 1934~1935년의 활동을 통해 조선근세학술정리가 일단락된다고 보면, 「연론」은 조선근세학술과 조선역사연구의 접점이 되는 저술로 생각

88) 「大學問, 拔本塞源論」, 『전집』 2, 177쪽. 이상의 논의는 국가 · 민족을 중심으로 하는 사고로 이행할 가능성을 내포하는 것으로 보인다. 다만 이에 대해서는 지면 한계 상 차후의 과제로 돌리겠다.

할 수 있다. 이 글은 당대의 고급독자 · 지식인의 자세를 논의한 글로서, 주자학자와 당대학자의 학문태도를 허학의 입장에서 비판하고, '실학'을 설명하려는 의도에서 서술되었다.

「연론」의 주제인 양명학이 그 자체로서 서구학문이 유행한 1930년대의 학자들에게 時宜性을 가졌다고 보기는 어렵고, 이 점은 위당도 예상한 것이었다. 그럼에도 위당이 근세조선의 양명학을 설명한 것은 주자학자와 당대학자 모두가 '허학'을 했기 때문이었다. 위당은 '허학'의 본질을 주체성 없는 외물탐구로 보았고, 위당에게 있어 '실학'은 주체적 기준 속에 외물을 상대화하는 것으로서 현재적 의의를 갖는 것이었다. 이 점에서 실학은 주체인 민중과 민족의 복리에 기여할 수 있는 것이었다. 「연론」은 '실학'의 한 사례로서 양명학의 학문자세를 설명하는 글이었다.

이 점에서 「연론」은 단순히 양명학을 설명하기 위한 글로 보기는 어렵다. 1933년 전후 위당의 저술들이 당대사회의 대안으로 제시한 것은 조선학이었고, 조선학의 입장에서 양명학은 주요 3가지 흐름의 하나였다. 이를 잘 보여주는 것이 성호와 하곡의 위상변화이다.

1929~1933년까지 근세조선학의 계보에서 성호 · 하곡은 일파의 導師였지만, 1934~1935년 근세조선학 계보의 정리를 통해 衆流의 首緖로서 반계가 주목되고, 성호는 중류가 합류하는 대택으로, 다산은 江海에 설정되었다. 이로 인해 근세조선학은 반계(1祖) → 성호(2祖) → 다산(3祖)으로 이어지는 계보로 정리되었다. 반면 하곡은 1929~1933년까지 '朝鮮 新建學의 開祖' · '중국과 조선양명학자의 大宗'이었지만, 1934~1935년에는 근세조선학의 衆流로서 '실로 허를 대체하는 학풍'을 주도하는 학자로 설정되었다. 이 계보는 반계의 부상과 성호의 격상을 보여준다. 동시에 전통지식인의 '실학'이 진행형 학문이라는 점을 고려하면, 1935년에 시작되는 조선역사연구의 진행과 맞물려 있다고 볼 수 있다. 이 점에서 「연론」은 위당이 조선학운동을 제창하기 직전의 과도기적 저술이라고 생각할 수 있다.

그렇다면 조선학운동을 제창하기 직전인 1933년에 「연론」이 저술되어야 했던 이유는 무엇인가? 여기에는 두 가지의 문제가 있다. 첫째는 근세조선학의 계보에 관한 문제이다. 「연론」은 「해제」와 상보관계의 글로서, 위당은 「연론」을 통해 근세조선학의 구체적인 실체와 주체성·독자성을 입증하고자 했다. 이러한 의도는 「해제」에서 이미 보이지만, 조선의 양명학파에 대한 설명은 「연론」 저술 당시까지도 불충분했고, 당대 지식인의 인지도도 낮았다. 이는 근세조선학의 계보 중 $\frac{1}{3}$에 해당하는 학맥의 실체를 구체화하지 못한 것으로 풀이될 것이었다. 위당은 이 문제의 해결을 위해 「연론」을 저술함으로써, 하곡 이전의 양명학자를 보완하고, 근세조선학의 기원을 양난이전까지 상향시킬 가능성을 열어두었다. 동시에 중국양명학자와 조선양명학자를 비교하여 양자의 등가성을 확보하였다. 그리고 하곡의 양명학 수용이 허학을 비판해야 하는 시대적 요구를 반영한 것이며, 주체적인 기준에서 수단적으로 이루어진 것임을 설명하였다. 아울러 하곡은 양명학계의 선학을 비판적으로 검토함으로서, 동아시아 양명학을 한 차원 더 높은 경지로 끌어올렸던 중국·조선양명학자의 大宗으로 평가하였다. 중국·조선의 양명학사 속에 이루어진 하곡의 평가는 조선양명학의 주체성과 독자성을 설명하는 사례였으며, 이는 근세조선학의 특성을 설명하는 것이기도 하였다. 그리고 이러한 설명을 통해 조선에 대한 긍정적 인식의 단초를 마련했다고 볼 수 있다.

둘째로, 학문적 주체성에 대한 강조였다. 위당은 「연론」에서 「해제」와는 달리 계곡과 담헌을 양명학자에 편입시켜 설명하였다. 위당은 계곡의 조선학풍비판을 '조선유학사의 총론'으로 평가하고, 주체성 없는 학문자세가 학문의 다양성과 실효를 말살했다고 설명하였다. 담헌 역시 이를 강조하는 사례였다.

위당의 근세조선학술정리에서 담헌은 계보의 유동이 가장 많은 인물로서, 근세조선학의 1파(성호)로 분류되었다가, 2파(소재·서포)를 거쳐, 3파인 양명학자로 설정되었다. 「연론」에서 담헌은 양명학을 언급한 적이 없지만, 핵심종지가 양명학과 유사하기 때문이었다. 즉 담헌은 근세조선의 지식인들이 당대의 사상적 탄압에도 불구하고, 시대적 요구에 대응하려는 '실학'적 학풍을 보여주는 인물이었다.

위당이 양명학자로서 담헌을 설명하면서 특필한 것은 「의산문답」 속의 ① 학문망국론 · ② 역외춘추였다. 담헌은 역사상 학문망국의 사례로 5가지의 고사를 들었고, 공자의 입장에 따라 역외에도 춘추가 있을 수 있고, 寇賊一義를 설명하였다. 이는 주체의 입장에서 객체를 상대화하는 논리를 제시한 것이었다. 위당은 담헌의 주장이 古事의 설명에 그치는 것이 아니라 조선양명학파의 핵심 · 후학이 공부할 때의 착안점으로 제시한 것으로 평가하였다. 그리고 이러한 자세를 당대학자들에게 요구하였던 것이다.

요컨대 「연론」은 독자적인 근세조선의 '실학'이 양난 이전부터 실재했음을 계보의 재구축을 통해 입증하는 한편, 당대학자들이 주체가 명확하고 실효성이 있는 '실학'으로서 주체적이고 조선적인 서구학문을 할 것을 요구하기 위한 의도를 가지고 저술되었다고 하겠다.

참고문헌

『孟子』, 「滕文公」下.
『東亞日報』.
玄相允, 「陽明學과 日本思想界」, 『新東亞』, 1932. 11월호.
薛泰熙, 「陽明思想의 要約」, 『新東亞』, 1932. 11월호.
鄭寅普 著 · 洪以燮 해제, 『陽明學演論 外』, 三星文化財團, 1972.
鄭齊斗, 「答閔彦暉書」, 『國譯 霞谷集』 1, 민족문화추진회, 1981.
鄭寅普, 『澹園鄭寅普全集』 1~2, 연세대학교 출판부, 1983.
정인보 지음, 홍원식 · 이상호 옮김, 『위당 정인보의 양명학연론』, 한국국학진흥원, 2002.
__________, 문성재 역주, 「典故甲」, 『조선사연구』 下, 우리역사연구재단, 2013.

강석화, 「담원 정인보 선생에 대한 연구사 정리」, 『애산학보』 39, 2013.
權政媛, 「湛軒 洪大容의 學問觀」, 『東洋漢文學研究』 29, 2009.
김기승, 「이건창 형제의 사상과 애국교육운동」, 『누리와 말씀』 5, 1999.
김도형, 「1920~30년대 民族文化運動과 延禧專門學校」, 『東方學志』 164, 2013.
金眞均, 「實學 연구의 맥락과 鄭寅普의 依獨求實」, 『민족문화논총』 50, 2012.
김태년, 「한원진과 홍대용의 정학이단론」, 『정신문화연구』 116, 2009.
박연수, 「하곡 정제두와 강화학파의 양명학」, 최영진 外, 『한국철학사』, 새문사, 2009.
박홍식, 「일제 강점기 신문을 통해 본 실학 연구 동향」, 『동북아문화연구』 14, 2008.
박희병, 「홍대용은 과연 북학파(北學派)인가」, 『민족문학사연구』 50, 2012.
송석준, 「한말양명학의 전개와 연구 현황」, 『陽明學』 13, 2005.
______, 「정인보의 양명학」, 『陽明學』 36, 2013.
신주백, 「조선학운동에 관한 연구동향과 새로운 시론적 탐색」, 『한국민족운동사연구』 67, 2011.
신현승, 「鄭寅普의 朝鮮陽明學派 研究에 관한 一考察」, 『인문과학연구』 23, 2009.
심경호, 「위당 정인보의 양명학적 사유와 학문방법」, 『애산학보』 39, 2013.
엄연석, 「『心經集義』를 통해 본 鄭齊斗 心性修養論의 특징」, 『陽明學』 19, 2007.
劉明鍾, 『한국의 양명학』, 동화출판공사, 1983.
윤대식, 「白虎觀 회의를 통한 이념의 제도화와 公의 독점」, 『동양정치사상사 』11, 2012.

尹絲淳, 「實學 意味의 變異」, 『민족문화연구』 28, 1995.
윤상수, 「『明儒學案』의 陽明學觀 재고」, 『東洋哲學』 37, 2012.
오세현, 「조선중기 性理學의 위상과 谿谷 張維의 사상적 면모」, 『한국사연구』 156, 2012.
오영교, 「다산 정약용, 신아구방(新我舊邦)의 방안을 제시하다」, 『내일을 여는 역사』 45, 2011.
李康範, 「'稱制臨決' 典型의 수립과 經說分化의 시작」, 『中國語文學論集』 65, 2010.
李世東, 「石渠閣 經學會議에 대한 一考察」, 『中國語文學』 43, 2004.
李相虎, 『鄭齊斗 陽明學의 陽明右派的 特徵』, 계명대학교 박사학위논문, 2004.
______, 「『明儒學案』과 양명우파철학」, 『中國哲學』 12, 2004.
______, 「정인보의 實心論」, 『한국양명학회 학술대회 논문집』, 2005a.
______, 「정인보 實心論의 양명좌파적 특징」, 『陽明學』 15, 2005b.
______, 「정인보 실학의 개념과 그 특징」, 『애산학보』 39, 2013.
이영화, 「1920년대 문화주의와 최남선의 조선학운동」, 『한국학연구』 13, 2004.
李滉植, 「위당 정인보의 유교 개혁주의 사상」, 『韓國思想史學』 20, 2003.
______, 「위당 조선학의 개념과 의미에 관한 연구」, 『현상과 인식』 34, 2010.
장병한, 「담헌(湛軒) 홍대용(洪大容)의 실심적(實心的) 실학관」, 『韓國實學硏究』 13, 2007.
장준하, 「브니엘/돌베개 이후」, 『씨올의 소리』, 1973.
정두영, 『朝鮮後期 陽明學의 受容과 政治論』, 연세대학교 박사학위논문, 2009.
정양완, 「담원 정인보 선생 연보」, 『애산학보』 39, 2013.
정종현, 「단군, 조선학 그리고 과학」, 『한국학논집』 28, 2012.
정출헌, 「국학파의 '조선학' 논리구성과 그 변모양상」, 『洌上古典硏究』 27, 2008.
지교헌, 『한국민족문화대백과사전』 14, 한국정신문화연구원, 1990.
崔在穆, 「鄭寅普 『陽明學演論』에 나타난 王龍溪 이해」, 『陽明學』16, 2006.
______, 「鄭寅普 '陽明學' 형성의 地形圖」, 『東方學志』 143, 2009.
______, 「일제강점기 정다산 재발견의 의미」, 『다산학』 17, 2010.
최영진 外, 『한국철학사』, 새문사, 2009.
한정길, 「鄭寅普의 陽明學觀에 대한 연구」, 『東方學志』 141, 2008.
洪以燮, 『韓國史의 方法』, 探求堂, 1968.
______, 「陽明學演論 해제」, 鄭寅普 著·洪以燮 해제, 『陽明學演論 外』, 三星文化財團, 1972.

민족 개념의 역사적 전개 과정과 그것이 의미하는 것*

이 태 훈

1. 들어가며

글에 들어가기에 앞서 먼저 밝히고 싶은 것은, 진태원이 글을 쓰게 된 동기에는 기본적으로 공감한다는 점이다. 그의 주장에 대해서는 이의가 있지만, '민족' 혹은 '국민'을 다시금 진지하게 고민하자는 문제의식에는 동의하기 때문이다.

1990년대 후반 이후 한국의 인문사회학계에서 '민족'에 대한 논의는 비판과 청산론이 주도해왔다. 특히 진태원이 적절하게 지적하고 있듯이, 민족=근대=파시즘으로 이어지는 일부 논의는 '민족주의'의 한계와 모순을 드러내는 데서 더 나아가 '민족'과 '민족주의'에 대한 다양한 시각 자체를 부정했다.[1] 그러나 이러한 논의는 오히려 민족·민족주의의 현실과 학술 담론 사

* 이 글은 '민족 개념의 역사적 전개 과정과 그것이 의미하는 것', 『역사비평』 98호(2012.2)에 실린 원고를 수정, 보완하여 수록한 것이다.
진태원, 「어떤 상상의 공동체?—민족, 국민 그리고 그 너머」(『역사비평』 96호, 2011 가을)에 대한 간단한 이의 제기의 성격을 갖고 있다.

1) 진태원, 「어떤 상상의 공동체?—민족, 국민 그리고 그 너머」 『역사비평』 96호, 2011 가을, 171쪽(이하 이 글을 언급할 때는 쪽수만 표시함).

이에 심각한 괴리를 양산했다. ‘민족주의’에 대한 비판적 논의가 ‘진보적’ 담론의 한 축을 차지한 것은 분명하지만, 역설적이게도 세계적으로 ‘민족주의’의 부활이 운위되고 있는 이유나, 그 저변에 있는 ‘민족’과 ‘민족주의’의 어떤 끈끈한 힘에 대한 실감나는 설명은 더 적어졌기 때문이다. 지적 담론은 앞서 갔지만, 정작 그 담론들이 해명해야 했던 현실은 점점 더 설명의 범위에서 멀어졌다고 볼 수 있다. 민족주의가 안고 있는 무비판적 열정, 정치적 문화적 배타성, 상상된 정체성의 특권화 같은 문제들을 해명하고 극복하기 위해서도 좀 더 차분한 접근이 필요한 시점에 와 있다. 게다가 식민통치와 분단을 겪고 이제 다인종 · 다문화 사회의 여러 문제에 직면하기 시작한 한국 사회로서는 이런 점이 더욱 중요한 문제로 떠오를 수 있다.

그런 점에서 진태원의 논의는 유의미한 시론이다. 현실로서의 국민국가를 인정하면서도 정치적 주권성의 재설정과 관련하여 nation=국민의 문제를 재검토하려는 진태원의 시도는, 분명 비판적 시각을 유지하되 nation, nationalism의 현실에 착근할 문제 설정의 지점을 진지하게 고민하고 있기 때문이다. nation이 과거에도 현재에도 부정할 수 없는 현실이라면, 현실을 부정하기보다는 현실 속에서 재구축 가능성을 모색하는 것이 한층 생산적 논의로 연결될 것이다.

그러나 진태원의 의도와는 별개로, 그의 주장이 목표했던 설득력을 확보했는지는 의문이다. 그의 논지는 nation을 국민국가의 정치적 구성원인 ‘국민’으로 번역해야 하며, 그것의 또 다른 번역어로 쓰이고 있는 ‘민족’은 혈연적 · 문화적 공동체, 다시 말해 ethnie로 이해해야 한다는 주장에서 출발하고 있지만,[2] 이런 주장은 필자가 아는 한, 두 개념의 형성 과정과 크게 다르기 때문이다. 한국근현대사에서 민족, 국민 개념의 형성 과정은 진태원 주장과는 반대로 국민이 nation을 전유하지 못하고, 민족 개념의 정치적 성

2) 진태원, 175~178쪽.

격이 크게 강조되어온 과정이었다. 또한 nation의 번역을 둘러싼 역사적 경험을 생각해볼 때 진태원의 주장은 본인의 의도와 전혀 다른 정치적 함의를 띠게 될 수도 있다. 단순한 번역 문제라고 치부할 수도 있지만, 민족을 nation과 무관한 것으로 설정하려는 그의 주장은 민족이란 개념으로 대변되는 nation / nationalism의 역사적 과정과 오늘날 국민으로 대변되는 nation / nationalism의 문제를 분리함으로써 nationalism을 탈역사적 문제로 전환해버릴 가능성이 있기 때문이다. 이에 이 글에서는 민족 개념이 등장하고 구체화되었던 한말~일제하에 민족, 국민개념을 무엇을 의미했는지, 또 양자를 민족=ethnie, 국민=nation으로 구분하는 것은 무엇을 의미하였는지를 살펴봄으로써 진태원의 주장에서 다시 생각해야 할 지점이 무엇인지를 검토해보도록 하겠다.

2. 민족 개념의 등장과 형성과정

진태원이 민족을 네이션의 번역어로 쓰기 힘들다는 대표적 논거로 들고 있는 것은 민족이라는 단어의 우리말 용례이다. 이희승『국어대사전』에 따르면, 민족은 역사적·혈연적·문화적 집단을 지칭하는 개념일 뿐 네이션이 함의하는 정치적 존재로서의 의미는 없다는 것이다.[3] 이러한 근거는 상당히 박약하다. 국어사전의 개념 정의는 일상생활에서 공통으로 사용되고 있는 최소한의 정의를 의미할 뿐, 그 말이 담고 있는 다양한 의미와 맥락을 설명하는 것은 아니기 때문이다. 더욱이 어떤 개념이 인문사회과학 용어로서 갖고 있는 의미를 국어사전에서 추출한다는 것은 무리가 따를 수밖에 없다. 정치, 사회 등 우리가 일상적으로 쓰고 있지만, 일상적 용례와는 또

3) 진태원, 177~178쪽.

다른 차원에서 학문적으로 개념화되어 쓰이고 있는 말들의 의미를 국어사전에서 찾아본들, 그것으로 개념적 유용성을 확인하기는 어려울 것이다.[4)]

또 하나, 번역을 할 때 엄밀한 의미에서 상등한 일대일 관계의 단어를 대응시키는 것은 불가능하다는 점이다. 어떤 말이든 그 말은 그 말을 구사하는 사람들의 역사 속에서 맥락화되고 의미지워진다고 할 수 있다. 대등한 인간들끼리의 집단관계가 없었기 때문에 society를 어떤 말로도 대체하지 못하고 결국 조어인 '사회'로 대체할 수밖에 없었던 메이지기 일본의 경험은, 그러한 번역의 난점을 잘 보여준다. 어찌 보면 각 사회에서 맥락지워진 말들의 공유점을 찾아서 의미를 연결하는 과정이 번역이라고 할 수 있을 것이다. 번역을 위해 태어난 단어도 있겠지만, 그 자신의 역사를 갖고 있는 말이라면 그 말이 어떤 의미로 형성하고 생장했는지를 검토해야만 번역의 적실성을 논할 수 있을 것이다. 그리고 그럴 때 그 말에 실려 있는 역사의 무게는 매우 중요한 문제가 될 것이다. 일상적 상황에서는 드러나지 않지만, 그 말의 역사가 생각될 수밖에 없는 어떤 경우에 말은 자신의 겉모습과 또 다른 차원의 함의를 드러내기 때문이다.

이런 점을 생각한다면 민족이 네이션의 번역어로 쓰일 수 있는지 없는지를 가늠하기 위해서는, 민족이란 말이 어떤 함의와 용례를 갖고 사용되었는지 그 개념의 역사 속에서 탐구하는 일이 먼저 전제가 될 필요가 있다. 과연 민족은 정치적 존재로서의 함의를 갖고 있지 않았는지, 민족이란 말이 담고 있는 역사의 무게는 무엇이었는지를 검토해본 후에야 민족이 과연 네이션과 짝지어질 수 없는 단어인지를 판단할 수 있기 때문이다.

먼저 '민족'이란 말이 어떻게 등장했는지 간단히 살펴보도록 하자. 최근의 연구성과에 따르면 한국 사회에 '민족' 개념이 처음 등장한 것은 1900년을 전후한 시기이다. 그러나 이때 민족 개념은 그 범위가 대단히 넓은 지역

4) 그 때문인지, '국민'의 경우에 진태원 역시 좀 더 심층적 차원에서 그 의미를 음미하자고 제안했다(진태원, 183쪽).

적 혈통적 인종 개념이 강했고, 역사적 문화적 범주의 한계조차 불분명했다.[5] 예컨대 '동방 민족', '동양 민족', '백인 민족'과 같은 용례로 사용되는 경우가 보통이고, '방경을 한하여 민족이 집'했다는 표현에서 볼 수 있듯이 지역적으로 결집한 족속이라는 의미가 강했다.[6] 그 때문에 이때에 사용된 민족은 동양문명을 단위로 하는 종족집단에서 한반도 거주민집단을 분리해서 인식하는 것과도 거리가 멀었다.

오히려 한반도라는 지역적 범위가 분명한 지역에 사는 혈연적 공동체의 관념을 광범하게 대표한 개념은 좀 더 오랜 사용 연원을 갖고 있던 '동포'였다.[7] 민족이 한반도 거주민집단을 규정하는 내용으로 사용된 것은 적어도 1904년 러일전쟁 이후였다. 러일전쟁을 거치며 일본의 침략적 성격이 드러나고, 동양이 하나가 아니며 각 국가의 주민집단도 서로 경쟁하는 관계라는 인식이 강해지면서, 비로소 민족은 동양에서 분리된 한반도의 거주민집단이란 의미로 사용되기 시작했다. 예컨대 '국망의 위기는 단군과 기자 이래 사천 년의 영역과 이천만 동포 민족의 노예화와 관련된 것'이라고 얘기했을 때 민족은 더 이상 동양 인종 일반이 아닌 단군, 기자, 사천 년 영역, 이천만이라는 역사적 · 지역적 · 혈연적 구체 요소로 규정되는 한반도 거주민집단이었다.[8] 그리고 이렇게 한반도에 거주하는 주민집단으로 그 범주가 분명해져감에 따라 그 규정의 기준도 한층 구체화되었는데, 특히 강조된 기준은 역사였다. 단군으로부터 발원하는 혈연적 문화적 공유의 역사야말로 다른 민족과 구분되는 한국 민족의 기준이었다. 민족이란 지역, 조상, 역사, 종교, 언어를 공유하며 민족의 이 모든 자질은 궁극적으로 역사를 통

5) 백동현, 「러일전쟁 전후 '民族' 용어의 등장과 민족인식」, 『韓國史學報』 10, 2001, 163~164쪽.

6) 장호익, 「사회경쟁적」, 『친목회회보』 6호, 1897.12, 56쪽; 권보드래, 「'동포'의 역사적 경험과 정치성—『독립신문』의 기사 분석을 중심으로」, 『근대계몽기 지식 개념의 수용과 그 변용』, 소명출판, 2004, 69쪽.

7) 권용기, 「'독립신문'에 나타난 '동포'의 검토」, 『韓國思想史學』 12집, 1999.

8) 「경고동포」, 『황성신문』, 1904.11.24; 백동현, 앞의 글, 166쪽.

해 증명되어야 하는 것이었다.[9)]

그러나 1904년 이후 민족 개념의 내용은 더욱 분명해졌지만 보호통치기에 들어선 1907~1908년까지도 왕성하게 통용되지 못하였다. 여전히 한반도에 거주하는 역사적 · 문화적 · 혈연적 공유점을 갖는 주민집단을 거론할 때 주로 쓰인 단어는 '동포'였다. 민족은 동포보다 빈도수가 훨씬 낮을 뿐더러, 쓰인다 해도 동포와 혼용되어 언급되는 경우가 많았다. 또 한반도에 거주하는 정치적 구성원을 호명할 때, 다시 말해 대한제국이라는 한반도에 존재하는 국가의 구성원을 지칭할 때는 주로 국민을 사용했다. 물론 이때 국민은 대한제국에 소속된 인민 또는 구성원을 지칭할 뿐, 근대적 의미의 정치적 권리주체를 상정한 것은 아니지만, 어쨌든 국가라는 정치적 공간에 소속된 구성원을 지칭할 때는 국민이라는 단어가 쓰였다.[10)] 역사적 · 문화적 · 혈연적 공통집단이란 의미에서는 동포에 밀리고, 정치적 구성원을 지칭할 때는 국민에 밀리는 애매한 상황이 민족 개념이 놓인 처지였다.

그러데 이렇게 낯설고, 빈도수도 낮았던 민족은 1909년 무렵에 이르러 돌연 왕성하게 쓰이기 시작했다. 한말 가장 '민족주의적'이었던 『대한매일신보』의 민족 개념 사용 빈도를 조사한 연구에 따르면, 민족은 1908년 고작 7회 사용되었지만, 1909년에는 190회, 1910년(8월까지)에는 130회나 등장했다. 같은 시기 동포가 매해 300~500회, 국민이 300~600회 쓰인 것에 비춰보면 여전히 낮은 빈도이지만, 증가량을 따져보면 비약적으로 성장한 것이었다.[11)] 이는 민족이란 단어로 표현되는 새로운 의미가 생겼기 때문이었다.

그 새로운 쓰임새는 민족의 폭발적 사용이 등장하기 이전인 이미 1907년 무렵부터 나타나고 있었다.

---

9) 권보드래, 앞의 글, 75쪽.

10) 김동택, 「近代 國民과 國家槪念의 受容에 관한 硏究」, 『大東文化硏究』 41, 2002, 374~375쪽.

11) 김동택, 위의 글, 378쪽.

> 우리 이천만 민족이 전날에는 비록 이 나라의 주인이었으나 오늘에는 이미 객이 되어 주인이 아니니, 이 나라가 만약 우리나라가 아니요, 이 민족이 이 나라의 주인이 아니라면 장차 생존경쟁 가운데 소멸하고 말 것이며…[12]

> 오호라 금일에 한국에 남아 있는 것이 무엇인고. 이를 정치상에 구하니 통치권의 일부분도 남아 있는 것이 없고, 이를 실업계에 구하니 역시 한 가지도 없고, 사회상에 구하니 역시 한 가지도 없고, 다만 남아 있는 것은 이천만 민족이라. 어시호 오인의 목표는 이 민족적 경영을 이상하는 외에 타책이 없은 즉, 무릇 모든 사업을 이 민족적 주의로 계획하는 것이 제일 건전하니, 민족이라 함은 국민의 일부분을 위함이 아니요, 국민 전체를 표준함인즉, 국민의 일 계급의 활동과 국민의 일 지방적 활동은 민족적이라 말할 수 없느니…[13]

위에서 보이듯이 민족은 나라의 주인이며, 국가 경영의 표준이 되는 존재였다. 단순히 혈연적 문화적 집단일 뿐만 아니라 국가의 주체, 그리고 국가운영의 표준이 되는 존재로 민족을 규정한 것이다. 이렇게 민족이 국가의 주체로서 재설정될 수밖에 없는 이유는, '통치권도 없고, 경제적 사회적 권리 어느 것도 남아 있지 않은 금일의 상황'에서 그것을 다시 재구축할 유일한 근거이기 때문이었다.[14] 요컨대 내정권마저 박탈한 1907년 '정미7조약'을 거치며 국권 상실의 위기를 크게 실감하게 되자, 현존 국가를 넘어서는 국가 구성의 근거로 민족을 되돌아보게 된 것이었다. 이제 민족은 국가 구성의 근거가 되는 원천적 권리의 담보자로 재의미화된 것이었다. 그리고 이 같은 민족의 재의미화는 국가론 일반과 결합하여 더욱 체계화되었다.

12) 「보국론」, 『황성신문』, 1907. 05. 06.
13) 일세생, 「신시대의 사조」, 『태극학보』 14호, 1907, 19쪽.
14) 박찬승, 『민족, 민족주의』, 소화, 2010, 82쪽.

> 論說
> 民族主義(續)
> (三) 民族主義의 國家 今日之國家는 以民族主義而成立者也라 古所謂國은 一人之國也오 政府幾個人之國也라 興國者도 惟此一人之事며 幾個人之事오 亡國者도 惟此一人之事며 幾個人之事라 利歸此一人與幾個人이오 禍歸此一人與幾個人이러니 近世에 風氣大闢ᄒᆞ며 人智大發ᄒᆞ야 以爲國也者는 一民族公共之國也오 非一二人之私有物也라 ᄒᆞ야 滅人之國ᄒᆞ면 其一國民族之公産도 隨之而被蚕食焉ᄒᆞ나니 一國之幸福도 卽一民族이 共之오 一國之禍孼도 卽一民族이 共之니 一左一右를 一民族이 豈可不共謀며 一動一靜을 一民族이 豈可不共審이리오.[15]

첫 줄에서 분명히 하고 있듯이, 금일의 국가는 민족주의로써 성립된 것으로, 1~2인이 아닌 민족 전체가 공유하는 존재이며, 국가의 행복과 공산도 민족이 함께 공유하는 것이었다. 그렇기 때문에 민족은 하나하나의 모든 판단을 같이 생각하며 하나하나의 행동을 모두 같이 심의하게 되는 것이었다. 이제 국가의 권리와 위험을 공유하는 주체로 민족을 지칭하는 가운데, 고대 전제국가와 대비되는 근대국가의 성립 원리로 민족국가론까지 언급된 것이었다.

한편 민족이 정치적 존재로 자리매김되는 가운데 민족 내부 성원 간의 관계 역시 언급되기 시작했다. 외부의 침략에 대응하여 국가를 지켜야 할 존재가 민족이라면, 그 민족은 단일한 정치적 이해관계를 가진 동질적 집단이 되어야 하기 때문이었다. 먼저 앞의 글에서 볼 수 있듯 민족은 계급과 지역을 넘는 동질성을 자기 기반으로 했다. 민족 앞에서는 계급이나 지역적 차이가 의미 없다는 뜻이다.[16] 동시에 민족은 그 공동의 성질로 국가를 구성하지만, 거기에 필요한 필수조건은 구성원의 자유였다.

---

15) 「민족주의(속)」, 『황성신문』 1907.6.21.
16) 일세생, 「신시대의 사조」, 『태극학보』 14호, 1907, 19쪽.

> 근일 세계 최고 문명국의 학론즉 국가라는 것은 민족의 국가라. 운명의 장단이 왕실의 연혁과 관계없고 오로지 민족의 승속으로 표준한다 하고 또 사회행동을 보면 모두 애국에서 출발할 뿐 애군이라고 하지 않는 것은 어떤 이유인가. (…) 무릇 국이라는 것은 민족 공동의 성질로서 자유의 生息을 취하여 그 체를 이룬 것이요, 그 체는 반드시 고유의 민성을 확보함으로서 넘볼 수 없는 주권의 범위를 확보하는 것이다.[17)]

역사적 문화적으로 공유하는 공동의 성질에 자유가 더해짐으로써 그 체를 이룬 것이 국가이고, 그 국가는 다시 고유한 정체성을 구성함으로써 주권을 확보하게 된다는 논리였다. 사실상 근대 국민국가의 구성원리, 곧 내셔널리즘을 그대로 설명한 것이다. 이 글의 필자도 밝히듯 세계 최고 문명국, 곧 서구 근대국가의 국가론이 민족국가론으로 번역된 것이었다.

요컨대 인종적 개념에서 시작된 민족은 정치적 존재를 지칭하는 내용을 포함함으로써 하나의 개념으로 시민권을 획득해갔고, 그러한 민족의 의미 변화가 국망의 현실화와 겹쳐짐으로써 그 쓰임도 폭발적으로 늘어났던 것이다. 비록 민족이 국민을 대체한 것도 아니고 정확히 말하면 혼용되는 상황이었지만, 이미 발생적으로 민족개념의 의미는 에스니를 넘어 네이션 스테이트의 정치적 구성원이라는 의미를 안고 출발한 것이었다.

3. '민족'과 '국민'의 정치학

1910년 식민지시기가 되면 국민이 의미하는 것은 일본제국의 국민일 수밖에 없었다. 물론 제국 국민으로서의 권리, 예컨대 참정권이 부여된 것도 아니고, 국민으로서의 의무인 병역이 부과된 것도 아니었지만, 대외적으로 조선인은 일본 국민이었다. 사실상 형해화되고 있는 국가였음에도 대한제

17) 김성희, 「민족국가설」, 『야뢰』 2호, 1907.3, 3쪽.

국기에는 동포, 민족과 국민 개념이 심각하게 분리되지 않았고 갈등할 필요도 없었다. 그러나 이제 국민이라고 할 때는 한반도가 아닌 일본제국에 귀속된 국민임을 의미했다. 이런 상황에서 조선인이 스스로를 제국 국민과 구별되는 어떤 정체성의 공유 집단으로 지칭할 때, 그 대표 개념은 민족이 될 수밖에 없었다.

그러나 민족이란 말을, 조선인을 하나의 집단으로 묶는 표현으로 쓴다 해도 민족 개념의 함의를 어떻게 볼 것인가 하는 것은 또 다른 차원의 문제였다. 앞서 살펴 본 한말의 경우처럼 민족을 국가의 기본 단위이자 국민에 근접한 개념으로 이해하는 것은 식민지하에서는 현존 지배체제에 대한 어떤 정치적 태도를 의미할 수 있었다. 민족이 국가 내부에 존재하는 문화적 혈통적 집단일 뿐이라면 국가와 대립할 필요가 없지만, 그 자체로 국가 단위가 되어야 한다고 주장한다면 그것은 현존 국가체제를 부정하는 논리로 연결될 수 있기 때문이었다. 이에 스스로를 조선민족이라고 부르는 일은 한말에 비해 훨씬 일상화되었지만, 민족이 함의하는 바가 무엇인가에 대해서는 예민하게 충돌하는 주장들이 제기되었다.

먼저 민족주의자들은 비록 당장의 현실에서는 국가를 갖고 있지 않지만 공동의 국가 수립을 공유하는 존재로 민족을 의미화했다. 예컨대 '민족주의적' 입장이 가장 강했던 시기인 1920년대 초『동아일보』와 1930년대 초『조선일보』의 사설은 민족에 대해 다음과 같이 설명하고 있다.

> 민족은 역사적 발달이며 역사는 지리와 인종상 관계에 따라서 각각 전혀 다른 발달을 이루나니, 따라서 민족은 각각 그 특징이 있으며, 또한 단일한 실체를 구성하야 타와 혼합치 아니하려는 성질을 가지니라. 곧 현대국가의 기초를 단일민족 위에서 구하는 소이로다. (…) 대개 이분자를 혼잡치 아니하고 공통한 문화의 소유자, 단독으로 국가생활을 경영하니 어찌 견고한 단결을 이루지 아니하랴.[18]

> "그 문화와 전통과 취미와 속상과 정치와 경제상의 핍박한 공통적 이해 따위, 공동한 자연적 테의 안에 일정한 특수 생활 경향을 형성한 집단"이며 "이것은 좋거나 나쁘거나를 논치 말고, 일종의 본능적 경향에 의하여 친절한 동포의식을 가지고 서로 한 가지로 움직이게 된 것이다. 그리하여 이러한 감정과 우의의 아래에 동일 민족을 일 단위로서 일정한 사회적 생활 과정을 국제간의 일 구역에서 가지려 하는 것"이 민족주의이다.[19]

민족은 역사적 문화적 존재이지만, 동시에 그 연장선상에서 정치와 경제상의 공통적 이해관계를 가진 존재이며, 때문에 단독으로 국가를 이루려는 의지를 가진 현대국가의 기초 단위라는 설명이다. 곧 민족은 지리와 인종, 역사, 문화라는 고유의 정체성을 한편의 기반으로 하면서, 다른 한편으로는 정치경제적 이해관계로 결합한 정치적 존재라는 것이었다. 곧 민족=문화적 단위=정치적 단위였다. 이런 민족의 의미화는 바로 nation을 번역하는 과정에도 반영되었다. 다음의 두 번역문을 보자.

> 세계적 민주주의 도래는 무엇을 의미함이뇨. 곧 자유와 정의와 평등과 박애가 세계를 다사름이요, 스사로 결정하고 스사로 발달함에 의하여 각 인민의게 평등한 기회를 주는 원칙을 세계적으로 용납함이요, 각 민족은 자유민족으로 된 바 사회의 일원으로 권리와 의무가 유함을 사실상으로 인정함이요, 각 민족 상호 의존을 승인함이요, 또한 국제적 협동과 선의를 의미함이라.[20]

> 세계 주정치의 장래는 자유와 정의 평등과 우애의 보편적 지배를 뜻한다. 전체의 국민에게 자결권과 자기 발달의 기회를 평등하게 부여하는 원리의 보편적 용인을 뜻한다. 자유 각 국민사회의 일원으로서 각 국민의 권리와 의무를 승인하는 뜻이다. 국민 간의 상호 의속의 뜻이며, 국제협력과 호의의 뜻이다.[21]

---

18) 「세계 개조의 벽두를 당하야 조선의 민족운동을 논하노라」, 『동아일보』 1920.4.6.
19) 「조선인의 처지에서」, 『조선일보』 1932.10.02.
20) 남호생 옮김, 「민주주의의 정신(1)」, 『동아일보』 1920.04.21.
21) アーサ ヘンダソン著, 문학사 佐藤 清 역, 『英國勞動黨の綱領』, 보문관, 1919, 112쪽.

이 두 글은 모두 영국 노동당의 지도자로 1차 세계대전기 애스퀴스 전시 내각의 무임소장관을 역임한 아서 헨더슨Arthur Henderson의 『The aims of labour』(1918)의 마지막 장을 번역한 글이다. 첫 번째는 1920년 초 민주주의를 사시의 하나로 제기한 『동아일보』가 현대 민주주의의 내용을 소개하기 위해 번역한 글이고, 두 번째는 1918년 영국에 유학했던 사토 기요시佐藤清(그는 유학 후 경성제대에 부임하여 영문학을 가르쳤다)가 신흥 수권정당으로 부각되고 있던 노동당의 지도자 헨더슨의 책을 귀국 후 번역한 글이다. 1918년 영국에서 출간된 책이 한두 해만에 조선과 일본에서 동시에 번역된 것도 재밌지만, 두 글을 보면 거의 비슷하면서도 흥미 있는 차이가 발견된다. 일본어 번역문에 국민으로 표기되어 있는 내용이 조선어 번역에는 인민과 민족으로 번역되어 있다는 사실이다. 이 글의 원문인 영어판에는 물론 nation으로 표기되어 있다. 즉 일본어판에서는 nation이 국민으로 번역되었지만, 조선어 글에서는 민족으로 번역되고 있는 것이다. 1919년에 출판된 일본어판을 조선어 번역자인 남호생이 참고했는지는 알 수 없지만, 이러한 차이는 우연이라고만 보기 어렵다. 서술 내용을 보면 알 수 있듯이, 이 부분이 설명하고 있는 내용이 '민족자결주의'이기 때문이다. 일본인 번역자 사토는 nation을 전 세계 모든 국민으로 번역하는 것에 별 거부감이 없었을지 모르지만, 국가가 없는 식민지민의 입장에서 볼 때 보편적 정치적 권리는 제국 국민이 아닌 조선 민족에게 주어져야만 한다고 생각했을 것이다. 서구의 유수한 정치가조차도 국민이 아닌 '민족'에게 국제사회의 권리와 의무의 주체가 될 권리, 곧 국가를 구성할 권리를 부여해야 한다고 주장하고 있음을 보여주려 한 것이라 하겠다.

그러나 한편에서는 민족을 정치적 단위로 의미화 할 필요가 없다고 생각한 사람들도 있었다. 조선인과 일본인은 여러모로 다르지만 그렇다고 그러한 차이 때문에 현실의 국가를 거부하는, 대단히 지난한 저항을 할 필요가 있는가라고 생각했던 이들이다. 한말 애국지사로 이름이 높았으나 1914년

『매일신보』의 논설진으로 초빙되면서 입장을 바꾼 장지연 같은 경우가 그러했다. 장지연은 1916년, 제1차 세계대전의 의미를 음미하는 가운데 조선과 같은 소민족이 국가의 단위가 되는 것은 불가능하게 되었다고 주장했다. "一次世界大戰이 남긴 교훈은 치열한 생존경쟁에서 작은 민족은 경쟁의 단위가 되기 힘들어졌다는 것인 바, 이제 소민족국가 경계를 넘어 동일 이해의 민족끼리 합쳐진 대민족 단위가 필요하다"는 것이었다.[22] 대강의 공통점만 있다면 국가 간 경쟁에 필요한 대규모 민족 단위를 이루어야 한다는 이런 생각 속에는 더 이상 과거의 민족은 정치적 단위가 아니었다.

이렇게 민족의 정치 단위적 위상을 탈각시키는 논의는 1920년대 들어 크게 두 가지 모습으로 이어졌다. 그 하나는 일본 민족과 조선 민족을 하나의 민족으로 융합시킬 수는 없지만, 대외적 경쟁에 대응하기 위해 하나의 국가를 유지하는 것이 필요하며, 단지 그 문화적 이질성을 고려하여 민족 단위에 통치권 일부를 양여해야 한다는 주장이었다. 이른바 자치세력의 논리였다.

> 永久한 方法으로서 屬領自治를 要求하는 者의 主張은 朝鮮民族과 太和民族의 融和는 영구히 바랄 수 없는 바인 까닭에 兩者가 分離各立홈이 至當하나 朝鮮의 自力으로만은 그 獨立을 維持하기 어려우며 또 日本은 朝鮮의 거취 여하에 의하여 國防上에 安危가 결정되며 그 大陸發展상에 死活이 걸려 있으므로 國運을 걸어도 朝鮮을 解放할 리가 없다고 생각하고 오히려 朝鮮은 日本의 主權하에서 屬領自治를 行하면 朝鮮은 朝鮮의 力量에 상당히 만족하여 불평불만이 없을 것이며 日本은 第三者가 朝鮮에 대해 干涉하는 것이 없으므로 국방상, 대륙발전상 별 威脅과 沮害를 느끼는 것이 없을 것이니 現在와 같이 항상 불안정한 關係를 持續하기보다는 이 방법에 의하여 兩者間의 關係를 一新하여 兩者의 將來에 대한 使命을 確定함이 兩民族의 행복이며 영원히 극동의 평화를 유지하는 근본책이라고 생각하는 자이다.[23]

---

22) 韋庵, 「時事小言(1)」, 『每日申報』, 1916.5.30.
23) 金尙會, 「朝鮮統治에 關한 私見(2)」, 『時事評論』 2, 1922, 3쪽.

자치세력들의 핵심 논지는 민족의 차이는 융화 불가능하고 또 그렇기 때문에 인정되어야 한다는 것, 그러나 국가는 현실적 문제이기 때문에 하나의 주권국가를 유지하는 것이 바람직하다는 것, 다만 그 융합할 수 없는 차이는 정치적 문제일 수도 있기 때문에 이를 감안하여 자치를 부여해야 한다는 것, 이 세 가지였다. 여기서 민족은 그 자체로 국가를 구성하는 정치적 존재는 아니지만, 문화적 역사적 차이점이 통치 구획에 영향을 주고 있다는 점에서 준정치적 단위였다.

두 번째 논의는 자치세력의 주장에서 한 걸음 더 나아가 민족의 정치적 의미화를 완전히 배제하고, 정치적 관계로서는 오로지 국가－국민만을 상정하는 논리였다. 1920년대 이래 최대의 친일정치운동 단체였던 국민협회가 제기한 논리가 바로 그것이었다. 먼저 국민협회 세력은 조선성, 곧 민족적 고유함을 자연적 특성으로 인정하면서도, 그것과 정치적 정체성의 획득은 전혀 별개의 문제라고 강조했다.

> 조선이 일본제국의 영토이지만 조선인에게는 특히 朝鮮性이 有하야 此를 純然히 제거키 불능하겠고, 또 차를 强히 제거할 필요도 無하니 人은 남녀의 異性이 有하고 地質의 異함을 收하야 產物의 同치 안이함과 如히 朝鮮人의 固有한 朝鮮性은 여하키 불능하다 할지라도 忠良한 日本帝國 國民을 育成함에는 不統一한 교육을 施함이 불가함은 論할 바가 아니라.24)

민족적 특성은 남녀의 차이와 같은 자연적인 것이지만, 그것이 충량한 일본제국 국민이라는 정치적 존재를 육성하는 데 영향을 미쳐서는 안 된다는 주장이다. 민족을 자연적 차원의 문제로 설정함으로써 정치적 존재인 국민과 분리시킨 것이었다. 또한 그들에 따르면 그러한 자연적 차이, 곧 생물학적이며 문화적인 차이는 문명의 발전에 따라 정치적 차원에서 해체될

24) 閔元植, 「先覺者의 奮勵를 望함(3)」, 『每日申報』 1919. 03. 13.

운명의 것이기도 했다. '인류의 역사는 집단과 집단이 합하고 지역과 지역이 연결되어 문화적 거리를 단축함에 따라 증진되어온 것으로, 그러한 공간 통합의 역사의식에 근거하자면 현재의 이민족도 장래에는 반드시 공통의 역사를 지니게 된다'[25]는 것이었다.

이렇게 민족을 문화적 존재로 규정하고, 장기적으로는 정치적 단위 속에서 해체될 운명으로 보는 주장은 일본과 조선이 병합을 통해 하나의 새로운 제국과 새로운 국민으로 재탄생했다는 논리로 이어졌다.

> 일한병합은 일선 양 민족이 동등한 권리와 자유한 의사로써 일개 신국가를 창조하였스니 차의 신국가는 단독 대화민족에 한한 구일본이 아니요, 조선 민족도 맛당히 경영과 통치에 참여할 권리가 유한 신일본이다.[26]

> 병합으로 인해 대일본제국이 일선 민족 공동의 국가를 이루었다는 것은 단순히 정치상의 일로 봐야할 것이 아니라 일선 민족의 합체로 칭해야 할 것이다. 일한병합의 기회를 얻은 것은 약국 국력이 상위한 정치적 이유에 있다. 일선 양국이 대립하고 동종동문의 일본인이 그 거주하는 지역의 명칭을 고수하여 하나는 대화민족이라고 칭하고 하나는 조선 민족이라고 하여 항쟁하여 양 민족이 화합하여 의당 누려야 할 복지를 감쇄하는 것을 용납하지 않는다. 필경 양 민족의 합체는 자상에 생겨난 천의에 적합한 것이라고 해야 할 것이다. 따라서 천의에 따르고 민족의 번영을 증가시켜야 할 국가에 대하여 충성을 다하는 것은 대의에 따라는 것으로서 조선 민족이 역사를 과장하여 스스로 높게 하고 동포의 휴척을 고려하지 않는 것은 소의에 빠져 대의를 망치는 것을 면할 수 없을 것이다.[27]

일본 민족과 조선 민족은 상호 합의에 따라 새로운 국가를 만들었으며, 새로운 국가의 구성원이 됨으로써 서로 다른 두 민족은 신일본의 국민으로

---

25) 金尙會, 「朝鮮統治에 관한 私見(1)」, 『時事評論』 1호. 1922.
26) 高義駿, 「余의 新國家觀」, 『時事評論』 5호, 1922, 51쪽.
27) 國民協會 宣傳部 編, 「新日本主義」, 『國民協會運動史』, 1931.

재탄생했다는 말이다. 지역적 차이에 따른 대화민족과 조선 민족의 차이는 있겠지만, 그것 또한 공통의 복지를 위하여 정치적으로는 마땅히 해소되어야 할 차이였다. 민족을 지역, 종족, 문화의 영역에 배치하고 국민을 그 상위에 존재하는 정치적 단위로 설정함으로써 민족적 차이가 더 이상 정치적 차원에 개입하는 것을 막으려 한 것이다. 현대의 국가는 정치적 관계로 설정되는 국민의 국가일 뿐, 역사적 문화적 존재인 민족은 국가 구성에 개입할 여지가 없다는 것이 이들이 도달한 결론이었다.[28]

민족의 탈정치화, 문화적 의미화를 통해 식민통치를 정당화하려는 시도는 일제에 의해서도 이뤄졌다. 1920년대 일제는 각종 언론, 출판, 집회의 자유를 통한 조선인의 독립의식 확산과 사회주의운동의 성장을 경계했는데, 그 대책으로 내세운 것 중의 하나가 고유문화를 통해 '조선 민족성'을 부각하는 것이었다. 일제는 1920년대 이래 풍속 · 사회실태 조사를 통해 조선인의 고유신앙으로 '민간신앙'과 '무속' 등을 부각하고, 조선의 구관이나 고례 및 역사에 대한 방대한 연구 · 조사를 전개했는데, 그 목표는 조선인의 민족의식을 '전통문화'로 대체하는 데 있었다. 곧 민족적 특성과 독자성을 인정하되, 그 의미를 문화적 영역에 한정함으로써 문화적 거부감과 정치적 저항의 논리를 무화시키고, 정치적 통합 또는 민족적 융합이라는 지배 논리를 관철하려 한 것이었다.[29]

---

28) 예컨대 1925년 제출된 국민협회의 참정권 건백서의 핵심 골자는 '현재 국가조직은 국민적 국가이며 민족적 국가가 아님을 조선 민중이 이미 숙지하고 있으므로, 스스로 국가 구성분자임을 각성해가고 있는 조선인에게 불합리한 차별대우를 하지 말라는 것'이다. 국가 구성의 원리에서 국민됨이라는 의지에 기반하는 정치적 주체 국민과 그러한 의지 없이도 존재하는 민족을 명확히 분리함으로써, 한편으로는 민족적 차이와 상관없는 참정권 부여를 요구하고 다른 한편으로는 민족 단위의 국가 수립 요구에 반박한다는 것이 국민협회의 핵심 전략이었다(「參政權を附與し以て眞に帝國臣民たるの名實を具備せしめよ一國民協會の建白書(上)」, 『京城日報』 1925.2.18).

29) 이지원, 『한국근대문화사상사연구』, 혜안, 2007, 165~170쪽.

4. 다시 생각해봐야 할 것들

이상에서 살펴보았듯이 한말~일제하 민족 개념은 당대의 현실과 밀접한 관계 속에 상이한 방향으로 의미화되고 있었다. 식민 지배를 거부하는 논리 속에서는 혈연적 · 문화적 · 역사적 정체성을 내용으로 하면서도, 국권 회복의 주체나 국가 형성의 정치적 단위라는 정치적 함의가 강한 내용으로 설정되었고, 반대로 지배의 논리 속에서는 정반대의 같은 이유로 문화적 · 종족적 · 지역적 존재로 의미화되었다. 곧 nation의 번역 문제는 단순한 번역의 문제가 아닌, 당대의 현실에 어떻게 대응할 것인가라는 정치적 의식과 결합되어 있었다. 또한 민족을 ethnie로 이해하려는 시도는 특정한 정치적 맥락을 갖는 것이었다. 진태원의 지적처럼 nation이 민족과 국민으로 동시에 번역되고 있다면, 그것은 혼동이 아니라 바로 이렇게 민족을 둘러싼 역사적 경험이 반영됐기 때문이라 하겠다.

그리고 이상의 역사적 경험은 nation을 어떻게 이해할 것인가라는 문제에 진태원의 주장과는 다른 문제 지점을 던져준다고 생각된다. 첫 번째는, 한국의 nationalism 문제는 민족 개념이 ethnie를 넘어 nation을 포괄하여 의미화 되고 있는 바로 그 지점에 있다는 점이다. 어쩔 수 없는 역사적 상황 때문이기는 하지만 민족이 정치적으로 과잉 의미화됨에 따라 정치적 주체 설정의 문제에 역사적 문화적 요소가 깊이 개입될 수밖에 없었고, 그에 따라 여타의 정체성—예컨대 계급, 성—이 정치적 주체화의 근거가 되기 어려웠던 것이 오늘날 한국 사회의 nation 문제가 서 있는 자리일 것이다. 그것은 nation=국민, ethnie=민족으로 깔끔하게 구분한다고 해서 이해하거나 해결할 수 있는 문제는 아닐 것이다. 오히려 양자가 뒤섞여 있는 것이 현실임을 전제하고, 과잉 정치화된 민족의 과잉된 지점을 어떻게 줄여나갈 것인지를 고민할 필요가 있지 않을까?

두 번째는, 첫 번째와 반대로 국민과 민족을 정치적 존재와 종족적, 문화적 존재로 분리하려는 시도의 위험성에 대해 생각해볼 필요가 있다. 앞서 살펴봤듯이, 일제하에서 그 같은 논의는 정치적 주체화의 근거를 역사적 문화적 뿌리와도 분리해내 온전히 국가와의 관계 속에 포섭하려는 시도였다. 물론 그러한 시도는 제국주의 국가가 식민지민을 지배하고 포섭하기 위한 것이었다는 점에서 오늘날의 현실과는 큰 차이가 있다. 그러나 그러함에도 민족 개념의 정치적 성격을 제거하려 했던 가장 큰 이유가 국민을 상대화할 또 다른 정치적 범주를 없애는 데 있었다는 점은 유의할 필요가 있다. 조금 추상화해서 얘기하자면 그것은 국민의 '외부'를 사라지게 함으로써, 문제의 초점을 어떻게 국민이 될 것인가 혹은 어디까지 국민인가의 문제로 전환시키려는 시도이기 때문이다. 아마도 이는 오늘날 전개되는 논의와도 무관하지 않을 듯하다. 진태원의 의도는 그렇지 않겠지만, 역사는 그런 시도가 전혀 다른 의미로 전환될 수 있음을 보여준다는 점에서 다시 생각해볼 필요가 있다고 생각된다.

과거가 현재를 지배할 수는 없지만, 그렇다고 현재가 과거와 완전히 결별할 수도 없을 것이다. nation과 nationalism의 미래가 과거와 같아서도 안 되고, 또 그럴 수도 없겠지만, 그것이 여전히 해결되지 않는 난제라면, 문제에 대한 성찰은 과거의 경험을 시야에 넣는 데서 시작할 필요도 있을 것이다.

2부

'근대학문사상과 조선연구의 방법'

한말 개혁기 민법 제정론의 갈등과 '한국 관습'의 이해*

왕 현 종**

1. 서론

한말 일제하 한국사회에서는 여러 정치세력이 근대사회, 근대국가로 전환하기 위한 개혁운동을 전개하고 있었다. 그 중에서도 위로부터 개혁운동 세력은 1894년 갑오개혁이나 1898년 대한제국과 독립협회, 1905년 이후 계몽운동을 통해 근대국가건설을 추구하였다. 이들 운동은 조선왕조의 낡은 구조를 개혁하고 근대국가제도로 개편하는 것이었지만, 근대국민국가의 선결적인 과제인 의회 설립과 법률 제정을 이룰 수는 없었다.[1)]

1894년 갑오개혁은 근대 법제 개편의 출발점이었지만, 일본의 간섭을 받으면서 제대로 된 개혁 입법을 완성하지 못했다. 갑오개혁은 위로부터 국가체제의 기구와 제도에 대한 개혁에 그칠 뿐이었고, 근대 법제 개편에 이르지는 못했다. 당시 논자들은 갑오개혁에 의해 옛 법이 무너졌으나 새 법

---

* 본 논문은 연세대학교 사학과 · 역사문화학과 BK21+ 사업팀 주최, 〈2014년 제1회 한국학과 세계 포럼〉(2014년 7월 17일)에서 발표한 「한말 개혁기 근대 민법 제정과 식민지적 변환」 원고를 수정, 보완한 것이다.

** 연세대학교 역사문화학과 부교수.

1) 한국사연구회, 『새로운 한국사 길잡이』(하), 지식산업사, 2008, 〈근대 Ⅰ〉; 조선사연구회, 『朝鮮史研究入門』 名古屋대학출판회, 2011, 〈제6장, 개항기 · 대한제국기〉 참조.

이 아직 수립되지 못했다고 비판하였다. 그러한 과제는 대한제국으로 넘어왔는데, 대한제국도 대내외적으로 독립을 선포하면서 근대국가의 입헌과제를 수행하려고 하였다.[2] 1897년 8월 제국의 선포와 황제 즉위식을 통하여 대외적인 독립을 천명하였고, 이듬해 10월 독립협회와 만민공동회의 여론을 수용하여 법제도 개혁과 맞물려 새로운 법제정의 기구로 중추원의 개편을 시도하였다. 이 때 법률 개혁의 대상은 국가의 公法 뿐만 아니라 民法과 商法 등 일반 私法에 이르기까지 광범위하였는데, 개편된 중추원은 민간의 요구를 수용하면서 각종 법률을 제정할 수 있는 입법기구였다. 그렇지만 이러한 노력은 조만간 수포로 돌아가고 1899년 8월 '大韓國 國制'의 제정을 통해 황권 중심의 보수적인 개혁이 천명되었다. 이에 따라 민법과 상법 제정은 당분간 미뤄지고 1905년 刑法大全의 제정에 그치게 되었다.[3]

대한제국 후기에 이르러 일본 주요 대학의 법학과에 유학하거나 법관양성소와 같은 법률학교에서 배출된 법률가가 점차 증가하였다. 한국의 법률개혁가들은 향후 민법과 형법 개혁에 주목하고 있었다. 이들은 대개 서양의 法律과 일본 新民法의 수용을 염두에 두면서도 한국 民法의 法源을 이룰 수 있는 慣習, 慣行에 관심을 가졌다. 그러나 이들의 바람과 반대로 법부산하에 개설된 법률기초위원회의 독자 입법 시도가 좌절되었다. 1905년 이후 일본의 한국통감부 설치와 사법권의 강탈로 인하여 한국의 근대법 제정을 둘러싼 정치적 갈등은 더욱 심화되었다.

한말 근대 입법과 법제 개혁에 관한 연구는 대체로 韓國 및 日本 法史學

---

2) 김용섭, 『한국근대농업사연구』(상, 하) 일조각, 1988, 『한국근대농업사연구』(Ⅰ~Ⅲ), 지식산업사, 2004, 2011; 김도형, 『대한제국기의 정치사상연구』 지식산업사, 1994; 한국역사연구회 토지대장연구반, 『대한제국의 토지조사사업』 민음사, 1995; 왕현종, 『한국근대국가의 형성과 갑오개혁』 역사비평사, 2003.

3) 왕현종, 「갑오개혁기 권력구조 개편과 군주권의 위상」, 『동방학지』 114, 2001; 「19세기말 개혁관료의 서구 정체인식과 입헌문제」, 『한국사상사학』 17, 2001; 「대한제국기 고종의 황제권 강화와 개혁논리」, 『역사학보』 208, 2010.

界의 주요 연구주제였다. 초기 연구에서는 주로 한국 전통적인 법사상과 대비하여 근대법으로서 서양법, 혹은 일본법의 수용에 초점이 맞추어져 있었다.[4] 최근에는 일본의 식민지 법제와 서구 근대 법제 도입을 둘러싸고 쟁점화한 주제를 검토하고 있다. 우선 일본 근대 민법의 권위자이자 부동산법조사회의 회장으로 위촉된 우메 겐지로(梅謙次郎)에 대한 연구가 집중되었다.[5] 우메의 한국 법제 제정과 성격을 긍정적으로 보는 연구가 제기되었으나,[6] 최근 일본의 조선관습조사와 식민지 법제화를 둘러싼 근대법 성격 논쟁으로 확대되고 있다.[7] 반면, 한국사학계에서는 대한제국 전기에 초점을 맞추어 전통적인 법제와 형법대전의 변화 등 전근대적인 법률체계의 성격을 파악한다든지 토지제도의 근대법 적용하여 부동산법조사회나 법전조사국의 조사에 관심을 기울이고 있다.[8]

그런데 근대 법제 연구사 연구상 문제점은 일본의 관습조사와 식민지 법

---

4) 최종고, 『한국의 서양법수용사』, 박영사, 1982; 최종고, 『한국법사상사』, 서울대학교 출판부, 1989.

5) 정종휴, 『韓國民法典の比較法的研究』 創文社, 1989; 윤대성, 「일제의 한국관습조사사업과 민사관습법」, 『(창원대)논문집』 13-1, 1991, 윤대성, 『한국민사법제사연구-일제의 한국관습법조사사업과 민사관습법』, 한국학술정보(주), 2009; 『관습조사보고서』(정긍식 편역), 한국법제연구원, 2000; 이승일, 『조선총독부 법제정책 : 일제의 식민통치와 조선민사령』 역사비평사, 2008.

6) 李英美, 『韓國司法制度と梅謙次郎』, 법정대학출판국, 2005(『한국사법제도와 우메 겐지로』(김혜정 옮김, 일조각, 2011); 岡孝, 「民法典編纂についての梅謙次郎の考え」, 『法律時報』 82, 2010; 金成鶴, 「比較史的側面からみた梅謙次郎の法思想と朝鮮における民法典構想の意義」 『東洋文化研究』 10, 学習院大学東洋文化研究所, 2008.

7) 심희기, 「일제강점 초기 '식민지 관습법'의 형성」, 『법사학연구』 28, 2003; 심희기, 「동아시아 전통사회의 관습법 개념에 대한 비판적 검토」, 『법사학연구』 46, 2012; 이승일, 「일제의 동아시아 구관조사와 식민지 법 제정 구상 : 대만과 조선의 구관입법을 중심으로」, 『한국사연구』 151, 2010.

8) 도면회, 『한국 근대 형법재판제도사』, 푸른역사, 2014; 최원규, 「한말 · 일제초기 일제의 토지권 인식과 그 정비방향」, 『한국근현대의 민족문제와 신국가건설』, 지식산업사, 1997; 정연태, 「대한제국 후기 부동산 등기제도의 근대화를 둘러싼 갈등과 그 귀결」, 『법사학연구』 16, 1995; 배성준, 「통감부시기 관습조사와 토지권 관습의 창출」, 『사림』 33, 2009.

제 구상을 중점적으로 분석하다보니 대한제국 법률기초위원회의 개정 노력이나 한국 법조계 인사들의 대응을 상대적으로 소홀하게 취급하고 있다는 점이다. 또한 당시 한국의 법률가들이 일본 유학의 경험을 통해 일본 신민법 체계의 수용자로서만 인식되고 있을 뿐, 독자적인 구상도 없이 일본의 법률 강제에 속수무책이었다고 설명하고 있다.[9]

따라서 본고에서는 한말 근대법제의 제정과정을 둘러싼 문제들에 대해 1894년에서 1910년까지 갑오개혁과 대한제국기에 이르는 시기에 조선국가가 취한 근대 법률의 제정 노력을 살펴보려고 한다. 우선 갑오개혁에 이어 대한제국기 일본의 근대 법률 제정 강요에도 불구하고 독자적인 법률기초위원회의 설치에 주목하고, 대한제국시기 교전소와 법규교정소 등 법률 개편 노력을 통해 독자적인 입법 가능성을 검토해 보려고 한다. 다음으로 1905년 이후 근대 민법 제정을 둘러싼 제논의를 검토하려고 한다. 특히 1905년 법률기초위원회의 재구성과 한국의 독자적인 민법 제정 시도와 좌절에 주목해 보려고 한다.

한편 한국 법조계의 근대법 체계를 이해하는 수준을 검토하기 위해 한국의 법률가들이 수행한 근대법률서의 번역과 역술 과정을 검토해 보려고 한다. 또한 당시 일제와 한국통감부가 식민지 근대 법제를 수립하려고 하면서 조선의 사회 관습 전통을 새롭게 조사하고 있는데, 이때 한국의 법률가, 혹은 대한제국측은 어떻게 대응했는가를 살펴보려고 한다.

본 논문에서는 한국의 근대 법제화과정 전반을 살펴보고 한국의 독자적인 입법과 일본의 민법 도입을 둘러싼 갈등 양상을 검토하면서 한국의 관습에 기초한 독자적인 민법 제정 노력에 주목하여 한국의 전통과 근대법의 연계 관련성을 해명해 보려고 한다.

---

9) 최종고, 『한국의 서양법수용사』(박영사, 1982), 34쪽; 최종고, 『한국법학사』(박영사, 1990), 136~142쪽; 이에 대한 비판 글로서 鄭肯植, 『韓國近代法史攷』(박영사, 2002), 160~173쪽 참조.

2. 갑오개혁 이후 대한제국 전기(1894~1904) 근대 법률 제정과 법제 변화

1894년 6월 조선의 개혁관료들은 일본의 정치 군사적 간섭이라는 배경아래에서 조선왕조의 국가체제 개혁인 갑오개혁을 추진하였다. 개혁관료들은 군국기무처에서 개혁의안을 발의하여 1894년 6월 28일부터 조선왕조국가의 권력기구와 관료체계의 개편에 착수했다. 이들의 관제개혁 방침은 "조선왕조의 제도를 本으로 하고 각국의 通例를 참고하는 것"이었다. 제도 개혁과정은 조선왕조 법전인 大明律과 經國大典의 법률 조항을 일부 폐기하는 가운데 大典會通이나 六典條例 등과 일본의 法令全集 등 외국 법전을 참고하여 이루어졌다.[10)]

초기 군국기무처를 중심으로 하는 갑오개혁의 독자적인 입법 추진에 대하여 1894년 9월 말 이후 이노우에 가오루(井上馨) 일본전권공사는 내정개혁 20개조를 별도로 제출하는 등 내정 간섭을 강화하였다.[11)] 이에 따라 1894년 12월 12일 고종은 세자와 흥선대원군, 종친 및 신료를 인솔하고 종묘에 나아가 洪範 14조를 포함한 개혁 원칙을 표명하는 행사를 가졌다.[12)] 홍범 제13조에는 "민법과 형법을 엄명하게 제정하여 함부로 감금 또는 징벌하는 것을 금하며 이로써 인민의 생명과 재산을 보전한다"고 규정되어 있다. 이는 근대 법률의 제정을 정식으로 선언한 것이었다.[13)] 그러나 이후 후속조치로

---

10) 『議案』 6월 28일 1쪽, 원종규, 『조선정치제도사③』 과학백과사전종합출판사, 1989 (백산자료원, 1991), 112쪽; 왕현종, 앞의 책(2003), 209~219쪽, 참조.

11) 『日本外交文書』 27-2, #482 「謁見ノ模様報告ノ件」 (一) (二) (井上馨공사 → 陸奥宗光 외무대신) 91~107쪽; #485, 「朝鮮國內政改革ニ關ツ報告ノ件, 附屬書 朝鮮國內政改革要項」, 108~115쪽 참조.

12) 『관보』 1894년(개국 503) 12월 12일, 819~853쪽.

13) 홍범14조 선포 이전에 이노우에(井上馨) 일본공사는 1894년 11월 20일과 21일(양력) 내정개혁 요령 20개조를 강요하였다. 이 중에서 "제10조에서는 형률 제정에 관해 형법, 민법 등의 법률을 제정할 필요하기는 하지만, 민법의 제정은 대사업이 되므로 一朝에 만들 수 있는 것이 아니므로 제1착으로 옛 법률을 개정하고 타국의 형

서 민법전의 제정뿐만 아니라 재판권의 독립도 제대로 이루어지지 못했고, 형법 제정도 이루어지지 않았다. 근대 법률을 위한 입법화가 되지 않은 상태에서 종래 조선왕조의 가혹한 법률체계는 아직 해체되지 않았다. 1894년 2차 동학농민군의 봉기에 참여한 농민군 지도자와 수많은 농민군들은 재판 없이 죽어가거나 새 법률제도의 혜택을 받지 못한 채 형장의 이슬로 사라졌다.[14)]

이후 갑오개혁에서는 1895년 3월에는 법률 1호 「裁判所構成法」을 정식으로 공포하여 종래 행정사무에서 벗어나 형식적이나마 司法權 獨立을 제도화하였다. 새 재판소로 지방재판소, 한성재판소 및 개항장재판소, 순회재판소, 고등재판소, 특별법원의 5종으로 구성하였다.[15)] 이렇게 재판소를 설치함에 따라 갑오개혁 정부는 이제 재판 운영에 관한 법률들을 제정하기 시작하였다. 정부는 민사 및 형사에 관한 소송법이나 각종 처벌에 대한 규례 등을 제정하였다. 이로써 갑오개혁의 개혁정책이 단지 정치적 행정명령에 그치는 것이 아니라 이제 법률의 차원으로 나아가게 되었다.[16)] 당시 사법개혁에 일본인 고문관들이 깊게 개입되었던 것은 사실이나 이들이 실제 법률제도와 법체계 개혁에 커다란 영향력을 발휘하기는 어려웠다.[17)]

법을 참작하여 국법에 적용하는 刑律을 제정하는 것이 당장 필요하다"고 강조하였다. 여기에서 그는 조선에서 민법 제정은 아직 하기 어려운 문제로 인식하고 있었다(『秘書類纂 朝鮮交涉資料』(下), 伊藤博文 편, 原書房, 1970, 455~463쪽, 참조).

14) 왕현종, 「1894년 농민전쟁 지도자의 재판과정과 판결의 부당성」, 『한국사연구』 168, 2015, 241~253쪽.

15) 당시 재판소의 구성은 일본의 재판소 제도를 이식한 것으로 1890년 2월 10일 「재판소구성법」을 공포하면서 대심원, 공소원, 지방재판소, 구재판소 등으로 구성되었다(最高裁判所事務總局, 1990, 『裁判所百年史』, 大藏省印刷局, 64~67쪽; 都冕會, 『한국근대형사재판제도사』, 535쪽, 각주 114 재인용; 문준영, 「1895년 재판소 구성법의 '출현'과 일본의 역할」, 『법사학연구』 39, 2009, 40~49쪽).

16) 森山茂德, 『근대한일관계사연구』, 현음사, 1994, 69~70쪽.

17) 법부 고문관으로 배치된 星亨, 野澤鷄一 등 일본인 고문관들이 1895년 2차 개혁에서 수행한 역할에 대해 "사정을 몰라서 손을 대지 못하고 있는데, (중략) 고문관은 거의 망연하게 바라보고 있을 뿐이다. 그렇기 때문에 개혁한다고 하지만,

이때 설치된 법관양성소는 졸업 후 사법관으로 채용할 수 있는 법조인을 양성하는 근대 최초의 법학교육기관이었다. 학도들은 현행 법률 및 형법 및 형사소송법, 민법 및 민사소송법, 법학통론 등을 배우게 되었다.[18] 1895년 3월 29일 '각대신간규약조건 21'에 규정하였듯이, 법관양성소을 "法部內에 法官養成所를 置ᄒᆞ야 美人 具禮 及 日人 日下部三九郎 等에게 法律學講義를 囑託ᄒᆞ며 又 法官의 養成은 公平無私 淸廉潔白의 德義를 發揚케 ᄒᆞᆷ을 務ᄒᆞ미 可ᄒᆞᆯ 事."라고 명시하였다.[19] 1894년 7월 미국인 고문 具禮(C.Greathouse)는 이미 법부 고문으로 임명된 상태였으나 일본인 고문관으로 호시 도로(星亨) 고문관을 비롯하여[20] 법부 보좌관 몇 명이 고빙되었다. 또한 법관양성소의 강사 중에서 민법, 민사소송법, 형사소송법은 다카다 토미조(高田富藏)[21], 형법은 호리구치(堀口), 법학통론은 쿠사가베 산쿠로(日下部三九郎)가 맡았고, 현행 법률은 皮相範이 각각 담당하였다.[22] 이렇게 법관양성소

개혁의 성과가 아직 하나도 없다"라고 말할 정도였다고 한다(「朝鮮の實況」, 自由黨報, 제77호(1895.1.25), 『星亨傳記稿本 13回』, 「失意時代」(1924), 문준영, 위의 논문(2009), 58쪽, 각주 34) 재인용).

18) 『法官養成所細則』(규 21683); 『官報』 1895.3.29. 기사 참조; 최기영, 「한말 법관양성소의 운영과 교육」, 『한국근현대사연구』 16, 2001, 40~50쪽; 김효전, 『법관양성소와 근대 한국』, 소명출판, 2014, 17~18쪽.

19) 송병기 외, 『한말근대법령자료집(1)』, 국회도서관, 1972, 279~280쪽.

20) 星亨(1850~1901)은 일본 메이지 시기 정치가로서 자유민권운동에 적극적으로 지지하는 현실 정치지도자로서 메이지 국가의 과제 수행과 정당의 권력 참여를 수행한 중견정치가였다. 1895년 4월 15일 이노우에 주한공사의 추천으로 조선정부 법부 고문관으로 취임하였지만 별다른 성과 없이 12월 30일에 일본으로 귀환하였다(『주한일본공사관기록(5)』, 470~484쪽; 『친목회회보(1)』, 43~46쪽; 『일본근현대인명사전』(吉川弘文館 : 東京, 2001), 935~936쪽).

21) 高田富藏는 일본동경제국대학 출신으로 법부 보좌관으로 갑오개혁시기 연봉 800원을 받은 법부 고문관이었다(『친목회회보』 1, 43~46쪽, 참조). 이후 台北州知事(1921.9.17~1924.12.23)를 역임했다.

22) 피상범은 1882년 증광율과를 합격하여 전통 율학을 연마하였으며, 1894년 법무아문 주사를 비롯하여 1895년 5월 19일 법관양성소소장과 6월 19일 법률기초위원을 역임하다가 1897년 2월 5일에 해임되었으며, 1899년 5월 22일 다시 법부 법률기초위원으로 되었고, 이어 1900년 12월 7일에도 다시 임명받았고, 1901년 3월 8

의 학도들은 일본에서 들여온 교재로 민법, 형법, 민사 형사소송법, 법학통론 등을 공부하였다.[23)]

이렇게 재판 기구와 사법관 양성을 위한 기구가 설치되자, 이어 갑오개혁 정부는 조선의 현실에 맞는 형법과 민법 등의 근대적인 법률 제정에 서둘렀다. 이는 형사사건뿐만 아니라 민법은 동산과 부동산 등 인민 상호간의 권리 의무 등과 관련된 것이었고 정부나 왕실과의 관련 사항에서도 필요했기 때문이다. 1895년 6월 15일 법부령 제7호로서 「법률기초위원회」 규정이 만들어졌다. 이 위원회에서는 형법, 민법, 상법, 治罪法, 訴訟法 등을 상세히 조사하여 개정 · 제정하는 법률을 기안하도록 하였다. 이 위원회는 위원장 1인과 위원 6인 및 법부 고문관 보좌원 중에서 위촉하여 구성되었다.[24)] 제반 법률의 개편작업이 순조롭게 진행되지 못했기 때문에 1897년 6월에서야 '형법초안' 등 일부 개정이 시도될 뿐이었다.[25)] 당시 법률 제도의

일 평리원 판사를 역임하는 등 법관 양성과 법부 관료 및 재판소 판검사로 활동하였다(『대한제국관원이력서』 17책, 447쪽, 28책 682쪽).

23) 이들에 의해 법관양성소 학과시간표는 다음과 같았다(출전 : 『법관양성소세칙』 규 21683, 참조).

	오전(10시~11시)		오전(11시~12시)		오후(1시~2시)	
	과목	담당교수	과목	담당교수	과목	담당교수
월	민법	高田	민사소송법	高田	법학통론	日下部
화	형법	堀口	형법	堀口	민사소송법	高田
수	형법	堀口	민법	高田	법학통론	日下部
목	민법	高田	민사소송법	高田	형사소송법	高田
금	형사소송법	高田	형사소송법	高田	법학통론	日下部
토	현행법률	皮相範	소송연습	高田, 日下部,		

24) 법부법률기초위원장으로는 법부협판 李在正, 위원으로는 법부민사국장 徐冑淳, 법부형사국장 張博, 법부검사국장 申載永, 한성재판소판사 韓昌洙, 법부참서관 겸 법관양성소장 皮相範, 5품 玄暎運 등 6명이 임명되었다(『관보』 93호, 「부령」 개국 504년 6월 19일).

25) 1896년 2월 법부 고문관으로 임명된 野澤鷄一은 그해 6월까지 총 300개조의 『刑法艸案』을 집필하고 국한문으로 번역하여 한국측 법률기초위원 현영운과 교열하여 1897년 1월에 완성시켰다. 이 『刑法艸案』은 일본의 1880년의 형법을 모방한 것이었지만 한국의 현실도 일부 반영한 것으로 평가되고 있다(朴秉濠, 「舊韓國時

맹점에 대해 윤치호가 "조선은 이제 사실상 無法의 국가"라고 말할 정도였다. 이처럼 갑오개혁기에는 구법을 폐지시켰음에도 신법이 아직 시행하지도 않은 상태였다.[26)]

1896년 2월 아관파천 이후 고종과 정부대신들은 새로운 개혁방향을 모색하고 있었다. 이른바 '옛 제도를 따르되 새로운 제도를 참작한다(率舊章而參新規)'는 원칙을 내세웠다. 1897년 2월 고종과 의정부 대신들은 새로이 章程 제정과 법률 개정을 모색하였다. 새로운 법률체계를 총칭하여 '朝鮮章程'이라고 명명했다.[27)] 이는 조선국가체제 전반을 규정하는 틀이었기 때문이었다. 3월 16일 고종은 신·구 법전의 절충과 법규 작성을 위한 기구의 설립을 명령하였다. 갑오개혁기에 이미 법률개혁을 위해 법률기초위원회가 설립되어 있었지만, 새로이 3월 23일 '校典所'를 설치하였다. 교전소는 주요 법률과 장정을 개정하기 위해 관제조사위원이나 신규 법률을 초록하여 보고할 형률조사위원 등을 임명하며 5차례 회의를 가졌다. 그렇지만 법률 개정의 방향을 둘러싸고 보수와 개혁파 사이의 갈등이 생겨 중단되고 말았다.[28)]

代의 刑事立法의 沿革」, 『韓國法制史攷』 박영사, 1974, 430쪽; 정긍식, 「≪형법초안≫ 해설」, 「≪刑法艸案≫」, 『법사학연구』 16호, 1995, 185~195쪽).

26) "4. Corea is now practically lawless country. There is no way getting one's grievances redressed. The worthy gentleman Soh Kuang Pom, who uncommonly smart(in his own conceit) laid aside the old laws of the land(which can and did do summary justice to rogues and vagabonds) without having enforced new laws for the protection of the life and property of the community. Nobody, however just his cause may be, dares go to the court, for the simple reason that he can not afford to waste time, money, and patience in trying to get the gang of officiated snails to enforce the backboneless laws. At the same time these snails play snakes enough whenever they can squeeze money out of someone's pockets. Nobody dares lend money to or make contract with another solely because in case the latter fails to keep his word the former has no means to make him to"(『윤치호일기(4)』 국사편찬위원회, 1973, 51~53쪽, 1895.8.5.(음 6.16)).

27) 『校典所日記』(연세대 소장), 1897.3.23. 기사; 『독립신문』 2-51호, 「교전소 제3회 일기」(1897.5.1.) 3~4쪽, 206~207쪽.

28) 왕현종, 「대한제국기 입헌논의와 근대국가론」 『한국문화』 29, 2002, 257~259쪽.

1898년 하반기 독립협회는 중추원의 개편과 권력구조의 개혁론을 주장하고 추진하였으나 대한제국 정부는 이러한 요구를 체제 내적으로 수용하지 못하였다. 고종과 측근세력들은 별도로 황제권의 위상 강화와 법제 개편을 위한 방안을 모색하였다. 1899년 6월 고종은 전격적으로 의정부에 '校正所'의 설치를 지시하였다. 7월 기구이름을 '法規校正所'로 바꾸었다. 법규교정소는 의정부 각부 대신과 협판, 중추원 의관 등을 참여시킨 초정부적인 기구였으며, 일체 법률과 규정을 개정하는 정책을 담당하였다. 이에 따라 각부로 하여금 1895년 4월 1일이후로 반포한 칙령과 법률 장정 및 각부령을 소상하게 보고하도록 하였다.

1899년 8월 당시 법제 개혁에 대해 독립신문은 "갑오개혁 이후 옛 법의 좋지 못한 것을 폐지하고 문명한 나라의 좋은 법을 취해 쓴다고 하면서도 실제로는 법률을 자주 변경만 하고 장정 규칙이 실시됨을 듣지 못하고 소문을 듣자하니 민법은 물론하고 재판 선고할 때에 대명률을 좇아 결처함이 많다 하니"라고 비판하였다.[29] 그러면서도 독립신문은 이제 법률 교정소를 설치하였으니 학식이 고면한 이들과 외국 고문관들로 하여금 교정소 관원으로 삼아 전국 법률을 일신케 하여 국중에 반포하여 실시한다는 기대를 갖고 있었다.[30]

법규교정소는 첫 번째 법규로 1899년 8월 17일 '大韓國 國制'를 반포하였다. 이 국제는 대한제국의 통치권 일체를 행사하는 절대군주로서 고종황제의 권한을 대내외적으로 선포한 것이었다. 그해 5월 30일 법률 3호로 「재판

29) 독립신문에서는 개화 세계에 통상하는 나라 법률을 채택하여 쓸 필요가 있는데, 이에 걸맞는 것이 독일식 민법으로 총칙, 물관법, 채권법, 친족법, 상속법 등이 있다고 소개하고 있다. 특히 "독일국 민법이 가장 소명하고 편리한 고로 세계 각국이 모두 로마법을 버리고 이 법을 채택"한다고 강조하였다(『독립신문』 4-194호, 「민법론」(1899.8.12), 1~2면, 145~146쪽); 『독립신문』 4-195호, 「민법론」(전호 연속, 1899.8.14.), 1면, 149쪽).

30) 『독립신문』 4-195호, 「민법론」(전호 연속, 1899.8.14.), 1~2면, 149~150쪽.

소구성법 개정안」을 공포하였다. 당시 재판소는 사법부의 직무와 관련하여 재판의 관할권을 두고 법부와 대립하였는데, 개정된 「법부관제」에서는 법부가 지령 · 훈령을 통하여 각급 재판소의 재판권 행사에 개입할 수 있었다. 이후 법규교정소는 제반 법률의 제정기능을 일부 분담하는 형태로 이루어지다가 그마저 별다른 법령을 만들어내지 못한 채 1902년 3월 16일 의정부에 다시 합쳐져 폐지되었다. 이렇듯 법규 교정소는 제반 법률을 제정하지 못한 채 유명무실해져갔다.

반면에 1900년 2월 법부령 제1호로 법률기초위원회 규정이 개정되었다.[31] 이 위원회의 설립목적을 제2조에서 "형법, 민법, 상법, 치죄법, 소송법 등을 상세히 조사하고 제정하는 법률을 기안하는" 것이라고 규정하였다. 이는 물론 갑오개혁시 법률기초위원회의 규정과 같았으며, 구제도의 부활에 단순히 그치는 것이라고도 평가할 수 있다. 그렇지만 이전과 달라진 점은 대한제국이 종전과 달리 형법 민법 등 근대법률의 제정에 본격적으로 나서려고 한 것이다. 실제 1899년 5월 22일 법부에서는 그동안 법률기초위원회를 실시한지 오래되지 않아 다시 정지하였는데, 이제는 전장 법률을 정리하여 바로 잡고 편찬할 것이라고 하였다. 이 시기에도 법률기초위원회의 위원이 다수 자주 교체되었다는 문제를 안고 있었다.[32] 다만 이들 중에는 1902년 8~9월에 임명된 俞致衡, 李肯在 등 신식학교 졸업생과 일본 유학 경험의 법률 전문가들이 임용되기 시작하였다는 점이 이전과는 달랐다.[33]

31) 법부령 제7호, 법률기초위원회 규정은 갑오개혁기 법부대신 서광범의 이름으로 1895년 6월 15일 공포된 것이었는데, 이제 법부령 1호로 1900년 2월 27일 법부대신 서리 김성근이 공포하였다. 제7조에는 법률기초상 '舊慣故俗'의 조사가 필요할 시에는 조사인을 파견하여 조사할 수 있는 규정은 유지되었다는 점도 주목된다(『관보』 93호, 1895.6.19., 『관보』 1510호, 1900.3.1.)

32) 정긍식, 「한말 법률기초기관에 관한 소고」, 『한국법사학논총』, 박병호교수환갑기념논총간행위원회, 1991, 254~257쪽; 도면회, 『한국 근대 형사재판제도사』, 푸른역사, 2014, 290~292쪽.

33) 1895년 갑오개혁 관비유학생으로 일본에 유학한 학생 중에서 東京法學院에서 법률학을 전공한 학생들 중에서 鄭在淳(한성재판소주사, 1906.12), 李冕宇(한성재판

법률기초위원회는 먼저 형법의 일부 개정에 착수했다. 1899년 11월 22일에는 법률 2호 「외국에 의뢰하여 국체(國體)를 훼손시킨 자를 처단하는 예(依賴外國致損國體者處斷例)」를 공포하였다. 1900년 6월에는 법부의 법률기초위원회에서 '형법기초안'을 올렸고, 다시 12월말부터 형법초안의 개정작업에 들어갔다.[34] 이어 1901년 3월부터 교정작업을 시작하였지만, 법부 법률교사 크레마지(Cremazy, L.)가 형법 초안을 수정 제안하는 등 여러 차례 수정을 거쳐 1904년 10월 새로 형법 교정관을 임명하고 최종적인 개정 작업을 마쳤다. 여기에 참여한 사람들은 회계원경 이재곤, 궁내부 특진관 김석규, 종2품 이상설, 법부 참서관 윤성보, 조경구, 김낙헌, 법관양성소 교관 정명섭, 법부 법률기초위원 조창호 등이었다.[35] 이들은 이후 법률기초위원회 위원으로 남아 민법 제정 논의를 주도하게 된다. 드디어 1905년 4월 29일 고종황제의 재가를 얻어 5월 29일 법률 제2호 「刑法大全」을 반포하여 시행하였다. 이렇게 대한제국의 형법 제정 작업은 법부 산하 법률기초위원회가 주도한 것이었다. 이제 형법의 제정에 이어 민법 제정에 대한 논의가 이루어질 시점이었다.

소 검사시보, 1904.6.18.), 張奎煥(법부주사, 1901.8.28.), 朴晩緒(神戶 구재판소 및 지방재판소 견습, 1900.9., 법부 법률기초위원, 1906.3.17.), 전수학교에서 재정학을 전공한 申佑善(법관양성소 교관, 1904.7.16.), 일본 中央大學 兪致衡(일본사법성 각재판소 견습사무, 1899.7.15., 법부 법률기초위원, 1902.9.12.) 등이 있다(해당 관직 임명기사는 국사편찬위원회, 『대한제국관원이력서』 1971, 및 『관보』 참조).

34) 『황성신문』 3-125호, 잡보 「草案提議」(1900.6.5.) 498쪽 ; 3-298호, 잡보 「校正官會」(1900.12.26.) 394쪽; 도면회, 「갑오개혁 이후 근대적 법령 제정과정-형사법을 중심으로」. 『한국문화』 27, 2001, 333~336쪽 ; 문준영, 「대한제국기 형법대전의 제정과 개정」 『법사학연구』 20, 1999, 43~49쪽 ; 정진숙, 「1896~1905년 형법 체계 정비에 관한 연구-《형법대전》 제정을 위한 기초 작업을 중심으로」 『한국사론』 55, 2009, 156~175쪽, 참조.

35) 『고종실록』 1904.10.14., 『고순종실록』(국사편찬위원회 영인본, 1970) 3책 337쪽.

3. 대한제국 후기(1905~1910) 근대 민법 제정론의 확산과 갈등

1) 법률기초위원회의 개편과 민법 제정 요구

1905년 5월 이후 대한제국은 민법 제정에 관한 향후 일정을 아직 잡지 못하고 있었다. 5월 31일 의정부 참정대신 沈相薰과 법부대신 李根澔는 민법 제정을 서둘러 추진하자는 상주문을 올렸다.[36] 법부대신 이근호 등은 형법대전에 이어 민법 제정의 필요성을 강조하면서, 현재 민법이 없어 원래 생명과 재산의 보호에 제한을 둘 수 없고, 訟事와 伸訴를 판결할 때 사리에 맞게 하지 못하는 병폐를 지적하였다.

6월 3일에는 법부대신 이근호는 외국에 유학하고 돌아온 법률학교 졸업생들을 불러 모아 자기 집에서 민법을 기초하는 일에 대해 상의하였다. 이어 6월 8일에 민법을 기초하는 일로 처음 회의 일자를 6월 10일로 예정하고 있었다. 6월 19일자 황성신문에도 이제 민법 등 제반 법률의 제정이 임박한 것으로 보도하고 있었다.[37]

그렇지만 민법 제정과정은 곧바로 착수되지는 않았다. 6월 18일 詔令에서는 형법대전을 새로 반포한 이후에 『民法常例』를 별도로 하나의 편을 이룬 뒤에야 정상을 반영하여 시의에 부합될 것이라고 설명하였다.[38] 또한 대체로 법이 있기는 하지만 시행되지 않고 법을 맡은 관리가 신중하고 공명정대하게 직무를 제대로 수행하지 못한다고 질책하였다. 조령 반포문에

36) 『고종실록』 1905.5.31., 『고순종실록』(국사편찬위원회 영인본, 1970) 3책 382쪽.

37) [刑法改正] "近日에 頒布훈 刑法大典中에 或 未妥훈 處가 有ᄒᆞ야 內外人士의 物議가 紛紜훈 故로 法部大臣 李根澔氏가 此法典을 更爲改正修理ᄒᆞ고 此外民法及其他 諸般 法律의 制定改正을 斷行ᄒᆞ기 爲ᄒᆞ야 一個法典編纂所를 法部內에 設置ᄒᆞ고 數多委員은 已往外國與內國에서 法律政治學等을 卒業훈 者로 選擇任命ᄒᆞ야 不日 實行홀 터이라더라"(『황성신문』 1972호, 〈형법개정〉 1905.6.19., 3면 3단).

38) 『고종실록』 고종 42년 무자 5월 16일(양력 6월 18일); 『황성신문』 1974호, 〈궁정록사〉. 1905.6.21., 1면 1단.

서 보이듯이 형법 법전 반포 이후 민법을 곧바로 제정하기 어렵다는 현실을 비판한 것이었다.

한편 일본은 대한제국이 추진하는 독자 민법 제정에 대해 반대하고 있었다. 장차 일본인 고문관을 고빙하여 한국의 민법제정과정에 간섭하려는 계획을 갖고 있었기 때문이었다.[39)]

이러한 상황에서 대한제국 정부는 독자적으로 법률기초위원회 규정을 재개정했다. 7월 18일 법부령 제2호 법률기초위원회 규정을 개정 · 반포하였다.[40)]

〈표 1〉 법부령 2호, 법률기초위원회 규정(1905.7.18.)

제1조 본년 5월31일에 裁下ᄒᆞ옵신 本部 奏本을 欽遵ᄒᆞ야 本部에 法律起草委員會를 置홈이라.
제2조 본 위원회ᄂᆞᆫ 民法 刑法 商法 治罪法 訴訟法 等을 詳査制定ᄒᆞ며 或改正ᄒᆞᄂᆞᆫ 法案을 起草홈이라.
제3조 위원회ᄂᆞᆫ 左의 職員으로 成홈이라 위원장 1인[本部 勅奉任官中으로 大臣이 任命홈이라] 委員 8인[內 4인은 本部所管奏任官中으로 兼任ᄒᆞ고 4인은 法律通曉人으로 大臣이 任命홈이라] 書記 2인 本部 判任官中으로 充홈이라.
제4조 諸法律調査 起艸ᄒᆞᄂᆞᆫ 方法及 順序와 會議細規ᄂᆞᆫ 委員長이 定홈이라.
제5조 위원회에셔 法律起草上에 必要ᄒᆞᆫ 事項이 有ᄒᆞᆫ 時ᄂᆞᆫ 內外各官廳에 照探ᄒᆞ고 派員調査홈도 得홈이라.
제6조 전임위원이 諸法律을 起草ᄒᆞ야 幾條던지 위원장에게 제출ᄒᆞ거든 兼任委員을 會同討論ᄒᆞ야 可決된 後에 委員長이 大臣에게 提出홈이라.
附則
제7조 개국504년 6월 15일 法部令 제7호 法律起草委員會 規程과 개국505년 6월 29일 法部令 第三號 법률기초위원회 규정 중 改正件과 광무 4년 2월 27일 법부령 제1호 법률기초위원회 규정 중 改正件은 폐지홈이라.
제8조 본 규정은 반포일노븟터 시행홈이라.

법률기초위원회의 개편 목적은 무엇보다도 民法, 刑法, 商法, 治罪法, 訴訟法 等을 상세히 조사 제정하고 혹은 개정하는 법안을 기초하기 위한 것

39) "[法律姑閣] 向日 頒布ᄒᆞᆫ 刑法大典이 무ᄉᆞᆷ 未妥ᄒᆞᆫ 句節이 有ᄒᆞᆫ지 改定ᄒᆞ기로 協議ᄒᆞ고 且民法도 編纂頒佈ᄒᆞ기로 日昨에 詔勅ᄭᆞ지 特下ᄒᆞᆫ얏더니 更聞ᄒᆞᆫ 則 某處에셔 此를 反對ᄒᆞ야 曰 法部에도 將次 顧問官을 雇聘ᄒᆞᆯ 터인 則 顧問官이 出來ᄒᆞᆫ 後에 法律을 制定홈이 未晩이니 아직 此案은 閣置ᄒᆞ라 ᄒᆞ얏다더라"(『황성신문』 1975호, 잡보 〈法律姑閣〉 1905.6.22., 2면 4단).
40) 『관보』 3199호, 1905년 7월 24일. 〈부령〉.

이었다. 위원으로는 위원장 1명과 위원 8인, 그 중 4인은 법부 소관 주임관, 4인은 법률 通曉人으로 하고, 서기 2명 등 11명으로 구성되었다. 이어 7월 25일 아래와 같이 법률기초위원을 임명하였다.[41]

〈표 2〉 법률기초위원 초기 임명사항(1905.7.25.~)

순서	이름	생몰	직전직위	학력	경력	이후 경력	출전
1	李準榮		법부법률기초위원장 법부협판		동래감리 겸 동래부윤(1899.8.3.) / 내장원 감독(1904.9.25.) / 농상공부 협판(1905.2.15.) / 법부협판(1905.7.12.) / 서리대신사무(1905.8.12.)	강원도관찰사(1906.3.30.)	고종실록 임면일자
2	趙經九		법부참서관	受學家庭(1880)	법부참서관(1900.9.28.~) / 법관양성소 교관(1903.9.7.~11.17) / 법부법률기초위원(1905.7.25~10.18)	한성재판소 수반판사(1905.10.13) / 평리원판사(1907.1.5~)	관원이력 22책, 576쪽
3	金洛憲	1874~1919	법부참서관	就學家塾(1880.2.1)	법부주사(1895.4.1.~10.13, 1896.1.6.~) / 고등재판소 검사시보(1897.7.11.~.) / 검사(1897.11.8.~1899.1.22.) / 평리원검사(1901.3.5.~1902.9.25~) / 법부법률기초위원(1904.4.9.~12.19) / 법관양성소장(1905.3.7.12.11, 1906.6.13.~)		관원이력 5책, 143 19책, 500쪽
4	咸台永	1873~	법부참서관	법관양성소 입학(1895.4.16.)~졸업(1896.11)	한성재판소검사시보(1896.3.5~) / 한성부재판소검사(1899.3.13.~) / 평리원검사(1905.3.30.) / 법부서기관(1905.6.23.~)	심계원장(2대, 1949.11) 조선야소교장로회 총회장, 평양숭실 이사, 민주의원 의원, 한국신학대학 학장, 대한민국 부통령으로 재직(1954.11.30)	관원이력 17책, 431쪽 27책, 661쪽 민국인사 182, 196쪽 대한연감 4288, 759쪽

41) 『관보』 3202호, 1905년 7월 27일. 〈서임급사령〉 ; 법률기초위원의 생몰, 이력 등 개별사항은 초종고, 『한국법학사』 제7장, 한국최초의 법학서와 학회지, 231~386쪽, 김효전, 『법관양성소와 근대한국』 9장, 법관양성소의 교수진, 224~352쪽, 참조.

5	丁明燮	1866~ 1952	법관양성소 교관	사립법률학교 (1895.2)	법부주사(1895.9.15.) / 한성부재판소주사(1898.2.13.) / 형법교정관(1900.12.9.) / 법부법률기초위원(1902.8.20.) / 법관양성소교관(1903.7.7.~10.13)	정명섭법률사무소 (1906.11.28.)	대한제국 관원이력 21책, 538쪽, 조선신사보감, 신사 744쪽
6	鄭永澤	1876~ 1947	6품	受業于前掌令田愚(1885) 법관양성소 (1895.11.1.)	식년생원시(1888) / 혜민원주사(1902.6.12.~7.16) / 법관양성소교관(1904.7.8.) / 법관양성소감독사무(1904.9.17.)	보성전문학교장 (1909.7) / 기호흥학회(총무, 1908.1~)	관원이력 21책, 550쪽
7	金澈龜	1877~	6품	관립일어학교(1892.3~, 1896.6~)	우체사 기수(1895.1.4.~1896.5.5.) / 일본熊本縣公立韓語學校教師(1898.11~1899.10) / 駐箚日本國公使隨員(1900.11.23.~1901.4.27.) / 법부법률기초위원(1905.7.25.~8.22.)	도지부수도국기사 (1906.5.22.~) / 중추원부찬의 (1907.8.9.~)	관원이력 19책, 498쪽, 35책, 806쪽, 41책, 879쪽
8	石鎭衡	1877~ 1946	9품	일본 東京私立法政大學法律科卒業 (1902.7)	군부주사(1904.11.28, 판임6등) / 법관양성소 교관(1905.12.13.~1906.6) / 법부법률기초위원(1905.7.25.~1906.6.29.)	법관양성소 교관 (1905.12.13.~) / 내부 참서관(1906.6.29.~11.12.) / 부동산법조사회위원 (1906.7.24.~11.7, 1907.1.21~)	관원이력 17책, 444쪽 20책, 537쪽
9	嚴柱日	1872~	9품	일본 慶應義塾入學普通學修業(1895.4~) / 明治大學(1900.11~04.6.)	평리원판사(1905.8.4.~10.14) / 법부 법률기초위원(1905.7.25.~8.4.)	修學院 교관 (1906.10.24~)	관원이력 14책, 372쪽

위의 법률기초위원회 위원들은 위원장과 위원 8명 중 법부 관원은 대개 기존의 가숙을 통해 성장한 관리이며, 함태영과 정명섭의 경우 법관양성소나 사립 법률학교 출신자였다. 나머지 법률통효인의 자격으로 임명된 관리 중에서 정영택을 제외하고 김철구, 석진형, 엄주일 등 3인은 일본 유학을 통해 법률을 전공한 전문지식인이었다. 초기 법률기초위원회 위원들은 이후 한 달 만에 다시 교체되었는데, 다음과 같았다.

〈표 2〉 법률기초위원회 위원 교체 사항(1905.8.4.~)

순서	이름	생몰	직전 직위	학력	경력	이후 경력	출전
1-1	李相卨	1870~1917	법부 협판		시종원비서감 좌비서랑(~1895.6.20.) / 한성사범학교 교관(1896.2.28.) / 부첨사(1902.11.25.) / 비서원랑(~1900.6.20.) / 홍문관시독(1900.6.20.) / 법부협판(1905.9.11.) / 관제이정소 의정관(1904.10.27.) / 외부교섭국장(1904.10.29.) / 법부협판(1905.9.16.) / 겸임 법부 법률기초위원장(1905.10.2.~11.10.)		관보 임면일자
1-2	閔衡植	1875~1947	법부 협판		시강원 겸필선(1892.3.7.) / 경연원 시독(~1896.7.7.) / 장예원 상례(~1897.10.27.) / 평안남도관찰사(1899. 2.2.) / 의정부총무국장(1899.7.22.) / 궁내부특진관(1901.3·16.) / 의정부찬정(1904.6.8.) / 법부협판(1905.11.6.) / 겸임법부 법률기초위원장(1905.11.10.).		관보 임면일자
2-1	李冕宇	1879~1925	법부 협판	관립일어학교 입학(1894), 日本 東京慶應義塾修業普通科(1895.3~1896.7) 日本東京法學院大學 法律學全科(~1899.7.22.)	농상공부 임시박람회 사무소 주사(1902.8.26.) / 한성재판소검사(1904.6.8.~) 법부 법률기초위원(1905 0.18.~)	법관양성소 소장(1905.12.11.~1906.6.13.) / 제1회 변호사 시험 합격(1906.6)	관보 임면일자, 관원이력서 18책, 481쪽
5-1	張燾	1876~?	평리원 검사	日本 東京慶應義塾修業普通科(1895.4~1896.7) 전입 東京法學院 修業法律學(1896.9~1899.7)	私立光興學校敎師(1900.2~) / 의학교교관(1901.11.30.) / 한성사립법학교강사(1904.10.14.~12.), 사립보성전문학교 강사(1905.3), 사립양정의숙 강사(1905.4) 평리	법부참서관(1906.8.2.) 형법교정관(1906.12.17.) 법관양성소교관(1906.9.27.) 변호사명부 등록(1909.6.26)	관원이력 9책, 262쪽; 21책, 563쪽

					원검사(1905.7.21.) / 법부법률기초위원(1905.11.10.~)		
7-1	柳東作	1877~1910	9품	日本東京明治學院修普通科(1899.2) 日本東京明治大學法律科(1900.9~1904.7.15.)	법부 법률기초위원(1905.8.22.~) / 법관양성소교관(1905.12.13.~1906.4.18., 12.21~) / 한성재판소검사(1906.8.13.~)	법관양성소 교관(1905.12.13.~1906.4.18.) 육군법원이사(1906.5.11.~), 한성재판소 검사(1906.8~)	관원이력 11책, 299쪽, 25책, 648쪽
8-1	尹泰榮	1883~	9품	관립일어학교(1898.9), 법관양성소(1903.3.25.~1904.7.15.)	법관양성소 교관(1905.3.10.~ 12.13) / 법부법률기초위원(1905.7.19.~12.12, 1906.12.15.)		관원이력서 8책, 229, 24책 629, 42책, 899쪽
8-2	朴準性	1874	9품	법관양성소(1903.2.19.~1904.7.21.)	법관양성소 박사(1904.7.26.~7.28) / 법부법률기초위원(1906.7.19.~12.14)	경상남도재판소검사(1907)	관원이력 7책, 204쪽
9-1	洪在祺	1870(73?)~1950	6품	留學日本國(1897.6.26.~) 東京法學院(1898.9.11.~1898.7.10.) 習學次渡美國(1898.12.22.)	안동관찰부 주사(1895.8.26.~11.18) 법부법률기초위원(1905.8.4.~1906.3.26.) 법관양성소 교관(1905.12.12.)	제일호변호사인가(1906.6.30.) 토지소관법 기초위원(1906.7.13.) 무안항재판소판사(1907.7.1.)	관원이력 42책, 908쪽, 조선의 인물과 사업, 210쪽
9-2	李苾榮				법부법률기초위원(1906.3.22.~7.19)		관보 임면 일자

법률기초위원회가 1905년 7월 개편된 이후 이상설, 민형식, 김규희 등 위원장급은 순차로 계속해서 교체되었고, 이후 정명섭, 김철구, 석진형 등 3명의 위원 교체가 있었다. 그런데 1905년 10월의 시점에서 보면, 새로 위원장이 된 이상설을 비롯하여 법부 참서관 김락헌, 함태영, 이면우, 석진형, 정명섭, 정영택, 유동작, 홍재기 등이 법률기초위원으로 있었다. 여기서 새로 위원으로 보강된 이면우, 석진형, 유동작, 홍재기 등은 모두 일본에 유학하여 정식으로 법률학교를 마친 법조계의 전문지식인들이었다. 이것은 향후 법률기초위원회의 대다수가 일본의 근대 법률 체계에 익숙한 법률전문가로 구성되었음을 의미하며, 이후 민법 제정의 논의를 주도적으로 이끌 것으로 기대할 수 있었다.

그렇지만 대한제국은 민법 제정의 방침을 순조로이 진척하지 못했다. 1905년 11월 6일에는 법부 참서관 김낙헌 등 연명으로 별도의 상소를 올렸다.[42] "대체로 기존의 법을 참작하고 時宜에 잘 맞추어 한 시대의 法典을 완성하는 일은 고금에 통달하고 생각이 정제된 사람이 아니면 쉽게 착수할 수 없는 일이다. 그런데 참 다행스럽게도 인재를 알아보는 성상의 밝으신 안목으로, 지금 參贊에 새로 제수된 '李相卨'을 백관 가운데에서 특별히 선발하여 참찬의 직임을 맡기는 한편 法律起草委員長의 직임을 겸하도록 하셨다"고 강조하고 있다. 이들은 이상설 법률기초위원장을 위주로 하여 법률 제정과 법전을 완성하는 일이 머지않아 이루어질 것으로 희망하였다. 이상설의 학식에 대해 "안으로 조종조에서 서로 전해 오면서 가감한 전장과 밖으로 여러 나라에서 현재 행해지고 있는 법률의 세세한 내용까지 조목조목 자세히 꿰뚫고 분석하여 손바닥 보듯 훤히 알고 있다"고 평가할 정도로 법률가로서의 식견을 대단히 높게 평가하고 있다. 또한 그는 당시 주변 인사들로부터 "재사로서 법률에 밝고 산술에 통달하고 영 · 불 · 일어에 통한다"고 칭송받고 있었다. 그렇지만 이렇게 이상설을 중심으로 법률 개혁에 나서야 함에도 불구하고 뜻밖에 이상설에게 의정부 참찬의 일을 겸하여 맡기게 되면 법률기초위원회가 정상적으로 활동할 수 없을 것이라 읍소한 것이었다. 이 상소문을 통하여 김낙헌 등은 대한제국의 법률기초위원회의 정상화와 민법 제정 추진 필요성을 재촉구한 것이었다.

그런데 이들의 요구는 11월 17일 일제에 의해 강제로 을사조약이 체결되면서 더 이상 진전될 수 없었다. 11월 2일 의정부 참찬에 발탁되었던 이상설은 곧이어 을사조약 사태가 벌어지자, 11월 17일 사직 상소를 올리면서

42) 이 상소문을 올린 사람은 법부 참서관 咸台永 · 李冕宇 · 金基肇, 한성부재판소검사 洪鍾瀚, 평리원 검사 張燾, 법부 법률기초위원 洪在祺, 주사 柳遠聲 · 安致潤 등이었다. 이들은 대한제국의 법부와 법률기초위원회와 직접적으로 연관된 관료들이었다(『승정원일기』 1905년 을사 10월 10일(양력 11월 6일); 『일성록』 1905년 10월 10일(양력 11월 6일)).

본격적으로 5차례에 걸친 상소운동을 일으켰다. 그는 황제로 하여금 이를 인준하지 말라고 하는 등 조약 파기운동을 본격적으로 전개하였다.[43] 이러한 을사조약 반대 운동에는 당시 법관양성소의 교관으로 있던 정명섭 등도 동참하였다. 11월 24일 정명섭 등은 "외교권이 한번 옮겨지게 되면 독립이라는 이름 또한 따라서 떠나가게 된다"는 논리로 조약에 찬성한 이들을 처벌하고 조약의 무효임을 선언할 것을 요구하였다.[44] 이어 11월 26일에도 정명섭은 법관양성소 교관 조세환, 고익상, 김종관, 윤태영, 윤광선 등과 함께 재소를 올려 조약의 철회를 주장하였다.[45] 그렇지만 법관양성소 상소 교관들 중에서 정명섭, 윤태영, 김종호, 고익상, 조세환 등은 1905년 12월 13일자로 모두 교수직에서 면직당하였다.[46] 이와 같이 법부 법률기초위원회의 위원 중 이상설과 정명섭 등 을사조약에 반대한 법조인들이 배제되고 새로운 위원들이 선임됨으로써 이들의 독자적인 민법 제정운동은 일단 실패하였다. 대한제국의 법제 개혁의 주도권은 이후 일본으로 넘어갔다.

2) 한국 통감부의 법전조사국 설치와 '한국 관습' 조사

일본은 1905년 11월 을사조약을 강제하고 이어 통감부 및 이사청관제를 공포하여 1906년 2월 한국통감부를 설치하였다. 일본과 한국통감부는 대한제국에 일본식 근대 법률제도와 법전 정비를 강요하고 있었다. 1906년 4월 19일 제5회 시정개선협의회에서 이토 히로부미(伊藤博文) 통감은 李夏榮 법

43) 박걸순, 「이상설의 민족운동과 후인(後人) 논찬(論贊)」『중원문화논총』 10, 2006, 4~6쪽.
44) 『대한매일신보』 85호, 잡보, 「법관양성소 교관 신 정명섭 등 소본」, 1905.11.24., 1면 5~6단.
45) 『대한매일신보』 87호, 잡보, 「법관양성소 교관 신 정명섭 등 재소본」, 1905.11.26., 1면 4~5단.
46) 『관보』 제3325호, 1905.12.16; 『대한제국관원이력서』, 탐구당, 1972, 538~539쪽; 『대한매일신보』 103호, 잡보, 「以忠被免」 1905.12.15., 2면 4단, 참조.

부대신으로부터 "한국의 법전을 완비하기 위해 법률가의 고빙할 뜻"을 전달 받았지만, 대한제국의 독자적인 법률 제정에는 반대하였다. 그는 "한국정부에서도 자신의 지휘 감독 하에 '임시법전조사국'과 같은 것을 두고 1년에 2만 엔 내외의 경비를 들여 2~3명의 전문가를 촉탁하면 2년 사이에 완성할 수 있다"고 하였다.[47] 이어 6월 25일 제6회 시정개선협의회에서는 이토가 토지소유자에게 지권을 교부하여 재산권을 견고히해 줄 법률 제정을 거듭 요구하였다. 이에 따라 시정개선협의회에서는 일본 민법 제정에 참여했던 동경제국대학 법과대학 교수 우메 겐지로(梅謙次郎)를 초빙하여 맡기기로 최종 결정하였다.[48]

1906년 7월 13일 한국 정부는 한국의 토지소유에 관한 종래 제도와 관습을 조사하기 위해 '토지소관법 기초위원회'를 별도로 설치하였다.[49] 이에 따라 기초위원으로 李健榮(탁지부 사세국장), 金洛憲(법부 형사국장), 李源兢(정3품), 鄭寅興(정3품), 洪在祺(정3품), 金澤(전참서관) 등 6명을 임명하였다.[50] 그렇지만 일본은 자신들의 입장과 배치된다고 생각하여 7월 24일 기초위원 6명 모두를 해임하고 새로이 洪在祺를 제외한 5명을 유임시키고 새로이 石鎭衡(내부 참서관), 金亮漢(종2품), 元悳常(의정부 참서관) 등으로 교체하였다.[51] 이렇게 일본은 의도대로 '부동산법조사회'로 개편하면서 1907년 6월부터 부동산 관례 조사를 전국적으로 시행하였다.

한편 1906년 5월 19일에는 대한자강회에서는 윤효정의 발의로 '부동산증명안건' 건의방침을 결정하였다. 이어 5월 25일 참정대신 박제순에게 건의서를 제출하였다.[52] 이 안은 民産契券을 확정하기 전에 먼저 증명서로 사

47) 『統監府文書』 1, 「한국의 시정개선에 관한 협의회 제5회 會議錄」(1906년 4월 19일), 참조.
48) 김정명 편, 『일한외교자료집성[일한합방편]』 6의 상, 220쪽, 참조.
49) 『황성신문』 2233호, 잡보, 「제도위원회」, 1906.7.16., 2면 4단.
50) 『황성신문』 2234호, 잡보, 「토지조사회」, 1906.7.17.2면 4단.
51) 『황성신문』 2244호, 관보임명기사, 1906.7.28., 1면 1단, 참조.
52) 『대한자강회월보』 1(1906.7), 39~40쪽, 53쪽 ; 『황성신문』 2399호, 「회질정부서」,

기, 위조 등의 범죄를 막아야 하며, 형법대전에 정한 田宅冒認과 契券僞造의 律은 사후 조처라 효과가 없으니 미리 증명제도를 도입해야 한다는 것이었다. 또한 張志淵 등 한국의 지식인들은 전국의 지계제도를 일정하게 하고 토지법을 제정하는 것이고, 임시변통책으로는 증명제도를 도입하자고 주장하였다.[53] 그렇지만 법부는 대한자강회 안을 반영하여 총 24조로 된 '부동산권소관법'을 독자적으로 마련하였다. 이는 당시 부동산에 대한 물권적 권리에 대한 민법 법제를 대한제국 나름대로 독자적으로 마련했다는 의미가 있었다.

이렇게 하여 1906년 8월 15일에는 제10회 시정개선협의회에서 「부동산권소관법」 초안을 이토에게 제출하였다. 이 법은 답 · 전 · 산림 · 천택 · 기타의 토지 · 가옥 토지의 정착물 등 모든 부동산권에 대한 규정을 담고 있었다. 그렇지만 일본인들은 이에 찬동하지 않았고, 결국 우메 겐지로 부동산법조사회 회장은 초안을 수정한 수정안을 강요하였다. 마침내 10월 16일 법률 제6호 「토지 건물의 매매 · 교환 · 양여 · 전당에 관한 법률」로 공포하였다.[54] 그렇지만 '법률 6호' 자체도 부동산거래시 관의 인허와 부정 발생시 강력한 처벌을 포함하고 있었다. 이에 일본측은 일본인의 자유로운 토지가옥거래 보장과 토지소유의 확대를 의도하고 있었던 의향과는 배치되는 부분이 많아 상당한 차이가 있었다. 일본은 불과 10일 후인 10월 26일, 별도로 칙령 제65호 「토지가옥증명규칙」을 재수정하여 공포하였다.[55] 이로써 일본

1907.2.5. 1면 4~5단.

53) 장지연, 「嵩齋漫筆」 『대한자강회월보』 3, 1906, 169~171쪽; 『황성신문』 2350호, 논설, 「부동산증명서를 宜急速實行」 1906.12.4., 2면 1~2단; 최원규, 「대한제국과 일제의 토지권법 제정과정과 그 지향」, 『동방학지』 94, 1996, 10~18쪽 참조.

54) 『황성신문』 2292호, 1906.9.25, 잡보, 13-494쪽; 2295호, 1906.9.28, 잡보, 13-506쪽; 2296호, 1906.9.29, 잡보, 13-510쪽.

55) 후속조치로 통감부는 11월 16일 통감부령 제42호 「토지건물증명규칙」을 공포하였다(『구한국관보』제3598호, 1906.10.31. 16-963쪽 「칙령 65-토지가옥증명규칙」 참조).

인의 토지가옥거래 합법화를 법적으로 뒷받침하면서 외국인의 토지소유를 규제하였던 대한제국의 토지정책이 철회되었다.

당시 대한제국의 법률체계와 법률 관습이 독자적으로 존재하고 있는 상황에서 일본의 의도대로 근대법률의 제정 작업이 진행될 수는 없었다. 1906년 11월 16일 개최된 '제12차 한국의 시정개선에 관한 협의회'에서는 당시 현안이 되고 있었던 재정 차관 문제와 더불어 지방세 과세지의 확대, 사법제도의 개혁 등이 언급되었다. 이토 통감은 민법제정의 담당자로 일본에 유학한 법률전문가들에 대해서조차 쉽사리 신용을 두기 어렵다고 평가하였다. 재판관은 순수한 법리뿐만 아니라 실제 사정에 통하지 않으면 안 되는데, 일본 법학교에서 한국의 법률을 가르치지 않기 때문에 믿을 수 없다고 하였다. 이토는 이를 명목으로 일본의 민법 직수입과 일본인 재판관의 수용을 주장하였다.

이에 대해 李夏榮 법부대신도 일본에 유학하여 법률을 배운 자들은 대부분 성공하지 못했다고 동의하고 있다. 그렇지만 이하영은 이토와 달리 강조점이 달랐다. 그는 "이들이 왕왕 일본의 법률을 적용하고자 하지만, 이를 적용하면 곧 한국의 법률 습관과 충돌하게 되므로 본인들도 기분 좋게 여기지 않고 그 직을 물러나기를 예사로 하고 있소"라고 대답하였다.[56] 이토는 전적으로 일본식의 제도로 개편되기를 바라고 있었던 반면, 이하영은 일본의 법률 적용이 한국 법률 습관과 충돌하고 있다는 점을 부각시키고 있던 셈이다. 대한제국의 법부대신 이하영은 대한제국의 법제도하에서 기존의 법률이 폐지된 이후 일본의 민법을 그대로 도입하여 적용하는 것은 문제라고 인식하고 있었다고 생각된다.

1907년 12월 한국정부는 民法, 刑法, 民事訴訟法·刑事訴訟法 및 부속법령의 기안을 목적으로 法典調査局을 설치하였다. 이 기구는 1906년 7월 한

56) 『統監府文書』 1, 〈六. 韓國施政改善에 관한 協議會 一·二·三〉 (12) 한국의 시정개선에 관한 협의회 제12회 會議錄(1906.11.16.) 참조.

국의 토지소유에 관한 종래의 제도 및 관습을 조사하여 신구를 참작한 법률을 제정하려고 했던 부동산법조사회를 계승한 것이었다. 법전조사국에는 고문으로 우메 겐지로, 위원장으로는 구라토미 유자부로(倉富勇三郎) 법부차관, 위원으로 일본인 및 한국인 10여명, 기타 사무관 및 사무관보, 통역관 약간 명이 임명되었다.[57] 관습조사사업의 담당관리로 전임사무관인 오다 미키지로(小田幹治郎)와 사무관보인 가와사키 만죠(川崎萬藏) 등이 임명되었는데, 이들은 모두 일본 호세이(法政) 대학 출신이었다.[58] 한국인 관료로는 유성준, 김낙헌, 이시영 등이 국장급으로 참여하였다.[59] 이처럼 위원급 이상은 일본인 관료 및 한국인 일부 관료로 구성되어 있으며, 그리고 통역관으로 한국인 통역이 종사하였다.

법전조사국에서는 일본 민법의 사례에서 추출한 180개항의 민법관련 질문과 26개항의 상법 관련 질문 사항 등 총 206개 항목으로 전국적인 관습을 조사하였다. 법전조사국이 정의한 '관습'은 현재 한국에서 통용되는 일반적인 관습, 혹은 관습법과는 달랐다. 이후 조선총독부에 보고한 『관습조사보고서』 범례에서는 "본 보고서는 한국 각지의 관습을 기초로 하고, 다른 한편으로는 한국의 신구법령을 참조하여 편찬하였다"고 규정하고 있지만,[60] 한국 각지의 관습을 조사하는 기본원칙에서 문제가 있었다. 왜냐하면 법전조사국은 조선 재래의 법전 및 대한제국의 현행 법령을 조사하기는 했지만, 현재 시행되는 법을 근대적 법률로서 성문법으로서 인정하지 못하며 아직

57) 『관보』 『황성신문』 임명 해당 기사, 『內閣往復文』(규 17755) 참조.

58) 이영미, 『한국사법제도와 우메 겐지로』(일조각, 2001), 158쪽.

59) 김낙헌은 1895년 법부주사로 시작하여 1905년 법부 법률기초위원과 1906년 법부 형사국장, 토지소관법기초위원 등을 역임했다. 이시영은 1891년 증광문과에 급제한 후, 1894년 이후 각부 주사, 궁내부 참서관 등을 역임하였다. 1905년 이후 문관전고위원, 평안남도관찰사 등을 거쳐 1907년 법률기초위원을 맡았다(국사편찬위원회 편, 『대한제국관원이력서』, 9책, 1971, 294쪽, 33책, 757쪽, 34책, 779쪽, 5책, 143쪽, 19책, 500쪽, 2책, 48쪽).

60) 『改譯版 慣習調査報告書』(정종휴 감수, 정긍식 편역) 한국법제연구원, 1992/2000, 66쪽, 참조.

근대법적 법체계가 시행되지 않는 상태라고 보았다. 우메 겐지로 법전조사국 고문은 장래에 일본 민법을 적용시킨다는 전제하에서 일본의 민법에서 규정한 법령 조항들이 조선에서도 동일하게 적용될 수 있다고 보았다.[61] 이에 따라 '한국의 관습'이란 한국에서 존재하는 관습, 관행 일반을 가리키는 것이 아니라 일본의 민법에서 규정한 범위에서 적용될 수 있는 것 이외의 것이라고 규정했다.[62] 이들 일본인들이 주도하는 법전조사국의 방침은 일본 식민지 통치의 기반으로 적합한 구래 법전과 관습조사였으며, 일본 근대 민법을 위주로 하는 근대법 체계였음을 알 수 있다.

이후 법전조사국은 1908년 5월부터는 각종법률제정에 기초할 한국 관행을 조사하기 위해 각 지방에 구체적인 조사활동에 들어갔다. 법전조사국은 일반조사 뿐만 아니라 특수 사항에 대해서도 각 지역에서 관습조사에 응할 수 있는 사람을 미리 선정하여 기존 조사항목 206개에 대한 다각도의 질의와 응답을 진행하였다. 법전조사국은 전국적인 조사 대상 지역으로 경성을 비롯하여 13개도 관찰부 도시, 개항장 등 외국과 교류가 많은 지역 등 전국 48개 지역을 설정하였고, 일반조사 1,769명과 특별조사 617명을 합쳐 약 2,386명의 한국인을 대상으로 조사하였다.[63] 이렇게 법전조사국은 1909년 2월 전에 전국 관례를 남부와 동부 지방(제1관 지역)으로 조사를 마치고 이후로는 북부 및 서부 지방에 대한 조사(제2관 지역)에 착수하여 관습조사사업을 1909년 6~7월경에 마무리할 예정이었다.

---

61) 실제 우메 자신도 『민법강의』에서는 "법례에서 규정하는 慣習은 (1) 법령의 규정에 의하여 인정된 것, (2) 법령에 규정 없는 사항에 관한 것에 한정된다. 이 양자는 법률과 동일한 효력을 가지는 것이므로 소위 관습법이고, 나머지의 것은 (3) 법령의 규정과 다른 관습, 즉 학자의 소위 사실 관습이 이것이다"라고 하였다(梅謙次郎, 『民法要義總則編』(有斐閣, 1909), 204쪽; 심희기, 「동아시아 전통사회의 관습법 개념에 대한 비판적 검토」『법사학연구』46, 2012, 233~234쪽 재인용).

62) 이승일, 「일제의 관습조사와 전국적 관습의 확립과정 연구」『대동문화연구』67, 2009, 380~396쪽.

63) 이승일, 위의 논문(2009), 374~378쪽.

4. 한국 법률 전문가의 근대 법률 제정 논리와 '한국 관습'의 이해

1) 계몽운동 법률가의 법률 인식 심화와 근대 민법 이해

1905년 이후 한국 민들은 국권을 다시 찾고 근대사회로 발전시키기 위한 계몽운동을 전개하고 있었다. 이때 새로운 개혁의 담론, 혹은 이론으로 근대국가학, 헌법론, 민권론 등이 제기되고 있었고, 그 중에서는 근대국가의 삼권분립이나 헌법과 민법 제정론과 같은 법제 개혁론이 강조되고 있었다. 당시 각종 학회와 잡지의 기사 제목에서도 근대적인 법률 제정의 필요성을 주장하는 논자들이 적지 않게 나타나고 있었다.

〈표 3〉 한말 주요 학회 잡지 중 민법 제정 관련 논설(1907.2.~1909.12.)

	저자명	제목	출전	간행일자
1	薛泰熙	法律上人의 權義	대한자강회월보 8호	1907.2.25.
2	薛泰熙	法律上人의 權義 (續)	대한자강회월보 9호	1907.3.25.
3	薛泰熙	法律上人의 權義 (續)	대한자강회월보 10호	1907.4.25.
4	薛泰熙	法律上人의 權義 (續)	대한자강회월보 12호	1907.6.25.
5	尹孝定	刑法과 民法의 區別	대한자강회월보 11호	1907.5.25.
6	朴聖欽 譯抄	民法講義의 概要	서우 7호	1907.6.1.
7	朴聖欽	民法講義의 概要 (續)	서우 8호	1907.7.1.
8	朴聖欽	民法講義의 概要 (續)	서우 9호	1907.8.1.
9	朴聖欽	民法講義의 概要 (第九號續)	서우 13호	1907.12.1.
10	趙琬九 述	民法總論	대한협회회보 1호	1908.4.25.
11	趙琬九 述	民法總論 (續)	대한협회회보 2호	1908.5.25.
12	元泳義	法律概論	대한협회회보 4호	1908.7.25.
13	安國善	民法과 商法	대한협회회보 4호	1908.7.25.
14	卞悳淵	法律이 斯世에 施行되는 理由	대한협회회보 5호	1908.8.25.
15	劉元杓	民俗의 大關鍵	서북학회월보 4호	1908.9.1.
16	李鍾麟 述	民法總論 (二號續)	대한협회회보 9호	1908.12.25.
17	李鍾麟 述	民法總論 (續)	대한협회회보 11호	1909.2.25.

18	李鍾麟 述	民法總論 (續)	대한협회회보 12호	1909.3.25.
19	李容宰 譯	民法總論 (續)	대한협회회보 10호	1909.1.25.
20	洪正裕	社會法 抄略	기호흥학회월보 6호	1909.1.25.
21	洪正裕	會社法 抄略 (續)	기호흥학회월보 7호	1909.2.25.
22	法學少年	憲法上 八大自由에 就ᄒᆞ야	서북학회월보 14호	1909.7.1.
23	法學少年	憲法上 八大自由에 就ᄒᆞ야 [續	서북학회월보 15호	1909.8.1.
24	法學少年	憲法上 八大自由에 就ᄒᆞ야 [續	서북학회월보 18호	1909.12.1.

이러한 논의 중에서 주목되는 것은 薛泰熙가 제기한 「法律上 人의 權義」라는 논설이다. 그는 법률이란 "종교상 도덕상 물리상의 법칙과 달리 시대를 따라 불변하기를 不能한 것으로, 당연적 人爲로 설명하면서 制裁의 사상을 써서 완전한 규칙을 이룬 것"이라고 정의하였다. 그는 公權에 대비된 私權을 가리키는 것이라 민법을 정의하고, 私權의 종류에 대해 인격권(생명권, 신체권, 자유권, 명예권 등), 친족권(호주권, 친권, 부권, 후견인의 권리 등), 재산권(취득권, 소유권, 특허권, 기타 민법, 상법 기타의 사법의 보호하에 있는 제종권리), 물권, 민법상의 물권(점유권, 소유권, 지상권, 영소작권, 地役權, 留置權, 선취특권, 질권, 저당권 등), 채권, 상속권 등의 순으로 간략히 소개하였다. 그는 일본 민법의 내용을 열거하면서 제정과정에서의 변화와 의미를 소개하였다.[64] 또한 그는 법률이 일국의 주권자에 의해 정해진 것이기는 하나 근대국가에서는 국회 상의원, 하의원을 경유하여 만들어진다고 설명하고 근대입헌주의의 원리를 강조하였다.[65] 그가 법률을 강조하는 이유는 근대국가의 형성 원리로서 국가의 통합과 결합 상태를 나타내

64) 설태희는 일본 구민법에서는 용익권을 인정하여 물권의 하나라고 하고, 또 債借權도 물권의 하나라 하였지만, 새로운 민법에서는 용익권을 인정하지 않았고, 채차권도 채권의 일종으로 변경하였다고 파악하였다(『대한자강회월보』 12호(1907년 6월), 「法律上 人의 權義(承前)」, 39~46쪽).

65) 『대한자강회월보』 8호(1907년 2월), 「法律上 人의 權義」, 16~19쪽; 같은 책, 9호(1907년 3월), 「法律上人의 權義(續)」, 11~13쪽; 같은 책, 10호(1907년 4월), 「法律上人의 權義(續)」, 11~13쪽; 같은 책, 12호(1907년 6월), 「法律上人의 權義(承前)」, 39~46쪽.

주는 것이라고 보기 때문이었다. 결국 설태희는 근대국가학의 입장에서 헌법과 입헌국가의 체계 속에서 법률의 의미를 설명한 것이고, 자연상태 속에서 개인의 계약에 의해 국가가 성립했다는 사회계약설을 강조한 것은 아니었기 때문에 민간의 민법제정 논의를 직접적으로 주장한 것은 아니었다.[66]

한편 1907년 5월 尹孝定은 「刑法과 民法의 區別」이라는 글에서, 公法은 국가와 인민의 관계를 규정하고, 私法은 인민 호상간의 관계를 규정한다고 하면서 형법은 범죄와 형벌을 정한 공법이고, 민법은 인민상호간의 권리의무를 정한 사법이라고 규정하였다. 그는 법제정에 대한 규정을 소개하면서도 각국의 입법은 각기 다양하게 제정된다는 입장을 취하고 있었는데, "立法者ᄂᆞᆫ 自國의 歷史와 人情과 風俗을 基本으로ᄒᆞ고 各國의 法律을 參酌ᄒᆞ야 適當ᄒᆞᆫ 法律을 制安치 안니ᄒᆞᆷ이 不可ᄒᆞ도다."고 주장하였다.[67] 그렇다면 윤효정의 논리에서 특정 국가에서 종전 법률 전통의 계수와 더불어 근대 법률을 제정하는 근거는 무엇인가 하는 것이 문제였다. 이를테면, 서구, 혹은 일본을 통해 들어온 근대 法律을 기본으로 하는가 아니면 전통 慣習, 條理와의 상관 관계를 어떻게 설정해야 하는가 하는 것이었다.

이에 대해 윤효정은 민법이란 법률의 명문이 없는 행위라도 조리와 관습을 참작하여 적용할 수 있다고 생각하였다. 즉, "재판관은 明文이 있는 것은 적용하고, 없는 것은 慣習에 의하며, 또 관습에 없는 것은 條理에 의하여 재판하는 것이 가능하다"고 하였다. 그는 일본의 사례를 들면서, 1896년 4월에 현행 민법을 발포하여 1,146조에 이르렀으나 또한 관습을 적용할 경우가 적지 않았다고 하였다.[68] 반면에 한국의 현실에는 종래 대전회통과

---

66) 『대한협회회보』 3호(1908년 6월), 「憲法緖言」, 28~31쪽; 『대한협회회보』 5호(1908년 8월), 「憲法(續)」, 28~31쪽; 『대한협회회보』 6호(1908년 9월), 「憲法(續)」, 33~35쪽.
67) 『대한자강회월보』 11호(1907년 5월), 49~52쪽 참조.
68) "日本에서 明治二十九年 (距今十一年前) 四月에 現行民法을 發佈ᄒᆞᆫᄃᆡ 其 規定ᄒᆞᆫ 바 實로 一千一百四十六多條에 及ᄒᆞ엿스나 尙且 慣習을 適用ᄒᆞᆯ 境遇가 不尠ᄒᆞ더

대명률을 적용하였으나 상세한 규정이 없었으므로 관습에 다수 의지하여 인민의 소송을 재판하였다고 평가하였다. 그는 이제부터 수년 후 민법이 발포되면, 이제 관습을 적용함은 자연 감소하기에 이를 것이라고 전망하였다. 그는 전통적인 법제도에서는 상세한 규정의 부재로 인해 다수의 관습을 채택할 수밖에 없었다는 현실을 인정하였다. 그렇지만 앞으로 한국에서도 민법이 발포되면 성문법으로 명문화되기 때문에 한국 관습이 축소될 수밖에 없다고 하는 입장이었으므로 그가 한국 관습에 기초하여 새로운 민법 제정이 필요하다는 점을 주장하는 것이라고는 할 수 없었다.

당시에는 일본의 민법을 공부하고 서양 근대 법학의 세례를 받아온 법학계통의 유학생들은 아무래도 일본식 근대 법률의 도입을 먼저 주장하는 편이었다.

1908년 4월 趙琬九도 「민법총론」에서 우리 학계에서도 일본 민법전을 주체로 삼아 강의한 자도 있고, 일본의 법전이 유럽의 각국 법률을 종합하여 편성한 것이므로 이를 연구할 재료가 있다고 하면서 일본 민법의 수용을 적극적으로 주창하였다.[69] 당시 법률전문지로 간주되던 『법정학계』에는 1907년 5월 俞鈺兼이 「私法典編纂의 必要」라는 글을 싣기도 하였다. 그는 인민 개인의 사권을 보호할 목적으로 사법을 제정해야 한다고 주장하였다.[70]

당시 일본의 메이지 시기 근대 법률, 민법의 규정에 대해서는 일본 유학파 법률 전문가들이 어느 정도 숙지하고 있었다는 점은 그들이 강의한 민법의 강좌와 간행한 저서들에서 알 수 있다.[71] 먼저 대한제국에서는 새로

라."(『대한자강회월보』 11호, 1907.5.25, 49~52쪽).

69) 趙琬九, 「民法總論」 『대한협회회보』 1호, 1908.4.25. 35~36쪽; 趙琬九의 「民法總論」은 이전 일본 법학자 니호 가메마쓰(仁保龜松)의 『민법총론』(東京法學院, 1896)의 서론을 거의 그대로 번역하여 수록한 것이었다(요시카와 아야코(吉川絢子), 「근대 초기 한국의 민법학 수용과 판사에 대한 영향」, 『법사학연구』 46, 2012, 360~361쪽, 참조).

70) 俞鈺兼, 「私法典編纂의 必要」, 『法政學界』 1호, 1907.5, 10~15쪽.

71) 이태훈, 「인물조사를 통해 본 한국 초기 '사회과학' 수용주체의 구성과 성격」, 『한

운 재판소 제도와 이를 담당할 재판관의 육성이 필요했기 때문에 국가가 운영하는 법관양성소를 비롯하여 공사립 법률학교가 다수 설립되었다. 1906년 2월 26일 칙령 21호 「법관양성소 관제」에서는 새롭게 법관양성소를 개편하였는데, 이때 법률 교과 과목은 "刑法大全, 明律, 無寃錄, 法學通論, 憲法, 刑法, 民法, 商法, 刑事訴訟法, 民事訴訟法, 行政學, 國際法, 經濟學, 財政學, 外國語" 등이었다.[72] 또한 사립한성법학교의 경우에도 법학전문과목으로 "法學通論, 明律, 民法, 商法. 刑法. 裁判所搆成法. 刑事訴訟法. 民事訴訟法. 行政法. 國際公法, 國際私法, 證據法, 破産法, 國家學, 經濟學, 財政學, 擬律擬判, 訴訟演習" 등을 개설하고 있었다. 전문 법학 강사로서 太明軾, 張燾, 申海永, 俞致衡, 劉文煥, 李冕宇, 權鳳洙, 申佑善, 洪仁杓, 洪在祺, 石鎭衡, 崔恒錫 등을 소개하고 있다. 이들은 대개 일본에 유학하여 각종 법률학교를 다닌 경력의 소유자였다. 이처럼 각종 신문의 광고기사에서도 각종 사립 법률 학교의 교과목과 신입생 모집 기사를 흔히 발견할 수 있다.[73]

한편 이전의 법학 교과나 시험제도도 크게 달라졌다. 1904년 7월 법관양성소 하기시험에서는 漢文 講製와 法文, 算術, 勤點 등 기초과목으로, 또한 법률학에 대해서는 『無冤錄』(상, 하), 『大明律』(天,地,人), 跋辭, 講製共計, 法文 등을 대상으로 하였다. 법관양성소 학도들은 졸업시험에서 대명률의 강독 시험과 함께 현행률 문제, 跋詞, 法文 등을 치렀다.[74] 이렇게 보면 이

국문화연구』 22, 2012, 32~51쪽, 참조.

72) 『황성신문』 2146호, 「법률양성소규칙」(1906.3.30. 제정), 1906.4.5., 1면 2~3단; 2146호, 「법률양성소규칙」, 1906.4.6., 1면 2~3단.

73) "1906년 12월 25일자 황성신문 광고기사에 실린 광신상업학교 야학원 모집광고에서는 교수과정이 3학년 과정인데, 그 중 2학년 과목으로 商法(會社編)(手形編), 外國貿易論 銀行論, 貨幣論, 民法(物權), 國際公法(平時), 銀行簿記, 日本語이고, 3학년 과목으로 商法(商行爲編)(海商編), 民法(債權), 國際公法(戰時), 國際私法, 行政法, 財政學, 應用經濟學學, 日本語 등이었다. 이 학교에도 역시 일본 유학 법률가인 金大熙, 李寅植, 金祥演 등 3인을 교사로서 채용하였다"(『황성신문』 2368호, 「廣信商業學校夜學員募集廣告」, 1906.12.25, 3면 6단).

74) 『司法稟報(乙)』 45, 「보고서 6 : 법관양성소에서 夏期시험 성적 보고(1904.7.4.)」,

전의 법관양성소에서는 각종 근대 법전에 대한 교과 수업이 일부 이루어졌음에도 불구하고 대명률과 무원록 등 전통 법전을 중심으로 법률교육이 이루어졌음을 알 수 있다.

그렇지만 1906년 이후 각종 법관 시험과 변호사 자격시험에는 시험 과목과 출제경향이 크게 바뀌었다. 1906년 11월 법부령 제5호「법관전고세칙」에서는 해당과목의 시험내용이 크게 바뀌었다. 민법의 출제 문제는 "一. 私權의 意義를 說明홀 事, 二. 特定物의 賣買契約 締結 후에 賣主가 目的物의 引渡를 아니흔 以前에 目的物이 天災에 罹흐야 生흔 損害는 何人이 負擔홀가"라는 것이며, 상법에서도 "一. 商法은 何를 云홈이냐, 二. 手形條例 施行 후 發行흔 於音所持人은 如何흔 權利를 有흐얏나냐" 등이었다.[75] 이렇게 시험과목의 내용은 일반적인 법률 용어와 범주에 대해 묻는 것과 아울러 매우 구체적인 근대 법률 사례에 대한 전문 지식을 시험하고 있었다. 이것은 종전의 경향과는 완전히 다른 것으로 교과과목에서 근대 민법과 상법, 행정법 등 전문적인 법률사례가 우선시되었음을 알 수 있다.

따라서 법관양성소나 국내외 법률학교의 졸업생, 현직 판사와 검사 경험자들은 이들이 법률가로서 활동하기 위해서는 법률 과목에 대한 기본 서적이 보급되지 않으면 안 되었다. 이에 유학파 법률가인 석진형 등은 법률관계 서적의 부족을 해소하기 위해 양정의숙 교수들과 함께 교과서를 번역하기 위해서 심지어 내부 참서관을 면관케 해달라고 청원하기도 하였다.[76] 더욱이 각종 신문과 잡지의 광고란에는『日本明治法制』,『日本監獄法律詳解』등 일본의 법학 번역서를 소개하거나, 신간서적으로 여러 저자들의『법학통론』발간소식을 전하였다.[77]

「보고서 7 : 법관양성소에서 졸업시험 성적 보고(1904.7.15.)」, 참조.

75)『법학협회잡지』2호, 1908; 최종고,「한말과 일제하 법학협회의 활동」,『애산학보』2, 1982, 참조.

76)『황성신문』2284호,「석씨 청원」(1906.9.15.) 2면 6단.

77) 요시카와 아야코(吉川絢子), 위의 논문(2012), 360~361쪽.

예컨대, 유성준은 『법학통론』을 1905년에 출간하였다.[78] 이 책은 기시모토 다쓰오(岸本辰雄)의 『법학통론』을 번역한 것이다. 원서는 원래 1898년의 초판 인쇄 이후 개정증보를 거듭하여 1910년대 초까지 20여 판이 인쇄되었다고 한다. 유성준의 『법학통론』도 1905년 11월에 초판 인쇄한 이후 1907년 6월에 다시 재판을 발간하기도 하였다.

1907년 신우선은 『민법총론』을 발간하였다.[79] 그는 니호 가메마쓰(仁保龜松)의 『민법총론』을 다수 참조하여 역술한 것으로 보인다.[80] 그렇지만 서론의 내용상으로는 법제사의 연혁과 법률 규정의 설명에 관하여 상당히 차이가 있었다.[81]

---

78) 유성준은 1883년 일본 慶應義塾에 입학 이후, 1896년 4월 일본 방명 후, 1898년 1월 明治法律學校에 입학하여 1년 후 졸업한 후, 1902년에 국사범 혐의로 경위원에 붙잡힌 후, 1904년 3월 특사로 해배되어 1906년부터 내부 경무국장, 내각 법제국장 등을 역임하였다(『대한제국관원이력서』 9책, 294쪽, 11-294쪽, 33-757쪽, 34-779쪽, 34-780쪽, 38-828쪽).

79) 신우선은 1895년 3월 일본에 유학하여 慶應義塾에서 수학한 후, 1897년 9월 專修學校에서 3년간 경제학을 공부하였다. 1901년 6월 일본 대장성 사무견습을 거쳐 1901년 7월 귀국하였다. 1904년 7월 법관양성소 교관을 지냈으며, 1905년 4월 육군무관학교 교관이었다. 1905년 4월부터 1908년 2월까지 보성전문학교 강사를 역임하였다(『대한제국 관원이력서』 23책, 609쪽, 23-611쪽, 35-800쪽). 저서로는 『民法總論』 이외에도 『魚驗法論』 등이 있다.

80) 仁保龜松, 『民法總論』 東京法學院, 1896, 〈동경법학원 30년도 1년급 강의록〉; 仁保龜松, 『民法總則』 京都法政大學, 1904, 〈京都法政大學 제2기 강의록〉(일본 국립국회도서관 소장). 두 책은 목차와 내용이 비슷하나 앞의 책(1896)을 수정・보완한 것이 뒤의 책(1904)이다. 신우선의 『민법총론』은 앞의 책을 저본으로 한 것으로 보인다. 신우선의 민법총론은 2가지 판본이 있다. 하나는 연세대학교 법학도서관 소장본(346 신우선 민), 다른 하나는 국회도서관 소장본(OL 345.1 ㅅ576ㅁ)이다. 전자는 초기 번역한 강의안이고, 후자는 추후에 수정하여 간행한 재판본으로 보인다.

81) 요시카와 아야코(吉川絢子)는 앞의 논문(2012)에서 신우선이 니호 가메마쓰의 『민법총론』을 다수 참조한 흔적이 보인다고 강조하였으나(361~363쪽), 신우선은 니호의 2개의 책 중에서 앞서 발간된 책(1896)을 주대본으로 하되 뒤에 발간된 책(1904)도 참조하고 있다. 본고에서는 대부분 논의를 차용했음에도 불구하고 다른 부분의 차이, 즉 한국의 현실, 관습상 차이를 반영한 부분을 강조하였다. 결국 신우선이 나름대로 강술(講述), 즉 강의를 위해 새로이 편집한 책으로 간주하였다.

우선 니호 가메마쓰의 서론에서는 서구의 법률 수용과 더불어 일본의 신구 민법의 체계를 설명한 데 비하여, 신우선의 서론에서는 민법 총칙의 편차를 독일 신민법과 일본 신민법의 순차 차이를 소개하면서 일본 신민법은 색슨 민법의 주의를 채용하여 물권법 다음에 채권, 친족, 상속 제편을 순서대로 배치하여 편찬하였다고 소개하였다. 이렇게 신우선은 독일과 일본의 신민법의 편차와 내용상 차이를 구별하여 소개하였다. [82)]

또한 번역서와 원전의 차이가 발생한 이유는 법률 조항의 연혁과 한국적 현실을 상호 관련시켜 설명하는 부분이 있기 때문이었다. 예컨대, 신우선의 책에서는 私權의 행위 능력에 대해 미성년자의 규정을 구주 대륙의 다수 입법례에서는 만 21세를 성년으로 정하고 있으나, 일본에서는 만 20세를 성년으로 정하고 있다고 소개하였다. 또한 그는 혼인능력의 기준을 남자 만 17세이고 여자는 만 15세로 잡고 있으며, 유언능력에 관해서는 남녀가 공히 만 15세로 성년을 정하였다고 설명했다.[83)] 그가 한국사회에서 적용되고 있는 행위 능력자의 연령별 차이 규정에 대해 고대 로마법의 기준, 독일 민법 및 예외 규정, 영미법에서의 성년 사례, 일본 민법의 사례 등과 비교하여 설명한 것이었다.[84)] 이처럼 일본의 민법, 법학 통론 등을 번역하면서 대체로 일본 민법류의 설명을 기본으로 하되, 한국의 법률적 상황 혹은 관습적

82) "今에 本校의 講義도 我國에 整正히 成文ᄒᆞᆫ 民法이 姑無ᄒᆞᆷ으로 專혀 此等主義 即 索遜及日本民法의 體裁를 標準으로ᄒᆞ야 論理的으로 說明코저ᄒᆞ노라"라고 하였다(申佑善, 『民法總論』 緖論, 26쪽).

83) 신우선, 위의 책, 38~39쪽.

84) 흥미로운 것은 민법상의 권리행위 능력을 제한하는 대상을 미성년자, 금치산자, 준금치산자와 더불어 '처'를 규정하고 있는 점이었다. "공법구역에서는 남녀성의 상이함에 따라 권리 향유하는 범위에 광협의 차이가 있으나(선거권 및 피선거권이 없고, 관리됨이 부득함), 그렇지만 사법구역에 있어서는 여성됨을 인하여 私權 향유하는 범위 또는 행사하는 능력에 관하여 남자와 상이함이 無"라고 하면서도 여자는 타인의 처된 자와 그렇지 않은 자가 있으니 처의 경우 사실상 지능의 발육이 불충분함으로 이를 보호하는 필요로 그 능력을 제한하는 것이 아니오, 가정통일상 필요로 夫權을 보호하기 위하여 무능력자로 인정하는 자"라고 차별적인 법 규정을 강변하고 있다(신우선, 위의 책, 55쪽).

권리에 대한 설명을 보충할 수밖에 없었다. 법률 교재의 번역서 혹은 재해석한 판본들은 곧바로 법학 교육 현실에 적용되어 교재로서 활용되고 있었다.[85)]

또한 이들 일본 유학 법률가들 중 일부는 일본의 민법 편찬 방식을 수용하기는 하지만, 한국의 전통적인 불문법률, 관습법에도 관심을 가지고 있었다. 예컨대, 상업 행위와 관련하는 제반 관행에서도 역시 민간의 관습이 결정적인 역할을 수행하고 있다고 판단하였다.[86)] 이렇듯 대한제국에서 민법 제정의 논의는 근대 민법의 법제정과 아울러 한국적 상황을 고려한 민법 · 상법의 관습 채택을 별도로 고려하지 않으면 안 되었다.

2) 한국통감부의 사법권 장악과 민법 제정 및 '한국 관습'의 변화

1907년 6월 헤이그 특사사건과 고종의 강제 퇴위, '정미칠조약'의 체결 등 일제의 정치적 간섭이 강화되어 한국통감부가 이후 대한제국의 사법제도 개혁을 주도하게 되었다. 일본 정부는 한국의 사법제도 개편안을 작성하고 일본인 관리와 판검사를 한국 법부와 각급 재판소 및 감옥의 정식 관리로 임명하여 직접 사법권을 장악하는 정책으로 전환하였다.[87)]

---

85) 신우선은 1905년 4월부터 1908년 2월 보성전문학교 강사를 역임하였으므로 『민법총론』을 강의용 교재로 사용하고 있었다(김효전, 「양정의숙의 법학교육」, 『법사학연구』 45, 2012, 78쪽). 당시 보성전문 법률학 전문과와 야학과에서는 재학생들에게 그의 『민법총론』을 교과서로 삼아 정규교과과정 1학년에서 85시간과 32시간, 그리고 2학년에서는 3시간과 14시간씩 할애하고 있었다(『법정학계』 1호, 1907.5., 57~61쪽).

86) 『황성신문』 2014호, 「論 商業會議所의 創立」, 1905.8.7., 2면 1단; 『황성신문』 2016호, 「論 商業會議所의 創立(續)」, 1905.8.9., 2면 1단, 참조.

87) 1907년 7월 하순 후루야(古谷) 통감비서관은 고니시(小西) 외무대신 비서에게 보낸 글에서, "영사재판권 철폐를 위해서는 문명국의 재판제도가 한국에 실시되어야 하는데, 민법 · 형법 · 민사소송법 · 형사소송법 등 제반 법률을 제정하고 한국인 법관을 양성하는 데에는 1~2년 이상이 걸리므로 일단 재판기관만이라도 먼저 개편하겠다"고 하였다(국사편찬위원회, 『개화기의 사법』 2014, 377쪽, 재인용)

이에 따라 1907년 12월 23일 한국통감부는 대한제국 정부로 하여금 '재판소구성법'을 제정 공포하게 하였다. 새로운 재판 제도는 구재판소(112개소), 지방재판소(경성, 공주 등 8개소), 控訴院(경성, 평양, 대구 등 3개소), 大審院(경성 1개소) 등 4급 3심제로 구성하였다.[88] 이는 군수, 지방재판소 · 한성부재판소 · 개항장재판소, 순회재판소, 평리원, 특별법원 등 5급 3심제로 구성되었던 대한제국 전기 재판소제도를 개편하여 일본의 재판소 구성을 그대로 모방한 형식이었다.[89] 새 재판소 제도를 담당할 판검사로 1908년 3월부터 5월까지 일본인 판검사가 임명되었고, 6월부터 7월까지 한국인 판검사가 임명되었다. 재판소의 담당 인력을 대거 일본인 판검사를 대상으로 하였으며,[90] 실제 일본인 판검사가 대규모로 임명되었다.[91] 또한 재판과정에서 작성되는 공문서도 한국어와 일본어로 작성되고 통역되었으므로 대한제국의 공용어는 한국어와 일본어라는 2개의 언어가 되었다. 마침내 1908년 8월 1일부터 새로운 재판소 제도가 시행되었다.

당시 이토를 비롯한 통감부 사법관료는 법전조사국을 통하여 현행 법전을 편찬하는 사업을 추진하고 있었다. 1907년 12월 법전조사국의 설립이후

---

88) 법률 제8호, 「재판소구성법」『한말근대법령자료집』 Ⅵ, 160~164쪽.

89) 도면회, 앞의 책(2014), 442쪽.

90) "○多數法官渡來 法部次官倉富勇三郎氏가 目下我國法院各裁判所에 任用훌 日本司法官二百二十三人과 裁判所書記三百二十三人을 選擇훌 事로 司法省과 交涉中인딕 該多數人員을 現在司法部內에셔 一時에 選拔ᄒᆞ면 司法機關에 運用에 有碍훔으로 今明年度二個年에 半數式採用ᄒᆞ기로 決定ᄒᆞ고 來五月以內에 司法官百十餘名과 書記六十餘名을 選任훌터인딕 各地方裁判所判檢事中에셔 韓國에 渡來훔을 希望ᄒᆞ야 司法省職員課長에게 請願ᄒᆞᆫ 者가 百四十餘名이오 辯護士中에 請願ᄒᆞᆫ 者가 三十餘名이라더라"(『황성신문』 2682호, 잡보 「多數法官渡來」, 2면 3단, 1908년 1월 19일).

91) 1908년 8월 일본인 판사는 81명, 한국인 판사는 42명, 일본인 검사 35명, 한국인 검사 13명, 1909년에는 일본인 판사는 192명이 되었으며, 한국인은 87명에 불과했다. 검사도 일본인이 57명인 반면, 한국인은 7명에 불과했다. 또한 1910년에는 일본인 판사가 183명, 한국인 판사 71명, 일본인 검사 54명, 한국인 검사 6명 등이었다(전봉덕, 「근대사법제도사」(8)『대한변호사협회의』 15호, 27쪽, 도면회, 위의 책(2014), 445쪽 재인용).

한국 법전에 대한 관습 제도 조사와 아울러 현행 법전을 새로 편찬하는 작업을 서둘렀다. 법전조사국은 재판소 개편에 맞추어 민사 형사소송법을 개정하려고 했으나 이것도 여의치 않아 1908년 5월에야 겨우 초안을 검토하기 시작하였다.[92] 이때 민사소송법안의 심의 모습은 당시 『법정학계』 5호에 자세히 실려 있다. 법부차관, 대심원장, 대심원 판사 등 일본인 관리와 한국인 실무 관리, 그리고 일본인 법부 서기관들이 모여 법전조사국 고문 우메 켄지로의 초안을 검토하였던 것이다.[93] 이때 민사소송법안의 초안 검토조차 한국인 법률전문가들을 배제하고 있었던 것이다. 더욱이 법전조사국은 전국적인 관습조사에 대한 기본 조사 항목을 현행 일본의 민법체계에 따라 모두 206개 항목으로 설정하고 언제부터 48개 주요 지점에 대한 조사에 들어갔을 때, 법전조사국의 실무 조사관들이 모두 일본인으로 구성되어 있다는 점도 마찬가지였다. 이 시기에 한국의 독자적인 법률체계 수립을 지향하였던 한국인 법률가의 의견과 참여가 배제된 것이었다.

일본식 재판소제도의 개편에 대해 당시 한국인들은 여러 경로를 통해 비판의 목소리를 높이고 있었다. 1908년 8월 제국신문에서는 논설 「재판소 개청을 하례홈」이라는 논설에서 "종금이후로는 법률이 저울같이 공평하고 법관의 마음이 물같이 맑아져 백성의 억물함과 생명재산 보호하는 도가 완전함을 하례하노라"라고 전제하면서도 "그러나 재판장 이하 판사 검사가 일본사람이 태반인즉 그 법관이 다 청렴정직하야 세력이나 뇌물을 인하야 법률을 굽힐 리는 없음을 확실히 믿고 의심치 안의되, 다만 남의 나라의 인정

92) "○ 法典制定　內閣에셔 諸法典을 制定ᄒᆞ기 爲ᄒᆞ야 法典調査局을 設ᄒᆞ고 舊習과 其他事件을 調査中이오 民事及刑事件訴訟法도 該局에셔 調査制定ᄒᆯ터인ᄃᆡ 該訴訟法은 六月以內에ᄂᆞᆫ 制定키 不能ᄒᆞ다ᄂᆞᆫᄃᆡ 法部에셔 松寺, 安住兩書記官이 起草ᄒᆞᆫ 案件에 依ᄒᆞ야 倉富次官, 民刑事兩局長, 松寺, 安住, 兩書記官, 大審院, 京城控訴院, 京城地方裁判所各長官, 檢査総長, 各檢事長等이 會同ᄒᆞ야 商議中인 故로 未久에 制定頒布ᄒᆞᆫ다더라"(『황성신문』 2772호, 잡보 「法典制定」, 2면 5단, 1908년 5월 9일).

93) 『법정학계』 5, 1908.5; 김효전, 위의 책(2014), 784쪽 재인용.

풍속을 밝히 살피지 못하고 구구한 법전의 조문만 가지고 송안을 판결하는 폐단이 없지 아니하리니"라고 하면서 일본인 판검사가 한국의 실정을 이해할 수 없다는 점을 우려하였다.[94)]

더욱이 재판소에서 쓰이는 언어로 일본어와 한국어의 이중 언어의 공용화에 대한 반대도 제기되었다. 구체적으로 민형소송법의 제정과정에서 일본 당국은 1백여 조의 조문을 제정하면서 제2조에 "民刑訴訟上에 韓國 혹은 日本國 言語 文字를 用함"이라는 어구를 설정하였는데, 이에 대해 법부에서 한국인과 일본인 관리간에 갈등을 빚었다. 이때 법부 민사국장 이시영과 형사국장 김락헌은 한국어 문자를 사용하든지 아니면 일본어 문자를 빼든지 하는 양자택일을 주장하라고 반대 의견을 피력하였고, 일본인 관리들이 다수결을 주장하자 이를 반대하며 한국어의 사용에 끝까지 주장하기도 하였다.[95)]

당시 한국 법조계는 근대 법학교육기관으로 중추적 역할을 담당한 법관양성소에서 배출한 법률가와 보성전문학교 등 사립법률학교 출신 법률가, 그리고 일본 유학을 통해 선진 일본의 법 지식을 습득한 법률전문가 등으로 다양하게 배출된 인사들로 구성되어 있었다.[96)]

민법전 제정 필요성에 대해서는 앞서 일부 설명했듯이, 한국의 법률학자들이 저술한 저서에서 여러 차례 제기하고 있었던 바였다. 석진형은 자신의 『채권법 강의안』 제1부에서 현재 민법전 부재와 재판상의 문제점을 다음과 같이 지적하였다.[97)] 당시 대한제국에서 법률 제도는 종전 대명률과 대전회통을 적용하다가 근년에 형법대전을 적용하였던 현실을 비판하면서, 20세기 사회에서 민사와 상사와 관련된 법률규정이 전무하기 때문에 재산

---

94) 『제국신문』 2751호, 잡보 「재판소 개청을 하례함」(탄히싱), 1908.8.2., 2면 1~2단.
95) 『대한매일신보』 805호, 잡보 「양씨반대」, 1908.5.15, 2면 3단.
96) 최종고, 「개화기의 법학교육과 한국법률가의 형성」, 『서울대학교 법학』 22-1, 1981, 89~93쪽.
97) 석진형, 『채권법 강의안』 1면, 김효전, 『법관양성소와 근대한국』 278쪽, 참조.

상 관계라도 오로지 법관의 판단에 의해서 진행되었다고 하였다. 결국 법률에 의하여 재산여탈을 좌우하는 판결을 하여야 됨에도 불구하고 세력이 우월한 사람의 생각에 따라서 확정 판결이 진행된다든지 하였으며, 법관과 인민 사이에 의심이 크게 진행되어 국가와 인민의 간격이 벌어져 국가존립상의 큰 영향을 끼치지 않을 수 없다고 보았다. 이처럼 민상법의 제정이 이루어지지 않는 상태는 국가와 인민 사이에 불완전한 법리로서는 國家事를 완전히 얻을 수 없다고 비판하였다. 그는 현재 민법전이 바로 제정되지 않으면 공정한 재판이 이루어질 수 없다고 주장한 것이다.

이후 그는 1908년 5월 『대한협회회보』에도 「법률의 필요」라는 논설을 실었다.[98] 그는 20세기를 맞아 국민으로서 타국민과 대등하게 생존경쟁하려면 국가를 건국하고 운영하고 국가를 다스리는데 기초되고 근본이 되는 '법률'이 개발되어야 한다고 강조하였다. 또한 고관대작이나 실업가들, 교육가들도 법률적인 소양이 없으면 경쟁무대에서 발전할 수 없다고 하였다. 모든 일반국민들은 상하 · 노소 · 귀천을 불문하고 법률을 알지 못해 법률상의 책임을 면하지 못하는 일을 기억해야 한다고 하였다. 그의 주장은 결국 선 민법법률 제정이후 재판제도의 시행으로 요약될 수 있겠다.

한국의 독자적인 민법 제정론을 보다 구체적으로 제안한 사람은 보성전문학교에서 공부한 법률가 南亨祐였다. 그는 「裁判上에 慣習을 援用함이 利益이 偏有홈」이라는 논문에서 새 법률 제정과정에서 한국적 관습의 원용을 주장하였다. 그는 재판관이 재판을 행함에 있어 성전의 법률을 해석 적용함에 그칠 뿐이고 입법의 범위를 촌보로 나아가지 못함은 사법의 성질이 固然할 뿐 아니라 그 직권의 제한이 있을 따름이라고 전제하면서, 법률제정과정에서 成典이 되지 않은 慣習의 중요성을 강조하였다.[99] 즉, "裁判官

98) 石鎭衡, 「法律의 必要」, 『대한협회회보』 2호(1908.5), 27~31쪽.

99) 南亨祐, 「裁判上에 慣習을 援用함이 利益이 偏有홈」, 『법정학계』 16, 1908.9.5., 7~11쪽.

의 職權으로써 成典의 法律을 解釋 適用케 함에 止할뿐 아니라 特히 必要로 認하는 경우에는 成典의 法規를 不拘하고 慣習을 援用케 함이 利益이 實有하다"고 주장하였다. 그는 관습법을 채택하는 이익에 대해 첫째, 관습법을 만들어 1차 관습법을 만든 이상은 성문법과 동등의 효력을 보유할 뿐만 아니라 입법자의 성문법을 제정하는 표준이 배태한다는 것이다. 둘째, 과도한 법률의 폐해를 補益하는 이익으로 법전을 편찬함에 있어 외국의 법률을 본받아 모방함에 급격하고 자국의 관습과 풍습을 참작하기에는 경황이 없었던 결과로 國情民俗에 과도한 법률을 작용하는 나라가 없지 않다는 점을 들었다. 그는 국가의 발전 정도에 맞는 해당 사회의 관습에 기초하여 법전의 성문화를 이룰 수 있다고 하였다. 또한 재판상 관습을 원용하는 이익이 많다는 점을 들어 한국 독자의 법률 제정을 주장하였다.

그는 1909년 4월『법정학계』22호에서 보다 명시적으로「外國法律을 輸入홈에 就ᄒᆞ야 論홈」에서도 독자 법률제정론을 재차 주장하였다.100) 그는 선진 외국의 법률을 수입하여 성문법의 연원으로 삼는 것은 어쩔 수 없다는 현실을 인정하면서도 몇 개의 조건이 필요하다고 지적하였다. 우선 법률의 성질로서 법률의 적용이 국가나 지방에 따라 相異할 수 있으므로 주의해야 하고, 다음으로 국민의 생활범위와 지식정보를 權衡하지 않고 단순히 법률자체로만 수입해서는 안 된다는 점을 강조하였다. 즉 각국 국민의 생활범위와 지식정도를 헤아려 외국의 법률을 繼受模範하지 않으면 안 된다는 입장이었다. 따라서 그는 당시 선진 일본 민법의 수입을 통해 한국의 민법을 제정하려는 한국통감부와 일본 본국의 법률제정 작업을 비판하고 있었던 것으로 보인다.

그렇지만 한국통감부와 법전조사국은 한국에 거주하는 외국인과 일본인에 관계된 민사사건에 대해서는 토지에 관한 법규를 제외하고 일본 민법을

100) 南亨祐,「外國法律을 輸入홈에 就ᄒᆞ야 論홈」『법정학계』22, 1909.4.5.,5~9쪽.

적용하기로 하였다. 이러한 입장은 1908년 8월경에 확정한 것으로 보인다. 이때 한국의 독자적인 법전 제정을 원칙적으로 찬성하고 있었던 우메 겐지로도 법률 개편의 입장 변화가 보였다.[101)]

그는 1909년 동경 경제학 협회 9월 월례회에서 한국 민법의 제정 필요성을 다음과 같이 강조하였다. "이유의 첫째, 어떠한 나라에서도 民法은 있는데 한국에도 있다. 그렇지만 成文으로는 없기 때문에 이를 成文法으로 만들지 않으면 안 된다. 이유의 둘째, 영사재판권을 철회하려면 문명국의 법전과 비슷한 것을 만들 필요가 있다. 商法은 民法 중에 들어오는 방법은 至當할 것이다. 그 기초는 내가 하고 있지만, 작년 이래 慣習을 조사하고 있고 다행히 조사는 금년 중에 종결될 것이다. 전에 부동산의 것을 조사하는 때에 慣習을 조사하였지만 이는 地券을 만들기 위한 것이고, 또한 그 당시는 경험하지 못한 것이지만, 法典을 만들기에는 精細한 調査가 이루어지지 않으면 안 되었기 때문에 각 지방에 사람을 파견하여 조사하고 있다"고 하여 한국 관습조사의 이유와 상황을 설명하고 있다.[102)] 그는 한국에서 일본인과 한국인, 외국인에게 공히 통용될 수 있는 법전을 만드는 것을 목표로 하였다. 그래서 그는 한국인은 물론 원고인 일본인도 동일한 법에 적용을 받아야 하며, 영사재판권을 철회할 시는 외국인에도 적용할 수 있어야 한다고 주장한 것이다. 그는 지금은 일본인에는 일본 법률이 적용되고, 한국인에는 한국의 법이 적용되고 있는 이중적인 현실을 비판하였다. 그래서 그는 당시 조약 또는 법령에 특별한 규정되는 한, 일본인에 대하여 한국의

101) "동씨(小田幹治郎)는 어느 날 저(立石)에게 "자네 英國이 식민 정책에 성공하고 있는 소이를 알고 있는가? 영국은 힘써 토착민의 관습, 풍속을 존중했기 때문일세, 따라서 일본이 조선을 오래 붙여두려면 꼭 그 舊慣을 존중하고 풍속을 그대로 둬야 하기 때문에 梅博士가 舊慣調査에 수고를 하신 것도 그런 생각에서였네"라고 하여 관습조사의 목적을 소개하고 있다(남기정 역, 『일제의 한국사법부 침략실화』, 육법사, 1981, 133~134쪽, 최종고, 위의 책(1989), 265~266쪽 재인용).

102) 梅謙次郎, 「韓國の法律制度に就て(下)」, 『동경경제잡지』 60권, 1514호, 1909.10.30. 796쪽. 참조

법률은 적용되지 않기 때문에 새로 기초하는 민법은 전부 한국인만 위하여 만드는 것이라고 하였다.[103] 이렇게 우메 겐지로는 결국 일본인과 외국인에게 동일시되는 법률과 달리 한국민을 대상으로 하는 것을 강조한 것이었다. 그렇지만 이러한 견해는 대한제국의 독자적인 민법으로 한국인을 위주로 하면서 일본인과 외국인에 적용되는 방식과는 크게 다른 것이었다.

당시 일본과 한국통감부는 새 법전 제정에는 한국인 상호 간의 민사사건에 대해서만 적용한다는 원칙을 세우고 있었다.[104] 이는 당사자 쌍방이 한국인인 경우에만 한국 법전을 적용한다는 의미인 동시에, 대한제국의 법적 독립성을 인정하지 않겠다는 것을 의미하였다.[105] 결국 일본은 사법권 침탈을 더욱 가중하여 1909년 7월 12일 한국과 '한국의 사법과 감옥 사무 위탁에 관한 각서'를 체결하였다. 종래 제3차 한일협약 체제하에서 통감부의 한국사업제도 개혁은 일본의 지도하에서 한국 정부에게 일정한 독자성을 부여하면서 사법제도를 개혁한다는 입장을 가지고 있었는데, 이제 한국 사법권을 박탈하고 일본의 재판 관할권 아래에 두게 하였다.[106] 더욱이 1909년 7월 6일 일본 정부에서 '한국 병합에 관한 건'이 각의 결정을 거쳐 메이지

103) 우메 겐지로는 한국의 법률제도 개혁에 대해 1. 토지제도의 조사, 2. 소유권, 3. 전당권, 4. 문기, 5. 영사재판권 철폐의 준비, 6. 토지가옥증명규칙, 7. 사법제도의 개선, 8. 삼심제도, 9. 재판소구성법 실시의 호평, 10. 사법권위임의 효과, 11. 한국인의 임용과 위헌설, 12. 민사소송법의 기초, 13. 민법의 편찬 등으로 검토하고 있었다(梅謙次郎, 「韓國の法律制度に就て(上)」, 『東京經濟雜誌』 60권, 1512호, 1909.10.16., 701~703쪽).

104) "○ 法典目的의 變更我國의 法典은 日本法學博士 梅謙次郎의 指導를 從ᄒᆞ야 着着起草中인ᄃᆡ 此ᄂᆞᆫ 內外國人에게 適用ᄒᆯ 目的으로 起案ᄒᆯ 바나 今番에 協約이 成立된 結果로 外國人에게 適當ᄒᆞᆫ 法律은 日本法律이 自在ᄒᆞᆫ 故로 法典編纂의 目的을 變更ᄒᆞ야 本國人에게만 適用ᄒᆞ도록 製定ᄒᆞ기로 決定ᄒᆞ얏다더라"(『황성신문』 3149호, 잡보 「法典目的의 變更」, 1909.8.12., 3면 1단).

105) 이승일, 「일제의 조선관습조사 사업 활동과 식민지법 인식」, 『일본의 식민지 지배와 식민지적 근대』, 동북아재단, 2008, 27~28쪽, 참조.

106) 오가와라 히로유키(小川原宏幸), 『이토 히로부미의 한국 병합 구상과 조선사회』, 열린책들, 2012(岩波書店, 2010), 248쪽.

황제의 재가를 받았다. 1909년 10월 말에 칙령 85호로 법부 관제가 폐지되고, 사법 사무는 신설된 통감부 사법청으로 이전되었다. 초대 사법청 장관에는 당시 법부 차관이자 법전조사국 위원장이었던 구라토미 유자부로(倉富勇三郎)가 취임했다.

이제 통감부 재판소는 통감에게 직속하며, 한국에서 민사, 형사 재판과 소송 사건에 관한 사무를 실시한다고 규정하였다. 이 시기까지는 한국 내 재판에 대해 통감부 재판소를 통해 한국 국민과 재한 일본인을 동일한 사법 기관아래 놓이게 되었으나, 적용되는 법률은 일본 법률과 한국 법률이 적용되었다. 다만 한국인에게 적용되는 법률은 아직 성안되지 않았다는 점에서 미완성이었다.107) 1910년 이전에 민법 제정의 과제가 이전의 논의와 성격과 달리 이미 확정되어 있었다고 볼 수 있다. 그것은 일본 메이지 정부의 민법을 기본으로 하여 한국민에게 적용할 예외조항을 마련하는 데에 그치고 있었다. 결국 1910년 일제에 의한 강제 병합이후 일본 민법이 한국인에게 적용되는 법률로 '依用'된다는 결정에 의해서 민법제정의 과제는 해소되고 말았다.108)

이와 같이 당시 한국통감부의 사법권 장악과 재판소 제도 및 법률 조사와 개정 작업에는 한국인 법률가는 거의 동원되지 않았던 반면, 새로운 재

---

107) 법전조사국의 조선 관습 조사는 1910년 8월 25일 주도 인물이었던 우메 겐지로 고문의 죽음과 8월 29일 일본에 의한 한국강제병합으로 인하여 중지되었다. 결국 법전조사국은 관습 조사가 완결되기도 전에 폐지되고 말았다. 그해 9월 조선총독부가 설치되고 법전조사국이 폐지되고 관련 사무는 조선총독부 취조국에 인계되어 『조선관습조사보고서』(조선총독부, 1912)로 정리되었을 뿐이다.

108) 조선총독부는 1910년 9월 「조선민사령(안)」을 통해 조선인 상호간의 민사에 관해서 종래의 예, 즉 관습 및 한국법령에 따르기로 하는 원칙을 제시하였지만, 곧 일본 내각에 의해 거부되었다. 1912년 3월 제령 제18호 「조선민사령」에 의해 조선과 일본 사이에 특수한 차이가 있는 경우에만 특별 규정을 설치하는 것으로 축소 적용되었다. 이로써 능력, 친족, 상속, 부동산물권 등에 대해 조선의 구관을 인정받고 조선 재래 구관은 성문법이 아닌 관습법을 그대로 유지하는 방식으로 조선민사령에 흡수되었다(이승일, 『조선총독부 법제 정책 -일제의 식민통치와 조선민사령』 역사비평사, 2008, 100~111쪽 참조).

판소 제도를 통하여 다수의 판사 검사, 변호사 등이 일본인 법률가로 충원되었다. 재판소 제도와 법제 기구의 일본식 개편으로 말미암아 1910년 이후에는 한국인 법률가들의 수요를 축소시켰다. 이에 따라 1910년 4월 관립 법학교의 지원생이 전년도 913명이었는데, 대폭 축소되어 118명에 그쳤으며, 그 중에서도 50명의 합격자를 내었을 뿐이었다.[109)]

1910년 이후 일제에 의한 사법권과 국권 피탈에도 불구하고 한국인 법률가, 관료 중 일부는 일본의 식민지 법제에 대항하는 차원에서 별도로 독립운동에 나서고 있었다.[110)] 이들이 제기한 한국적 관습에 기초한 근대법률의 제정, 민법과 형법 등은 이후 독자적인 민족 국가 수립 운동의 방향을 시사하고 있었다.

5. 결론

이상과 같이 갑오개혁으로부터 대한제국기에 이르는 한말 개혁기에서 나타난 근대 법률 체계의 수립과정 중에서 민법 제정과정과 그 귀결에 대해 살펴보았다. 대체로 근대적인 법률을 제정하기 위한 기구로서 갑오개혁

109) 학부, 『韓國教育ノ現狀』(1910.7), 김효전, 위의 책(2014), 51~52쪽 재인용.

110) 1905년 법률기초위원회 위원장이던 이상설은 1907년 4월 헤이그 특사 사건에 파견되어 독립을 열강에 호소하고 해외 독립운동에 참여하였다. 법전조사국에서 법부 민사국장으로 역할하였던 이시영은 1910년 중국 만주로 망명하여 신흥무관학교를 설립하고, 1919년 4월 대한민국 임시정부에서 초대법무총장으로 임명되어 활동하였다. 남형우는 1911년 이후 보성전문학교 법률학 교수로 역임하다가 1919년 4월 중국 상해로 가서 대한민국 임시정부 수립에 참여하여 법무총장과 교통총장으로 활동하였다. 법관양성소 제6회 졸업생인 金鍾悳은 그의 형인 법관양성소 교관 金鍾濩와 함께 법조계에 있다가 병합 후 중국으로 망명하였다가 1915년 이후 미국에서 독립운동에 투신하였다(『大韓民國 獨立有功者 功勳錄』 1권, 國家報勳處, 1986, 188~190쪽; 5권, 559~561쪽; 『신한민보』, 「김종덕씨의 모상의 설움」(1917.8.16.), 3면 5단 참조).

이후 법률기초위원회의 발족과 개편, 그리고 대한제국의 일련의 법규 교정소의 설치, 그리고 1905년 법률기초위원회와 법전조사국 등으로 이어지는 근대 법제 관련 기구의 설립과 활동을 중심으로 살펴보았다.

한말개혁기 민법 제정과정에 대해서는 한국의 독자적인 근대 법률 제도의 창설과 일본에 의한 식민지 일본 민법의 도입이라는 두 가지 대립축이 갈등을 벌였다는 것을 알 수 있었다. 분석의 결과는 다음과 같이 요약된다. 첫째, 민법제정의 기구로서 갑오개혁 이래 법률기초위원회의 개편과 구성원의 변화를 추적함으로써 적어도 1902년 이후, 그리고 1905년 7월 이후에는 독자적인 민법 제정의 움직임을 확인하였다. 1905년 7월 법부령 2호로 법률기초위원회 규정을 재개정하였다. 새로 법률기초위원으로 위촉된 김락헌, 함태영, 이면우, 석진형, 정명섭, 정영택, 유동작, 홍재기 등은 국내 법률학교 및 일본 유학을 통해 법학을 체득한 법률전문가들이었다. 이렇게 일본 유학파 법률전문가를 대거 포진시킨 가운데 법률전문가인 이상설을 중심으로 근대 법률 제정에 힘을 기울이려고 하였다. 그렇지만 당시 일본 고문관들은 이러한 대한제국의 독자적인 법률 제정에 반대 입장을 취하고 있었고, 더욱이 1905년 11월 17일 을사조약을 강제함으로써 이러한 흐름은 제지당하였다. 이에 이상설 등은 을사조약 폐기운동에 나서게 되고 결국 법률기초위원회는 새로 개편되어 유명무실하게 되었다.

둘째, 1905년 이후 한국 법조계에서는 서구의 근대법 체계와 일본 민법을 수용할 수 있는 법률적 제도와 역량을 가지고 있었다는 점이다. 특히 일본 유학 법률전문가 뿐만 아니라 국내 법률학교 등의 졸업생 법률가들이 다수 배출되어 있었음을 확인하였다. 윤효정이나 설태희, 조완구 등 주로 일본 유학 법률가들은 민법총론, 상법, 물관법, 채권법 등 각종 저술을 통하여 근대법 체계를 정리해 나가기 시작하였다. 이들의 저작은 비록 일본에서 출간된 주요 저술을 역술하는 수준에 머무르고 있었으나 서양 민법과 일본의 신구 민법을 체계적으로 분류 정리할 정도로 높은 수준에 있었다. 그렇지만 현실은 근대 민법전의 제정이 되지 않는 상황에서 법관양성소나 각종 법률학교의 강단에서 그리고 심지어 변호사 시험을 통해 민법, 상법 등의 최신 법률 지식을 유포시키고 있었다. 이들은 한국의 현실과 관습에 입각한 법률 제정을 구상하고 있었고, 남형우와 같은 법률가는 국가의 발전 정도에 맞는 해당 사회의 관습에 기초하여 법전의 성문화가 필요하다는 논리로 한국 독자의 법률 제정을 주장하였다.

셋째, 일본의 근대 법률 제정 방향은 처음부터 식민지 지배를 위한 법적 조사와 적용을 목표로 하였으며, 이에 따라 한국인의 법률지식과 법률제정 기구 등을 배제하였다는 점이다. 법전조사국에는 종전 법률기초위원회에 다수 가담하였던 일본 유학파 법률전문가들과 국내 법률전문가들은 배제되었으며, 일본인 관료와 대한제국의 일부 실무 관료 및 번역관으로 충당되었다. 이는 한국의 근대 법률을 제정하기 위해 고민해 온 한국인 법률전문가들과 일부 법조계 관리들의 지향과는 배치되는 조치였다. 또한 법전조사국은 1908년부터 1910년까지도 제대로 조사를 마치지 못하고 폐지되고 말았다. 이는 결국 법전조사국의 한국관습조사로 상징되는 일본식 근대 법률의 이식이었다. 일본의 조처는 일제의 식민지 지배를 위한 기초조사의 하나였으며, 일제하 한국사회에서 관습법의 의미는 일본식 식민지 법제의 하부 적용 대상으로서 변질되었다.

이와 같이 갑오개혁이후 대한제국기까지 여러 차례 제정되고 성문화된 법률로 방향을 잡았던 독자적인 한국 법전 제정 방향은 제거되고 일본 제국주의가 설정한 구도 하에서 식민지적 법률의 적용으로 마감되고 말았다. 그렇지만 한말개혁기 민법 제정의 특성은 한국의 독자적인 관습에 기초한 민법 상법의 제정을 지향하는 것이었고, 이는 한국근대국가의 법적 제도적 틀로서 자리잡아가고 있었다. 따라서 한국적 관습, 전통의 재발견은 곧 새로운 근대 법률의 제정과 맞닿아 있었다고 하겠다. 이렇게 갑오개혁에서 대한제국시기에 이루어지고 있었던 근대 입법과정에서 근대와 전통의 연계성을 파악하는 관점은 일제 강점 이후 조선의 독자적인 학문과 근대적 발상 전환을 추구하였던 '조선학'의 기본시각으로 연결되고 있다는 측면에서도 의미 있는 것으로 평가할 수 있다.

참고문헌

1. 자료

『고종실록』, 『승정원일기』, 『일성록』.

『議案』, 『法官養成所細則』, 『官報』, 『司法稟報(乙)』, 『校典所日記』.

『日本外交文書』, 『秘書類纂 朝鮮交涉資料』(下), 伊藤博文 편, 原書房, 1970.

『統監府文書(1)』, 『한국의 시정개선에 관한 협의회 제5회 會議錄』(1906년 4월 19일).

김정명 편, 『일한외교자료집성[일한합방편](6의 상)』.

송병기 외, 『한말근대법령자료집(1)』, 국회도서관, 1972.

국사편찬위원회, 『주한일본공사관기록』(5), 1990.

__________, 『윤치호일기』(4), 1973.

__________, 『대한제국관원이력서』, 1971.

『독립신문』, 『황성신문』, 『제국신문』, 『대한매일신보』, 『신한민보』.

『친목회회보(1)』, 『대한자강회월보』, 『법정학계』, 『대한협회회보』.

『改譯版 慣習調査報告書』(정종휴 감수, 정긍식 편역) 한국법제연구원, 1992.

『大韓民國 獨立有功者 功勳錄』(1권), 國家報勳處, 1986.

梅謙次郎, 『民法要義總則編』, 有斐閣, 1909.

仁保龜松, 『民法總論』 東京法學院, 1896.

______, 『民法總則』 京都法政大學, 1904.

申佑善, 『民法總論』, 普成社, 1907.

俞星濬, 『法學通論』, 漢城印刷株式會社, 1905.

2. 단행본

국사편찬위원회, 『개화기의 사법』, 2014.

김도형, 『대한제국기의 정치사상연구』, 지식산업사, 1994.

김용섭, 『한국근대농업사연구』(Ⅰ~Ⅲ), 지식산업사, 2004/2011.

_____, 『한국근대농업사연구』(상, 하), 일조각, 1988.

김효전, 『법관양성소와 근대한국』, 소명출판, 2014.

남기정 역, 『일제의 한국사법부 침략실화』, 육법사, 1981.

도면회, 『한국 근대 형사재판제도사』, 푸른역사, 2014.
森山茂德, 『근대한일관계사연구』, 현음사, 1994.
오가와라 히로유키(小川原宏幸), 『이토 히로부미의 한국 병합 구상과 조선사회』, 열린책들, 2012(岩波書店, 2010).
왕현종, 『한국근대국가의 형성과 갑오개혁』 역사비평사, 2003.
원종규, 『조선정치제도사③』, 과학백과사전종합출판사, 1989(백산자료원, 1991).
이승일, 『조선총독부 법제정책 : 일제의 식민통치와 조선민사령』, 역사비평사, 2008.
李英美, 『韓國司法制度と梅謙次郎』, 법정대학출판국, 2005(『한국사법제도와 우메 겐지로』(김혜정 옮김, 일조각, 2011).
정종휴, 『韓國民法典の比較法的硏究』, 創文社, 1989.
최종고, 『한국법사상사』, 서울대학교 출판부, 1989.
______, 『한국법학사』, 박영사, 1990.
______, 『한국의 서양법수용사』, 박영사, 1982.
한국역사연구회 토지대장연구반, 『대한제국의 토지조사사업』, 민음사, 1995.

3. 논문

김효전, 「양정의숙의 법학교육」, 『법사학연구』 45, 2012.
도면회, 「갑오개혁 이후 근대적 법령 제정과정-형사법을 중심으로」, 『한국문화』 27, 2001.
문준영, 「1895년 재판소 구성법의 '출현'과 일본의 역할」, 『법사학연구』 39, 2009.
______, 「대한제국기 형법대전의 제정과 개정」, 『법사학연구』 20, 1999.
박걸순, 「이상설의 민족운동과 후인 논찬」, 『중원문화논총』 10, 2006.
朴秉濠, 「舊韓國時代의 刑事立法의 沿革」, 『韓國法制史攷』 박영사, 1974.
배성준, 「통감부시기 관습조사와 토지권 관습의 창출」, 『사림』 33, 2009.
심희기, 「동아시아 전통사회의 관습법 개념에 대한 비판적 검토」, 『법사학연구』 46, 2012.
______, 「일제강점 초기 '식민지 관습법'의 형성」, 『법사학연구』 28, 2003.
왕현종, 「19세기말 개혁관료의 서구 정체인식과 입헌문제」, 『한국사상사학』 17, 2001.
______, 「갑오개혁기 권력구조 개편과 군주권의 위상」, 『동방학지』 114, 2001.
______, 「대한제국기 입헌논의와 근대국가론」, 『한국문화』 29, 2002.
______, 「대한제국기 고종의 황제권 강화와 개혁논리」, 『역사학보』 208, 2010.
______, 「1894년 농민전쟁 지도자의 재판과정과 판결의 부당성」, 『한국사연구』 168, 2015.
요시카와 아야코(吉川絢子), 「근대 초기 한국의 민법학 수용과 판사에 대한 영향」, 『법사

학연구』 46, 2012
윤대성, 「일제의 한국관습조사사업과 민사관습법」, 『(창원대)논문집』 13-1, 1991.
이승일, 「일제의 동아시아 구관조사와 식민지 법 제정 구상 : 대만과 조선의 구관입법을 중심으로」, 『한국사연구』 151, 2010.
______, 「일제의 조선관습조사 사업 활동과 식민지법 인식」, 『일본의 식민지 지배와 식민지적 근대』, 동북아재단, 2008.
이태훈, 「인물조사를 통해 본 한국 초기 '사회과학' 수용주체의 구성과 성격」, 『한국문화연구』 22, 2012.
정긍식, 「≪형법초안≫」 해설」, 「≪刑法艸案≫」, 『법사학연구』 16, 1995.
______, 「한말 법률기초기관에 관한 소고」, 『한국법사학논총』, 박병호교수환갑기념논총간행위원회, 1991.
정연태, 「대한제국 후기 부동산 등기제도의 근대화를 둘러싼 갈등과 그 귀결」, 『법사학연구』 16, 1995.
정진숙, 「1896~1905년 형법 체계 정비에 관한 연구 -≪형법대전≫ 제정을 위한 기초 작업을 중심으로」, 『한국사론』 55, 2009.
최기영, 「한말 법관양성소의 운영과 교육」, 『한국근현대사연구』 16, 2001.
최원규, 「대한제국과 일제의 토지권법 제정과정과 그 지향」, 『동방학지』 94, 1996.
최종고, 「개화기의 법학교육과 한국법률가의 형성」, 『서울대학교 법학』 22-1, 1981.

金成鶴, 「比較史的側面からみた梅謙次郎の法思想と朝鮮における民法典構想の意義」, 『東洋文化研究』 10, 学習院大学東洋文化研究所, 2008.
岡孝, 「民法典編纂についての梅謙次郎の考え」, 『法律時報』 82, 2010.

조선후기 역사지리연구의 계승과 식민주의적 변용

-현도군의 위치비정을 중심으로-*

이 준 성**

1. 머리말

조선후기에는 사회변동과 더불어 사상과 학문에도 변화가 나타났다. 역사학 분야에서도 이러한 현상은 뚜렷하였다. 기존에는 역사를 움직여 나가는 동력으로 도덕이나 윤리를 중시했으나, 점차 이러한 모습에서 탈피하여 지리, 경제, 풍토 등에 대한 관심이 증폭되면서 역사학의 독립성에 대해 인식하기 시작하였다.[1)]

특히 역사지리에 대한 관심이 두드러졌다.[2)] 역사지리연구는 조선후기에

---

* 이 글은 '조선후기 역사지리연구의 계승과 식민주의적 변용 -현도군의 위치비정을 중심으로-', 『史學硏究』 117호(2015.3)에 실린 원고를 수정, 보완하여 수록한 것이다.

** 세종대학교 강사.

1) 김용섭, 「우리나라 근대 역사학의 성립」, 『한국의 역사인식(하)』, 창작과 비평사, 1976; 이만열, 『한국 근대 역사학의 이해』, 문학과 지성사, 1981; 박걸순, 『한국근대사학사연구』, 국학자료원, 1998; 한영우, 『한국 민족주의 역사학』, 일조각, 1993; 조동걸, 『현대한국사학사』, 나남, 1998; 이만열, 『한국 근현대 역사학의 흐름』, 푸른역사, 2007.

2) 李萬烈, 「十七·八世紀의 史書와 古代史認識」, 『韓國史硏究』 10, 1974; 조광, 「조선후기의 역사인식」, 『한국사학사의 연구』, 한국사연구회 편, 1985; 韓永愚, 『朝

하나의 학문분야로 정립되었는데, 역사지리학의 효시가 된 책으로 韓百謙의 『東國地理志』(1615)를 주목하였다.[3] 한백겸의 연구 이후 전문적으로 역사지리를 연구하는 학자들이 다수 출현하면서, 이들은 당색을 넘어 서로 영향을 주고받았다. 18세기에 편찬된 安鼎福의 『東史綱目』(1778)[4]이나 19세기 이후 편찬된 丁若鏞의 『我邦疆域考』(1811)[5]와 韓鎭書의 『海東繹史(續)』(1823) 등에 보이는 역사지리 연구는 기존에 비해서 진일보한 해석이 이루어진 것으로 평가되어 왔다.

아울러 국가에 의한 역사지리연구의 집대성도 이뤄졌는데, 申景濬은 영조의 명령으로 본인의 저서인 『疆界考』를 바탕으로 『東國文獻備考』(1770) 輿地考를 편찬하였다.[6] 국가의 역사지리에 대한 관심은 『增訂文獻備考』(1809)와 『增補文獻備考』(1903~1908)의 여지고 편찬으로 이어졌다.[7]

鮮後記史學史研究』, 일지사, 1989; 박인호, 『조선후기 역사지리학 연구』, 이회문화사, 1996; 조성을, 「朝鮮後期 歷史學의 발달」, 『한국사 인식과 역사이론』, 지식산업사, 1997; 박인호, 『조선시기 역사가와 역사지리인식』, 이회, 2003; 趙誠乙, 『조선후기 사학사연구』, 한울아카데미, 2004.

3) 정구복, 「한백겸의 동국지리지에 대한 일고」 『전북사학』 2, 1978.; 윤희면, 「한백겸의 동국지리지」 『역사학보』 93, 1982.; 윤희면, 「한백겸의 학문과 동국지리지 저술동기」 『진단학보』 63, 1987.; 원유한, 「韓白謙의 「東國地理誌」 성립배경과 성격」 『국사관논총』 93, 국사편찬위원회, 2000.

4) 이우성, 「李朝後期 近畿學派에 있어서의 正統論의 展開」 『歷史學報』 31, 역사학회, 1966.; 정구복, 「안정복의 사학사상」 『한국근세사회의 정치와 문화』, 정신문화연구원, 1987.; 한영우, 「安鼎福의 思想과 東史綱目」 『한국학보』 53, 일지사, 1988.; 강세구, 「안정복의 역사고증방법」 『실학사상연구』 1, 1989.; 車長燮, 「安鼎福의 歷史觀과 東史綱目」 『조선사연구』 1, 조선사연구회, 1992.; 강세구, 『東史綱目研究』, 민족문화사, 1994.; 강세구, 「順庵安鼎福의 學問과 思想研究」 『毋岳實學』 5, 무악실학회, 1996.; 강세구, 「안정복의 역사이론의 전개와 그 성격」 『국사관논총』 93, 국사편찬위원회, 2000.

5) 한영우, 「茶山 丁若鏞의 史論과 對外觀」 『김철준박사화갑기념사학논총』, 지식산업사, 1983.; 조성을, 「我邦疆域考에 나타난 丁若鏞의 歷史認識」 『奎章閣』 15, 1992.; 조성을, 「정약용의 역사이론의 전개와 그 성격」 『국사관논총』 93, 국사편찬위원회, 2000.

6) 이상태, 「신경준의 역사지리 인식」 『사학연구』 38, 1984.

7) 박인호, 앞의 책, 1996, 이회문화사.

이와 같은 조선후기 개인과 국가에 의한 역사지리 연구는 그동안 근대 역사학으로 이어질 수 있는 바탕을 마련하고 있었다고 평가받아왔다. 그렇다면 조선후기 역사지리학자들의 연구를 오늘날의 역사학자들은 어느 정도나 계승하고 있다고 할 수 있을까? 이와 관련하여 오늘날의 역사논문 작성 과정에서는 관련된 주제에 대한 조선후기의 연구성과를 검토하거나 참고하지 않는 경우가 많다는 지적[8]은 여전히 숙고해야 할 문제로 남아 있다.

지난 2010년 한국고대사학회에서는 조선후기 역사학자들(실학자)의 한국 고대사 연구성과를 정리하고, 오늘날의 고대사 연구 성과와 비교하면서 그것들이 학설사적으로, 사학사적으로 어떠한 의의를 지니는 것인지를 살펴야 한다는 취지의 학술대회를 개최하였다. 이러한 시도를 통해 실학자들의 역사적 고증 중에는 아직도 학설로서 유효한 것들이 있다는 점이 다시 한번 논증되었다.[9]

그렇다면 조선후기 역사학자들의 연구가 언제 어떻게 검토 대상에서 배제되었는지를 추적하는 것이 과제로 남는다. 이는 한말에서 일제시기에 걸친 연구에 대한 분석을 통해 해명될 수 있다고 생각한다. 특히 일제 초기가 주목되는 바, 조선후기 연구가 일본인 역사가의 연구에서 어떤 식으로 정리되고 있었는지에 대한 구체적 검토가 필요한 시점이다. 이에 본고에서는 조선후기 역사지리연구와 일제시기 일본인 역사가들의 연구 내용을 비교·검토하여 조선후기 역사지리연구가 일본인 연구자들에게 어떻게 수용되고 또한 그들의 시각에서 어떻게 재해석 되었는지를 검토하려 한다. 특히 소

8) 李基白, 「順庵 安鼎福의 合理主義的 史實 考證」 『韓國實學硏究』 1, 1999. 李基白은 자신의 연구와 관련된 安鼎福의 사실 고증의 예를 몇 가지 들면서 자신을 포함한 현대의 역사가들도 대체로 그와 같은 결론을 내리고 있음에도 불구하고, 이미 안정복이 그와 같이 주장하였음을 모르는 경우가 많음을 지적하였다. 그리고 이렇게 된 까닭은 실학자들의 저술을 단순한 자료의 집성 내지는 개설서 정도로 취급하였기 때문이라고 보았다.

9) 관련된 연구성과는 지난 2011년 『한국고대사연구』 62집에 특집으로 게재되었다.

위 '근대적인 학문방법'이라는 이름으로 일본인 연구자들의 연구는 계속 인용되고 재생산되었던 것에 반해, 조선후기 학자들의 연구는 점점 배제되어 나가는 과정을 추적하고자 한다.

한편 본고에서는 논증의 범위를 현도군의 위치와 廢合 및 고구려와의 관계로 제한한다. 현도군의 위치 등에 대한 문제는 후술하는 바와 같이 조선후기에서 뿐만 아니라 일제시기에 들어서서도 일군의 일본인 학자들에 의해 활발하게 연구된 소재이다. 또한 관련된 사료가 비교적 명확하면서도 세부적인 부분에서는 다양한 이견이 제출되어 있어 연구 동향을 살피기에 용이하기 때문이다.

2. 조선후기 역사지리연구의 흐름

조선후기에 진행된 역사지리연구는 이전 시기의 지리지나 지리서의 서술 내용과는 많은 차이를 보인다. 고려와 조선 전기까지는 역사지리와 관련된 문제를 전문적으로 연구하지 못하였고, 다만 『삼국사기』와 『고려사』의 「지리지」 등을 통해 지역의 연혁을 파악하는데 중점을 두었다. 그러다가 세종 대에서 성종 대에 이르는 약 60년 사이에 몇몇 관찬지리지의 편찬이 이뤄졌는데 『세종실록지리지』, 『팔도지리지』, 『동국여지승람』 등이 대표적이다. 이들 저서 역시 호구와 전결수 등 인문지리 내용이 풍부하게 담겨있는데, 이는 각 지역의 통치 기초자료를 확보하려는 목적이 있었기 때문이다.[10] 이렇듯 조선전기까지는 역사지리 서술이 문물에 대한 종합적인 내용을 담고 있는 지리지 속에 포함되어서 부분적으로 지리비정이 이루어졌던 것이다.[11]

10) 정두희, 「朝鮮初期 地理志의 編纂」, 『역사학보』 69집, 1976.
11) 박인호, 앞의 책, 1996, 이회문화사; 박인호, 앞의 책, 2003, 이회.

이에 비해 조선후기에 이르러서는 우선 지리의 중요성 자체가 이전에 비해 훨씬 강조되고 있었다. 대표적으로 安鼎福은『東史綱目』序에서 "상고하건대 역사를 읽는 자는 반드시 먼저 疆域을 정해놓고 읽어야 한다. 그래야 占據한 상황을 알 수 있고, 戰伐에서의 득실을 살필 수 있고, 分合의 연혁을 상고할 수가 있다."고 하여 역사지리의 중요성을 이야기하고 있으며, 실제 본문의 서술에 앞서 지리고를 서술한 것으로 알려져 있다.[12)]

방법론적으로는 관련 자료들을 단순히 조합하여 주관적으로 비정하는 단계에서 벗어나, 자신의 주장을 입증할 수 있는 방증 자료와 논리를 가지고 객관적으로 문제에 접근하고 있다. 韓鎭書는『海東繹史(續)』에서 "우리나라의 지리는, 삼국 시대 이전에는 믿을 만한 역사서가 없다"면서 이제 본인은 "여러 서책을 인용하여 사실을 드러내었으며, 아울러 우리나라의 기록을 참조하여 서로 비교"하면서 조목에 따라서 자신의 의견을 개진하였다고 밝히고 있다. 그는 중국을 비롯한 주변 국가의 역사서에서 한국에 관한 기록들까지를 수집·분류하는 방법을 통해 거의 모든 관련 자료를 망라하였다. 그러한 바탕에서 역사지리학자들은 전통적인 按設 위주의 서술에서 벗어나 자신의 문장 속에서 일정한 논리에 따라 증명해 나갈 수 있었다.

한편, 조선후기에 들어서면서 역사 연구에서는 '정통론'의 문제가 대두되었다. 주지하는 바와 같이 정통론은 원래 유교의 명분론에 따라 역대 왕조와 그 인물 및 사건을 체계적으로 논하는 것이다.[13)] 17세기 중엽 홍여하에 의해 확립된 기자-마한 - 신라의 정통론이나 18세기 초엽 임상덕에 의한 삼

12) 안정복은『동사강목』을 저술하면서 다른 역사서에서는 찾아보기 어려운 8폭의 역대 강역지도를 넣었다. 또한 전체의 按設 633개에서 14퍼센트에 해당하는 90개가 지리에 관한 내용이고, 間註 2,400여개 가운데 60퍼센트가 넘는 1,500여개가 지리에 관한 것이다. 이러한 점을 통해 그의 지리에 관한 관심이 매우 큰 것이었음을 알 수 있다(강세구, 앞의 책, 민족문화사, 1994, 205쪽).

13) 조선후기 여러 학자들의 정통론에 대한 정리는 趙誠乙, 앞의 책, 한울아카데미, 2004 참고.

국(無統) - (統一)신라 - 고려(통일이후)의 정통론, 그리고 단군-기자-마한-삼국무통-통일신라-고려-조선으로 체계화한 홍만종과 이익에 이르기까지 여러 학자들에 의해 다양한 계보의 정통론이 제기되었다. 이들 정통론과 관련된 논의를 통해 우리의 역사를 기존에 비해 체계적으로 파악하게 되었음이 평가되어 왔다.[14)]

그러나 그것은 어디까지나 혈연이나 도덕을 기준으로 한 것이라는 한계가 분명하다. 반면 역사지리 연구에서는 '정통론'의 시각을 일부 공유하면서도 그것을 반드시 일원적 입장에서 파악하지 않고 있었다.[15)] 특히,『동국지리지』에서 한백겸에 의해 제시된 '남자남북자북'설은 이후 연구에 많은 영향을 주었다. 이 설에서는 한반도의 북부지역과 남부지역의 역사를 크게 양분하여 파악하는 바, 북부지방은 조선과 제 부족국가, 한사군, 이부, 고구려로 발전하며, 남부지방은 삼한, 백제, 신라의 역사로 각각 독립적으로 발전하였다는 것이다.

이 때 기존 정통론 논의에서는 등장하지 않던 '한사군', '이부' 지역이 서술에 포함된 점이 특히 유의된다. 이러한 변화는 한백겸의 설이 정통론의 시각에서 일정 부분 벗어난 것이었음을 말한다. 또한 한백겸이나 그를 계승한 역사지리학자들의 관심은 '지리적 체계'에 한정된 것으로 보아야 함을 의미한다. 즉, 중국이 차지한 한사군과 이부 지역을 역사지리학적 체계에 포함시켜 놓은 것은 이 지역을 우리의 강역으로 생각하였기 때문이지, 한사군과 이부를 우리의 국가로 생각했기 때문은 아니다.[16)] 이렇듯, 역사지리학자의 체계는 혈연이나 도덕을 기준으로 한 정통론과는 구분되는 지점

14) 이우성, 앞의 글,『歷史學報』31, 1966.; 이만열, 앞의 글,『韓國史研究』10, 1974.
15) 조성을(앞의 책, 한울아카데미, 2004, 100쪽)은 이것을 국사의 체계화입장에서 정리하였는데, 정통론적인 체계화와 비정통론적인 체계화로 구분하였다. 이 중 역사지리학자들(한백겸, 유형원, 남구만, 이세구, 신경준, 정양용)은 비정통론적인 체계화의 입장으로 파악하였다.
16) 조성을, 앞의 책, 한울아카데미, 2004, 104쪽.

이 있었다.

그런데, 지리적 체계를 이원적으로 파악하게 된 이후, 이전 시기의 사서에서는 그다지 주목되지 못하였던 고구려의 옛 지역에 대한 관심이 높아지게 되었다. 반도 중심적인 역사이해에서 벗어나 요동을 재발견하게 된 것이다. 연구 자료에 있어서도 만주일원에 대한 역사지리 비정에 있어 중국의 다른 정사 기록과는 성격을 달리하는 『요사』를 중요한 자료로 이용하였다. 이후 남구만, 이세구, 허목, 이종휘 등에 이르게 되면 거의 모든 학자들은 고조선과 고구려의 영역을 대체로 요동에까지 확장시켜보게 되었다. 그리고 청조의 발상지인 만주지역에 대해 우리의 옛 영토라는 의식을 바탕에 둔 채 바라보았고, 이를 회복하는 것을 시대적 과제로 여기었다.[17] 이러한 인식은 신경준에 이르러 문헌적으로 가장 정밀하게 정리되어 『강계고』, 『四沿考』, 『山水考』 등 역사지리 저술로 집필되었으며, 그것이 『동국문헌비고』 여지고를 통해 관찬으로 확정[18]되어 나타나게 된다.[19]

이 과정에서 『요사』의 기록 자체가 역사지리비정에 있어서는 상당한 무리와 혼란을 안고 있음에도 불구하고 이에 대한 세밀한 사료비판이 이루어지지 않고 있다. 그러한 점 때문에 『동국문헌비고』 여지고는 극복의 대상이 되었다. 『동국문헌비고』를 속수하였던 이만운은 이 책이 '넓게 모으기는 하였으나 정밀하지 않아 소루한 곳이 많다'고 지적하고 있다. 정약용 역시 '『문헌비고』는 『성경지』에 실린 내용을 한결같이 좇아 이야기하고 다시 자세히 알아보지 않았다'고 비판하면서 스스로 『文獻備考刊誤』를 저술하였는

17) 박인호, 앞의 책, 이회, 2003.

18) 『동국문헌비고』 「여지고」가 편찬된 영조대는 전대 이래의 대명존화적 시각을 지니고 있으면서도 새로이 우리의 문화에 대한 자각이 일어나던 시기였다. 그리고 숙종대의 백두산정계비사건 이후 자국 영토에 대한 의식이 강화되었으며, 청·일과의 영토문제에 수세적으로 대처한 것에 대한 지식인 사회의 비판 여론이 비등하였다.

19) 박인호, 앞의 책, 이회, 2003.; 정구복, 앞의 글, 『한국근세사학사』, 2008, 323쪽.

데,[20] 이 책의 내용 대부분은 「여지고」에 대한 수정이었다.[21]

안정복의 『동사강목』, 정약용의 『아방강역고』, 한진서의 『해동역사(속)』은 모두 이 단계를 거치면서 나온 저작들이라고 하겠다. 이 단계에 이르러서는 고증적인 연구가 이전 시기보다 발전하여 『요사』나 『성경지』 등에 대한 비판이 이뤄졌고, 현재적인 관심이 반영되면서 옛 강역의 현 위치에 대해서도 고증에 주의하는 등이 변화가 이뤄졌다.[22] 그리하여 18세기 중엽 이후 진행된 역사지리연구는 앞선 시기의 그것보다 한층 발전되었다고 평가된다.

3. 18세기 중엽 이후 역사지리연구에서의 현도군

앞 장에서 살펴본 연구 경향에 대한 이해를 바탕으로 18세기 중엽 『동사강목』 이후의 연구에서 나타나는 역사지리연구의 흐름을 현도군에 대한 인식과 고구려와의 관계 문제를 예로 들어 구체적으로 살펴보도록 하겠다.

그런데 이를 위해서는 먼저 현도군의 위치와 폐합, 그리고 고구려와의 관계에 관련된 『漢書』 地理志와 『後漢書』 그리고 『三國志』의 기사들을 살펴볼 필요가 있다. 대부분의 연구는 아래 보이는 이들 사료에 대한 해석에 기인하여 크고 작은 차이를 보이고 있기 때문이다.

---

20) 정구복, 앞의 글, 『한국근세사학사』, 2008, 345쪽.

21) 방법론 이외에 대한 비판도 많이 있다. 『동국문헌비고』의 편찬시 정존겸의 부탁으로 자료 초출작업에 개인적으로 도움을 주었던 황윤석은 『동국문헌비고』가 이전 여지서의 잘못을 답습하였음을 지적하기도 하고, 또한 잘못 기술된 부분에 대해서는 변증을 가하기도 하였다. 또, 안정복은 봉교수찬한 책들이 급하게 편찬되었기 때문에 착오가 많음을 지적하였는데, 『동국문헌비고』의 경우 그 초출한 책의 편찬자의 이름을 부기하지 않았거나 인용전거를 모두 가록하지 않았다는 점 등이 거론되었다(박인호, 앞의 책, 이회문화사, 1996, 38쪽).

22) 박인호, 앞의 책, 이회문화사, 1996, 275쪽.

Ⅰ-① 현도군은 한 무제 원봉 4년(기원전 107)에 개설하였다. 고구려현을 왕망은 하구려라고 하였는데, 유주에 속하고 3縣을 통솔하였다. 호는 45,006이고, 구는 221,845이다. 高句麗. 遼山·遼水가 나온 곳이다. 서남쪽으로 遼隊에 이르러 大遼水로 들어가고, 또 南蘇水가 있어 서북쪽으로 塞外를 경유한다. 上殷台. 왕망은 下殷이라 하였다. 西蓋馬. 馬皆水가 서북쪽으로 鹽難水로 들어가는데, 서남쪽으로 西安平에 이르러 바다로 들어간다. 2,100리를 흐른다. 왕망은 玄菟亭이라고 했다(『한서』 권28 지리지 제8하1, 현도군조).[23]

Ⅰ-② (한나라) 武帝는 조선을 멸망시키고 고구려를 縣으로 만들어서 현도에 속하게 하였으며, 북과 관악기와 악공을 하사하였다(『후한서』 권85 동이전, 고구려조).[24]

Ⅰ-③ (한나라) 武帝가 조선을 멸망시키고 옥저 땅으로 현도군을 삼았다. 뒤에 이맥의 침략을 받아 군을 고구려의 서북쪽으로 옮기고는 옥저를 縣으로 고쳐 낙랑군의 동부도위에 속하게 하였다(『후한서』 권85 동이전, 동옥저조).[25]

Ⅰ-④ 원봉 3년(기원전 108)에 이르러서 조선을 멸망시키고, 그 땅을 나누어 낙랑, 임둔, 현도, 진번의 사군을 두었다. 昭帝 元始 5年(기원전 82)에 임둔과 진번을 없애 낙랑과 현도에 병합하였다. 현도는 다시 고구려로 옮겼으며 단단대령의 동쪽으로부터 옥저와 예맥은 모두 낙랑에 예속되었다(『후한서』 권85 동이전, 예조).[26]

Ⅰ-⑤ 한 무제 원봉 2년(기원전 109)에 조선을 정벌하여 위만의 손자 우거를 죽이고, 그 지역을 분할하여 사군을 설치하였는데, 沃沮城으로 현도군으로 삼았다. 그 뒤에 夷貊의 침입을 받아 현도군을 고구려 서북쪽으로 옮겼는데, 지금 이른바 玄菟古府가 바로 그곳이다(『삼국지』

23) 玄菟郡 武帝元封四年開 高句麗 莽日下句麗 屬幽州. 戶四萬五千六, 口二十二萬一千八百四十五, 縣三. 高句麗 遼山遼水所出 西南至遼隊 入大遼水 又有南蘇水 西北經塞外 上殷台 莽日下殷 西蓋馬 馬皆水西北入鹽難水 西南至西安平入海 行二千一百里 莽日玄菟亭.

24) 武帝滅朝鮮 以高句驪爲縣 使屬玄菟 賜鼓吹伎人.

25) 武帝滅朝鮮 以沃沮地爲玄菟郡 後爲夷陌所侵 徙郡於高句 驪西北 更以沃沮爲縣屬樂浪東部都尉.

26) 至昭帝始元五年 罷臨屯眞番 以并樂浪玄菟 玄菟後 徙居句驪 自單單大領已東 沃沮濊貊悉屬樂浪.

권30 동이전, 동옥저조).[27]

위에 보이는 『한서』, 『후한서』 및 『삼국지』의 기록은 대강의 내용을 공유하면서도, 세부 내용에서 미묘한 차이를 보인다. 그것은 일차적으로 각 기사가 묘사하고 있는 시기가 언제인지 정확히 확정할 수 없음에서 기인하며, 또한 이들 사료가 편찬된 연대가 다른 만큼,[28] 기사가 찬술될 당시의 정치적 상황을 반영하는 데에서 기인하기도 한다. 이러한 부분에 대한 세밀한 검토가 있어야 사료들을 취사선택하지 않고 정합적으로 배치할 수 있다.

먼저 사료 Ⅰ-①은 현도군이 고구려, 상은태, 서개마의 3개 현을 통솔하였으며, 호수는 45,006이고, 구수는 221,845임을 전한다. 이 기사에서는 각 현들의 위치를 물길을 기준으로 하여 설명하고 있어 지리비정을 위한 근거를 제시하였다. 그러나 다른 군에 비해 현수가 매우 적고, 현수와 호구수의 비율 역시 다른 군과 비교하여 상당히 다른 양상을 보이고 있음으로 인한 여러 이견이 제출된 상태다.

다음으로 사료 Ⅰ-③, Ⅰ-⑤의 지리비정은 구체적인데, 조선을 정벌하고 4군을 설치하면서, 옥저 혹은 옥저성으로 현도군을 삼았다고 하였다. 아울러 Ⅰ-⑤의 후반부에서는 현도군이 뒤에(기원전 75년) 夷貊의 침입을 받아 句麗의 西北으로 옮겨졌고 그곳은 지금(『삼국지』가 찬술된 3세기 중반경)에 '현도고부'로 칭해지는 곳이라고 설명한다. 현도군이 구려의 서북으로 옮겨진 이후의 상황은 Ⅰ-③의 후반부에 전하는데, 현도군의 移置 후에 옥저가 현으로 되어 樂浪郡 東部都尉에 속하게 되었다고 한다. 한편, 사료 Ⅰ-②에서는 고구려를 현으로 만들어서 현도군에 속하게 하였다고 전하는 바

---

27) 漢武帝元封二年 伐朝鮮 殺滿孫右渠 分其地爲四郡 以沃沮城爲玄菟郡 後爲夷貊所侵 徒郡句麗西北. 今所謂玄菟古府是也.

28) 『漢書』는 後漢章帝建初年間(76~83년)경 편찬되었고, 『三國志』는 3세기말, 『後漢書』는 5세기 전반에 편찬된 것으로 본다. 그리고 『三國志』에 裴松之가 注를 단 것은 5세기 전반이다.

이는 『한서』나 『삼국지』에서는 찾을 수 없는 부분이다.

마지막으로, 사료 Ⅰ-④는 기원전 82년 단행된 한군현의 폐합 기사이다. '임둔과 진번을 없애 낙랑과 현도에 병합'하였다는 기사 내용과 관련하여 그 시기와 방법, 원인 등에 대한 해석이 매우 분분하게 진행되었다.

정리하자면, 현도군의 경우 설치와 폐합, 이동이 빈번하였고, 그것이 고구려와의 관계 속에서 이뤄졌기 때문에 여러 이견이 제기될 수밖에 없었다. 이로 인해 현도군이 처음 설치된 곳의 위치, 고구려현이 현도군의 속현으로 설치된 시점 및 고구려현과 고구려국의 관계 등에 대해서는 사료 Ⅱ, Ⅲ, Ⅳ에서 보는 바와 같이 18세기 중엽 이후 진행된 연구에서부터 의견이 다양하게 개진되었다.

Ⅱ-① 현도는 '동방 九夷에 玄夷가 있다.'는 것이 바로 그것이다. 한 무제 원봉 3년에 조선을 멸하고 四郡을 정할 때 <u>東沃沮 땅으로 현도군을 삼았다.</u> … (중략) … <u>2군이 함락되어 고구려로 흡수된 것이 이 때였다</u>(안정복, 1756, 「현도고」, 『동사강목』).

② <u>현도군 땅은 곧 고구려국인데 한 무제가 멸망시킨 것이다.</u> 사실이 나타나지 않은 것은 반고가 오랑캐의 나라라 해서 약하였던 것이다. … (중략) … 이상 여러 설에 의하면, 고구려국은 저 멀리 건소 2년(기원전 37년) 전에 있었던 것이다. 雜論의 三國始起 조와 연관해서 보기 바란다. 그리고 『삼국사기』에 朱蒙에서부터 寶藏王에 이르기까지의 역년이 자세히 기록된 것은 곧 중국인의 傳聞臆說이니 혹 다 믿지 못할 것이 있을 것이고, <u>현도 속현인 고구려도 아마 주몽 이전의 夷國일 성싶은데, 주몽이 또 그 경내에서 일어났고 그 後裔였기 때문에 또한 고구려라고 칭했던 것인지도 모른다</u>(안정복, 1756, 「고구려현고」, 『동사강목』).

③ 모든 사책에 기록된 것을 가지고 보건대, <u>고구려가 도읍한 곳과 현도군치인 고구려현은 각기 구별된다</u>(안정복, 1756, 「고구려현고」, 『동사강목』).

Ⅲ-① 현도는 본래 옥저의 옛 땅으로, 지금은 함경남도 지역이다. … (중략) … 약용이 살펴보건대, 처음 옥저성에 다스리는 관청을 두었다가 東部都尉 때에는 不耐城으로 치소를 삼았으니, 지금의 함흥과 영흥은 마땅히 이 두 성의 遺地이다(정약용, 1811, 『아방강역고』).

② 현도가 옮겨가자 여기에 딸렸던 3현 가운데 이른바 고구려란 것은 마땅히 지금의 興京 서북쪽 100리 지역에서 찾아야 한다. … (중략) … 또 살펴보건대, 고구려 · 상은태 · 서개마의 3현은 함경도 경계 안에서는 본디 이런 이름이 없다. 시원 연간에 군을 옮긴 뒤에 고구려를 비로소 얻어 현도의 속현을 삼고 드디어 현도군의 치소를 삼았으나, 반고가 지리지를 지을 때는 시원 연간의 제도를 곧바로 기록했던 것이다. 뒤에 『한서』를 읽는 자가 마침내 고구려 · 상은태 · 서개마를 현도의 속현을 삼아 원래 이것이 무제 대의 제도라고 일컬었으니 이는 매우 잘못된 것이다. 우리나라 학자는 현도가 함경도에 있다는 것만 알고 고구려 등 세 현이 우리나라 안에 있지 않았음을 알지 못하니, 이는 크게 잘못된 것이다(정약용, 1811, 『아방강역고』).

Ⅳ-① 우리나라의 옛 지리는 漢水 북쪽이 조선인데, 조선의 동쪽을 濊貊이라 하고, 동북쪽을 옥저라 하고, 북쪽을 고구려라 한다. 이들은 모두 위씨조선에 복속된 나라들이다. 한나라 무제가 右渠를 격파하고 이 다섯 나라의 지역을 나누어서 사군을 설치하였는데, 조선은 낙랑, 예맥은 임둔, 옥저는 현도, 고구려는 진번이 되었다(한진서, 1823, 『해동역사(속)』).

② 漢나라 元封 4년(기원전 107)에 멸망되어 眞番郡에 속하였다가 始元 5년(기원전 82)에 玄菟郡의 治所를 이곳으로 옮겼으며, 지금의 興京 등지이다(한진서, 1823, 『해동역사(속)』).

③ 한나라 무제가 조선을 멸하고 四郡을 설치할 적에는 항복한 나라들을 현으로 만들어 고구려를 진번군에 속하게 하였다가 시원 5년에 이르러서 현도군의 치소를 이곳으로 옮겼는데, 지금의 흥경이 바로 그 지역이다(한진서, 1823, 『해동역사(속)』).

④ 한나라 建昭 2年(기원전 37)에 高朱蒙이 卒本川에 나라를 세우고는 또다시 고구려라고 하였다. 졸본은 지금의 廢閭延郡에서 강 건너편 쪽 지역이다(한진서, 1823, 『해동역사(속)』).

먼저 안정복은 사료 Ⅱ-①에서 동옥저 땅으로 현도군을 삼았다고 하였고, Ⅱ-②에서는 현도군 땅이 곧 고구려국이고, 한 무제가 멸망시킨 것이라 말한다. 그의 학설에서 유의되는 점은 '고구려현'과 '고구려국'의 관계인데, 사료 Ⅱ-②와 Ⅱ-③에서 고구려현이 '현도 속현'으로서 요동에 있었다고 그 위치를 비정하고, '고구려'라는 이름은 한 무제 이전부터 있었는데, 이는 주몽이 세운 고구려와는 일단 구별된다고 서술했다. 이는 『삼국사기』의 주몽 건국 이전에 이미 고구려가 존재했었다고 파악한 것이다.[29)]

다음으로, 정약용은 역시 Ⅲ-①에서 현도가 본래 옥저의 옛 땅이라는 점에 동의하고, 지금의 함경남도 지역이라고 현재 지명을 비정하였다. 또한 Ⅲ-②에서는 이치한 이후의 현도군 역시 흥경 서북쪽이라는 현재 지명을 거론하여 비정하고 있는데, 고구려가 현도군의 속현이 된 것은 시원 연간 군을 옮긴 이후라는 것이다. 다음, 고구려와의 관계에 있어서는 "주몽이 앞서 졸본으로 왔는데, 아들 유리왕 말년에 이르러서 처음으로 군사를 내어 한나라의 고구려현을 습격해 빼앗고, 비로소 나라 이름을 고구려국이라 정했다. 졸본과 고구려는 비록 서로 멀지는 않으나 한 城은 아닌데, 김부식이 졸본을 바로 고구려라고 한 것은 또한 잘못이다."라고 지적했다. 고구려와 고구려현을 분리해서 인식한 것이다.

한편, 한진서의 경우 Ⅳ-①에서 한 무제가 다섯 나라를 멸하고 사군을 설치하였는데, 옥저로 현도군을 삼고, 고구려로 진번군을 삼았다고 말한다. Ⅳ-②와 Ⅳ-③에서는 고구려가 진번군에 속해 있다가 기원전 82년 현도군의 치소로 되었음을 말하며, Ⅳ-④에서는 이것은 주몽이 졸본천에 세운 나라인 고구려와는 다른 것이라고 하고 있다.

이상을 통해 확인할 수 있는 것은 현재 현도군과 관련하여 논란이 되고 있는 학설들 대부분이 조선후기 당시부터 이미 논쟁이 이뤄지고 있다는 것

29) 김현숙, 「실학자들의 고구려사 · 백제사 연구」, 『한국고대사연구』 62, 한국고대사학회, 2011.

이다. 또한 조선후기 역사지리학자들은 본인보다 앞선 세대에 의한 저작들을 참고하여 비평을 가하고 있는데, 이런 과정을 거쳐 19세기 들어서는 이전시기의 역사지리 연구를 종합할 수 있는 입장에 놓이게 되면서 더욱 다양한 역사지리비정을 보였다는 점이다.[30] 그렇다면 한말에서 일제하에 이르기까지 조선후기 역사지리학자들의 논의가 어떻게 계승되고 또 어떻게 배제되어 나간 것일까.

4. 역사지리연구의 식민주의적 변용

다음 〈표 1〉은 현도군의 위치비정 문제를 논하고 있는 논문 목록이다. 1894년 나카 미치요(那珂通世)로부터 시작하여 1951년 와다 세이(和田淸)에 이르기까지 10편 이상의 논문이 제출되었다.[31] 역사지리, 그 중에서도 한사군에 대한 일본인 연구자들의 관심이 상당했음을 알 수 있다. 이들 논문들 중 대부분은 앞 장에서 살핀 조선후기 역사지리연구자들과 동일하게 제1현도군의 위치와 관련하여서 옥저설을 지지하고 있다.[32]

---

30) 박인호, 앞의 책, 이회, 2003, 33쪽.

31) 일본인들의 연구 이외에 1930년, 『史學雜誌』 41-4~5에 발표된 이병도의 논고 「玄菟郡及臨屯郡考」가 있다. 그는 기존 일본인들의 견해와 달리 본래 현도군이 압록강 중류 일대에 세워졌고, 郡治는 고구려였다고 주장하였다. 이 설에서는 창해군이 설치되었던 예맥의 땅에 현도군을 설치하였다고 하면서 이 예맥은 압록강·동가강 일대의 고구려족을 지칭하며 현도성은 통구평야로 비정하였다. 현도라는 명칭도 고구려의 수도인 丸都(곰터 - 神聖地)에서 유래하였다고 보았다.

32) 1951년 와다 세이(和田淸)에 이르러서야 현도군이 압록강 중류에서 咸興에 이르는 교통로를 따라 東西로 길게 설치되었다는 주장이 제기되었다. 이 주장은 이후 큰 주목을 받았는데, 그 안에서도 다시 郡治에 대해서는 沃沮縣設과 高句麗縣設로 나누어진다. 현재는 옥저에 군치가 두어졌다는 설이 더 유력하게 받아들여지고 있다(윤용구, 「현도군의 군현 지배와 고구려」 『요동군과 현도군 연구』, 동북아역사재단, 2008.) 한편 오늘날까지도 제2현도군과 제3현도군의 위치에 대해서는 학계에서 큰 의견의 차이가 없다. 夷貊의 침입을 받아 기원전 75년 옮겨간 제

〈표 1〉 현도군 위치 비정 논문 목록(1894~1951)

이름	연도	논문제목	수록잡지
那珂通世	1894	朝鮮樂浪玄菟帶方考	『史學雜誌』 5-4
樋口隆次郎	1911, 1912	朝鮮半島に於ける漢四郡の疆域及沿革考 1~5	『史學雜誌』 22-12, 『史學雜誌』 23-2～5
白鳥庫吉	1912	漢の朝鮮四郡疆域考	『東洋學報』 2-2
白鳥庫吉	1913	武帝始建の四郡	『滿洲歷史地理』 上
稻葉岩吉	1915	玄菟郡の名称について	『歷史地理』 25-1
瀨野馬熊	1923, 1924	朝鮮廢四郡考 上.中.下	『東洋學報』 13-1,3,4
池內宏	1941	樂浪郡考－遼東の玄菟郡とその屬縣－	『滿鮮地理歷史研究報告』 16
池內宏	1941	前漢昭帝の四郡廢合と後漢書の記事	『加藤博士還曆記念東洋史集說』
池內宏	1941	玄菟郡の屬縣高顯の遺址	『考古學雜誌』 31-2.
池內宏	1942	漢魏晋の玄菟郡と高句麗	『史苑』 14-3
和田清	1951	玄菟郡考	『東方學』 1

뿐만 아니라, 이들의 연구방법을 살펴보면 앞서 살펴본 『동사강목』, 『아방강역고』, 『해동역사(속)』 등에서 보여지는 조선후기의 역사지리연구방법과 흡사한 부분이 있다. 논지 전개 및 사료 인용 방법을 비교해보아도 앞장에서 언급한 사료 Ⅰ의 『한서』 지리지나 『삼국지』 동이전 등을 기본 사료로 활용하고 있다. 기타 방증사료의 활용 폭에서도 『통전』이나 『括地志』 등 당나라 시기 편찬된 저서들이나 『성경지』, 『대청일통지』 등 청나라 시기 편찬된 자료들이 망라되어 이용되는 등 조선후기의 그것과 큰 차이를 보이지 않는다.

2현도군은 흥경 노성 방면(신빈현 이도하자고성)으로 비정되고, 태조왕에 의해 다시 옮긴 제3현도군은 무순 방면으로 보고 있다(김미경, 「제1현도군의 위치에 대한 재검토」 『실학사상연구』 24, 2002.). 유독 제1현도군의 위치에 대해서는 그동안 여러 설이 제출되어 왔는데, 이는 고구려 초기의 국가성장과 대외 팽창을 살펴보는 데 있어서 현도군의 위치에 대한 분명한 파악이 중요했기 때문이기도 하다(王健群, 「玄菟郡的西遷和高句麗的發展」 『社會科學戰線』 87-2, 1987).

그럼에도 불구하고 이들의 연구에서 조선후기 역사지리연구에 대한 언급을 찾는 일은 쉽지 않다. 먼저 1894년 나카 미치요의 「朝鮮樂浪玄菟帶方考」는 소위 '동양사'의 입장에서 처음으로 쓰여진 한사군 관련 논문이다.[33] 그는 같은 해에 『史學雜誌』 5-3에 게재한 「朝鮮古史考」의 제1장 「朝鮮古史史籍考」에서 조선의 고대사를 연구할 때 필요하다고 생각하는 책들을 추려내고, 그 특징을 언급하였다. 그 중 『동국문헌비고』에 대해 "韓人의 저술로는 괜찮은 것이다. …(중략)… 『지리고』에 조선 고대의 지명을 고증하고 연구하는 것에는 『여지승람』의 잘못을 정정하는 곳이 아주 많아 고사의 고찰, 연구에 관하여 빼놓을 수 없는 책"이라고 밝히고 있다. 실제 「朝鮮樂浪玄菟帶方考」에서도 본인의 논지 전개 과정에서 『동국문헌비고』를 여러 차례 언급하였다. 반면, 조선 후기의 역사지리학자들의 개별 연구에 대한 언급은 찾아볼 수 없다. 「朝鮮樂浪玄菟帶方考」의 주요 내용이 역사지리에 대한 것이었음을 감안해보면 그가 조선후기 역사지리학자들의 논의를 어떻게 생각하고 있었는지에 의문이 생긴다.

두가지 가능성이 상정되는 바, 나카 미치요가 조선후기 역사지리학자의 논의를 검토하지 못한 채 『동국문헌비고』의 내용만을 접했을 수도 있고, 혹은 검토하였지만 본인의 논문에 언급하지 않았을 수도 있다. 전자라면 역사지리학자들의 개인 저작이 유통되지 않았기 때문에 실제 존재를 몰랐을 가능성이 있고, 후자라면 국가에 의한 편찬된 저작물이 더 신뢰성 높은 것으로 생각했을 것이 아닌가 추측해볼 수 있다.

33) 일본 동양사학의 생성과 발전과정에 대해서는 스테판 다나카 지음, 박영재 함동주 옮김, 『일본 동양학의 구조』, 문학과지성사, 2004; 미쓰이 다카시, 「일본의 동양사학은 어떻게 형성되었는가?」, 『역사학의 세기 - 20세기 한국과 일본의 역사학』, 휴머니스트, 2009; 나가하라 게이지 지음, 하종문 옮김, 『20세기 일본의 역사학』, 삼천리, 2011 참고. 특히 1890년대 중반부터 1910년 전후 본격적인 대륙침략의 시기와 맞물리면서 일본 동양사 연구자들이 연구의 초창기에 '역사지리'연구에 매진하였다는 점에서 이들의 의도가 간취된다.

어느 쪽이건 나카 미치요로부터 시작하여 이후 이뤄진 역사지리연구에서 조선후기 역사지리학자들의 논의는 큰 비중을 차지하지 못하였다. 1911년부터 1912년에 걸쳐 5편으로 나누어 발표된 히구치 타카지로(樋口隆次郎)의 「朝鮮半島に於ける漢四郡の疆域及沿革考 1~5」와 1912년에 쓰여진 시라토리 구라키치의 「漢の朝鮮四郡疆域考」, 그리고 「漢の朝鮮四郡疆域考」의 내용을 일부 수정하고 보완하여 이듬해(1913년)에 남만주철도주식회사에서 간행한 『滿洲歷史地理』 상권에 수록한 「武帝始建の四郡」에서 역시 이러한 경향은 이어진다.[34)]

이들 논고에서 인용한 저서와 논문을 검토해보면 같은 주제를 앞서 다룬 바 있는 나카 미치요의 「朝鮮樂浪玄菟帶方考」가 여러 번 인용되고 있다. 가장 작성연대가 늦은 「武帝始建の四郡」을 좀 더 자세히 살펴보면, 영동 7현을 살피면서 "夫租는 那珂(나카)·箭內(야우치)·히구치(樋口) 세 사람이 고찰하여 정한 바와 같이 옥저의 異譯으로 夭租를 잘못 베낀 것[35)]"이라고 밝히고 있으며, 현도군이 설치된 옥저성의 위치를 밝히면서는 "故 나카 박사는 동옥저가 지금의 함경도이고, 현도군이 설치된 옥저성은 지금의 함흥부라고 단언했다. …(중략)… 동옥저를 함경도 전부에 비견한 데에는 찬성할 수 없다"고 서술하였다. 즉, 앞선 일본인 연구자들의 견해를 차례대로 꼼꼼하게 언급하면서 동의할 수 있는 부분과 그렇지 못한 부분을 구별해나가는 방식으로 주요 논지를 펼쳐나가고 있음이 확인된다.

그런데, 히구치 타카지로나 시라토리 구라키치의 논문에서도 역시 나카 미치요의 논문에서와 마찬가지로 『동국문헌비고』나 『동국여지승람』 등 국

---

34) 『만주역사지리』 序에서 시라토리는 "이 지방의 史的 지리는 우리의 학자에 의해 회고된 바 없고, 지나인 및 조선인의 편저 또한 신뢰할 만한 것이 적어 우리는 먼저 이를 천명할 필요를 느꼈다"고 밝히고 있는 바, 이전 시기 연구들에 대한 불신을 엿볼 수 있다.

35) 이 중 箭內(야우치)의 논고는 『만주역사지리』상권 「武帝始建の四郡」에 바로 이어 서술된 「昭帝以後の朝鮮」를 지칭한다.

내 관찬사료들을 인용사례가 간간히 확인되는 것에 비해 여전히 조선후기 역사지리학자들의 저서에 대한 분석은 여전히 미약하다. 다만, 간혹 유득공의 『四郡志』와 정약용의 『대한강역고』만이 인용되고 있을 뿐이다.

앞서 살펴본 바와 같이 조선후기에는 여러 편의 역사지리 저서들이 간행되었다. 그런데 일본인 연구자들의 연구에 『사군지』와 『대한강역고』 등이 간간히 인용되고 있는 반면, 내용이 훨씬 풍부한 『동사강목』이나 『해동역사』 등이 언급되지 않고 있는 이유는 무엇일까. 먼저 생각해볼 수 있는 것은 서적 유통의 사정에 관한 것인 바, 『사군지』와 『대한강역고』 등이 당시에 비교적 쉽게 접할 수 있었던 반면, 그 외 저서들은 유통이 제한적이어서 존재를 알지 못하거나 구하는 데에 어려움이 있었던 것이 아닌가 한다.

실제로 『사군지』의 경우 1908년 결성된 '조선고서간행회'의 활동과 관련이 있어 보인다. 한말에서 일제하에 걸쳐 재조일본인들은 식민통치에 협조하기 위해 통감부나 총독부의 지원 아래 고서간행사업을 진행하였다. 이 간행사업에서 간행할 고서를 선정한 기준이 무엇이었는지는 스스로 분명하게 밝힌 것이 없지만, 처음 시작하는 간행사업이었던 만큼 수집하기 용이한 자료를 선택한 것으로 보인다.[36] 그리고 점차 사료적 가치가 있는 고서를 간행하면서 조선 연구에 필요한 자료를 마련해 나갔을 것이고, 그렇게 총 28종 83책의 고전을 『朝鮮群書大系』로 간행하였다.[37] 그 중 1910년에 가장 먼저 간행된 것이 『大東野乘』과 『사군지』였다. 나카 미치요의 논고에서는 언급되지 않았던 『사군지』가 1911년과 1912년 히구치 타카지로와 시

36) 최혜주, 「한말 일제하 재조일본인의 조선고서 간행사업」, 『대동문화연구』 66, 2009, 429~430쪽.

37) 한말 통감부 시기와 병합 이후 재조일본인에 의해 설립된 고서간행 단체는 1908년 조선고서간행회, 1910년 조선연구회, 1920년 자유토구사 등이 있다. 이들 단체에 의해 간행된 저서들 중에는 일본인의 편견으로 왜곡된 고전들이 각 방면에 보급되어 이른바 식민사학 형성의 기초 자료가 되었다는 평가도 있다(최혜주, 위의 논문, 『대동문화연구』 66, 2009, 418쪽).

라토리 구라키치의 논고에서는 언급되고 있는 것은 『사군지』가 1910년 조선고서간행회를 통해 간행되고 유통되었기 때문임을 추측케 한다.

『대한강역고』의 경우 사실 정약용의 저서는 『아방강역고』이며 『대한강역고』는 1903년 장지연이 정약용의 『疆域考』를 原考로 삼고 이를 '補編'한 것이다. 즉, 일본인 학자들이 정약용의 『대한강역고』라고 칭하고 있는 것은 오류로 볼 수 있는데, 아마 장지연의 『대한강역고』를 참고하면서 그 원저자인 정약용의 이름을 명기해 놓은 것으로 추측된다. 이 경우 역시 유통의 문제와 관련이 있어 보인다. 결국, 1910년대 초까지만 하더라도 일본인 연구자들은 조선후기에 편찬된 많은 역사서들을 세밀하게 검토할 수 없었던 것으로 보인다.

다음으로 위 〈표 1〉 현도군 위치 비정 논문 목록(1894~1951)에 언급된 10여 편의 논문은 대다수가 『史學雜誌』를 비롯한 '학회지'에 수록된다는 점이 특징적이다. 연구성과의 출간과 유통의 형태에서 이전과 매우 근본적인 차이를 보이는 것으로, 이는 소위 '근대학문'의 형성과 관련된다. 서구사회에서는 17세기경 새로운 학문 전달의 매체로 '학술지'가 발명되면서 그전까지의 학문이 근대적인 학문으로 이행된 것으로 본다. 이에 더하여 학회가 출현하고, 그것이 대학과 연동되면서 재생산이 가능해졌다는 사실은 시사하는 바가 크다.[38] 그런데 일본이 서구 학문을 도입하는 과정을 살펴보면, 그것은 국가권력이 주도적으로 근대를 추구하는 방향으로 전개되었다. 즉, 일본의 경우는 국가의 주도 아래 제국대학과 학회 및 학회지가 거의 동시에

---

38) 17세기경 서구에서 새로운 학문 전달의 매체로 학술지가 발명되면서 대체로 註釋과 編纂을 위주로 했던 그전까지의 학문이 근대적인 학문으로 이행했다. 그런데 잡지는 어디까지나 학문 패러다임의 첨병 역할을 한 것이고, 학회가 출현함으로써 이 패러다임은 전문가집단 속에서 지위를 얻었으며, 대학이란 교육기관 속에서 자리잡음으로써 재생산이 가능해져 학문의 체제화는 일단락된 셈이다(백영서, 「'東洋史學'의 誕生과 衰退 : 동아시아에서의 學術制度의 傳播와 變形」, 『한국사학사학보』 11집, 2005, 166쪽).

만들어졌다. 이는 결과적으로 근대과학의 독창적 방법이나 패러다임을 배워오기보다는 먼저 '제도'를 도입해 근대적 지식의 생산과 유통을 가속화하는 데 힘을 기울였던 것으로 평가된다.[39)]

'역사학'의 경우 1886년 3월 제국대학령을 공포하고, 문과대학의 초빙으로 1887년 2월 독일에서 랑케의 제자 루트비히 리스가 일본으로 들어와 유럽 근대 역사학의 방법을 전하게 되었다.[40)] 여기에 힘을 얻어 그 해 9월 '사학과'가 창설되었고, 얼마 지나지 않은 1889년 11월 리스의 지도에 따라 '사학회'가 창설되어 시게노 야스쓰구(重野安繹)가 회장에 취임했다. 같은 해 12월 15일에는 『사학회잡지』(1892년 『사학잡지』로 고침) 제1호가 발간되었다.[41)] 이러한 급격한 변화에 대해 타카츠 구와사부로(高津鍬三朗)의 『사학잡지』 제3호에서 "우리나라 고래의 학과에 있어서 근래 가장 그 모습을 고친 것은 사학일 것이다. 서양 학술이 열림에 따라 사학의 목적도 일변하여 역사의 체재도 일변하기에 이르렀다"라고 자평하고 있다.

앞서 언급된 나카 미치요의 논문이나 히구치 타카지로, 시라토리 구라키치 등의 논고는 대부분 제도 속에서 생산되는 학술지에 게재되면서 '근대학문'의 범주에 속하게 되었다. 그리고 시간이 흐르면 흐를수록 조선후기 역사지리서들은 '근대학문'의 범주에서 점차 멀어지게 되고, 논의의 대상에서 제외되어 가기 시작한 것이다.

이렇게 일본에서 근대학문의 형성기이자, 동양사학의 태동기였던 1890년

---

39) 백영서, 위의 글, 『한국사학사학보』 11집, 2005, 166~169쪽.

40) 메이지유신 이후 일본에서 1872년 '학제'를 제정하여 반포하여 근대적 의미의 교육을 추진하는 가운데, 일본의 역사학 역시 처음부터 '구미식 근대의 가능성'을 찾기 위해 탄생했다(이규수, 「근대 일본의 동아시아 인식체계 - '문명'과 '야만'의 역전」, 『사림』 39, 2011; 이규수, 「근대 일본의 학제 형성과 역사 지식의 제도화」, 『한국사학사학보』 27, 2013(『동아시아 근대 역사학과 한국의 역사인식』, 선인, 2014에 재수록).

41) 스테판 다나카 지음, 박영재 옮김, 앞의 책, 문학과지성사, 2004; 나가하라 게이지 지음, 하종문 옮김, 앞의 책, 삼천리, 2011, 46~47쪽.

대부터 1910년대를 지난 이후 시기에는 제도권 학문의 재생산이 더욱 두드러지고 있다. 현도군의 위치와 관련된 이케우치의 1941년, 1942년 연구에서는 『한서』와 『후한서』, 『삼국지』 등 기본적인 사료들 이외에 『만주역사지리』와 『만선지리역사연구보고』 등에 대한 검토가 이뤄지고, 『고고학잡지』, 『사학잡지』, 『동양학보』 등에 실린 관련 논문들만이 인용되고 재생산되는 모습이 굳어진다. 이러한 과정을 거쳐 배제되어가는 조선후기 역사학에 대해 '일제 관학자들의 역사학은 근대적인 학문의 방법으로써 한국을 침략하고 있는 것'이라고 평가해왔던 것이다.[42)]

일본의 역사학자들이 '제도' 속에서 근대학문의 방법으로 연구를 진행하고 있던 시기에 우리의 전통적인 역사 개념 역시 변화하고 있었다. 20세기 초반의 역사지리학은 조선후기 역사지리학의 발전과정을 통해 축적된 학문적 전통을 기반으로 하여 새로운 국면을 맞아하였던 것으로 평가된다.[43)] 서양의 실증적인 연구방법이나 사회진화론과 같은 서양 근대문명을 지탱하였던 정신들이 바닥에 깔리기 시작하면서 서술방식이나 체제적인 측면에서 차츰 학문적 독자성을 강화시켜 나가게 되었던 것이다. 그것은 조선후기 이래의 전통적인 역사학과 문화의 '정당한 계승' 위에서 새로운 역사학의 도입을 뜻하는 것이었다.[44)] 그리고 이 시기의 역사학은 그들이 의거하고 그들이 계승 발전시켜야 할 전통사상 · 전통문화를 18 · 9세기의 실학에서 찾고 있었다.[45)]

---

42) 김용섭, 앞의 글, 『한국의 역사인식(하)』, 1976, 422쪽.
43) 박인호, 앞의 책, 이회문화사, 1996, 221쪽.
44) 광무개혁기에는 구본신참의 태도 하에 전통문화의 존중과 그 계성, 발전이 의식적으로 내세워지고 있었고, 개혁에 있어서의 주체성이 강하게 표현되고 있었다. 이 시기의 역사학 역시 전통적인 역사학을 바탕으로 하면서 새로운 근대 역사학의 방법론이 참작 도입되고 있었다(김용섭, 앞의 글, 『한국의 역사인식(하)』, 1976).
45) 반면, 조선후기 역사학을 '역사성'을 고려하여 이해할 것을 제안하는 연구도 있다. 이러한 지적은 당연한 것이지만, 그동안 학계에서는 이 같은 '평범한' 진리가 간과되면서 "근대의 시각이 강하게 투사된 채" "조선후기 역사학이 근대 민족주의 역사학을 지향하던 지적 흐름이었다고만 이야기"함으로써 이로 인해 사학사 연구에 많

이시기에 활약하였던 학자들 가운데 대표적 인물로 장지연과 김택영이 주로 거론된다. 장지연은 신문을 통해 대중적인 역사지식의 확산에 노력하였고, 김택영은 학부에 소속되어 관학사학을 대표하였다. 그런데, 이들은 조선후기로부터 이어진 학적 기반 위에서 그들의 연구를 진행시켰다는 공통점이 있다.[46] 김택영은 1901년 『연암집』을 편간하였고, 1905년에는 안정복의 『동사강목』, 유득공의 『사군지』, 『발해고』 등을 참고하여 『역사집략』을 편찬하였다. 장지연은 앞서 언급한 바와 같이 1903년 정약용의 『아방강역고』를 증보하여 『대한강역고』를 간행하였다.[47]

또한, 대한제국 시기에는 애국계몽운동의 형태로 속속 학회가 출현하는 변화가 있었다. 이를 토대로 역사연구, 특히 한국사 연구가 소위 '국학운동'의 일부로 착수되었다. 이 운동의 과정에서는 일본의 학문체계를 도입하기도 하였는데, 그것은 중국 전통학문의 영향에서 벗어나야 한다는 절박감과 근대에 대한 선망의 발로이기도 했다. 당시 이뤄진 한국사 연구는 학문의 전문성이나 독창성에서는 그 성과가 미흡한 수준이었다고 볼 수 있지만, 그마저도 일본의 식민지로 전락함에 따라 아쉽게도 제도적으로 자리잡을 수 있는 여건을 확보하지는 못했다.[48]

한편, 제도적으로 자리잡지 못한 우리의 역사연구가 택한 또 하나의 방법은 신문지면을 활용하는 것이었다.[49] 대표적으로 신채호와 정인보 등의

은 공백이 생겼다는 것이다(허태용, 『조선후기 중화론과 역사인식』, 아카넷, 2009).

46) 김용섭, 앞의 글, 『한국의 역사인식(하)』, 1976, 425쪽; 이만열, 앞의 책, 문학과 지성사, 1981, 232쪽.

47) 대한제국기 만들어진 역사서에서 실제 실학자들의 연구를 어떻게 반영하고 있었는지에 대해서는 김종복, 「대한제국기 역사서의 고대사 인식과 유교적 사유체계의 변동」, 『동아시아 근대 역사학과 한국의 역사인식』, 선인, 2013 등의 연구가 참고된다.

48) 백영서, 앞의 글, 『한국사학사학보』 11집, 2005, 173쪽.

49) 다만, 20년대 후반기부터 일본 유학을 통해 역사교육을 받은 이들이 돌아왔고, 국내에서도 경성제대 사학과 졸업생이 배출되면서 문헌고증적인 학풍이 성립되었다. 이들은 일제 시기라는 제한된 한계 내에서 학문적인 대결을 통해 한국사

주장은 『조선일보』 학예란과 『동아일보』의 지면을 통해 연재되었다. 그 내용은 기존의 논의와 큰 차이를 보이는데, 신채호는 한사군이 '원래 땅 위에 세워진 것이 아니라 紙上에 그렸던 일종의 假定, 곧 계획'이었다고 말하면서 현도군이 옥저에 두어졌다는 사실을 부정하였고, 정인보 역시 "옥저'는 중국 東三省 수목지대에 으레 붙이는 '窩集'을 다른 글자로 音寫한 이름'이라 하면서 현도가 처음부터 지금의 무순 지역에 설치되었다고 보았다.[50)]

이들의 연구는 당시에 '학술적'인 영역에서 크게 논의되지 못하였고, 뿐만 아니라 현재 고대사연구자들 사이에서도 학설사적으로 논의의 대상이 되지는 못하는 부분이 있다. 더군다나 근대적인 제도학문에 의해 배제되고 억압당한 지식은 종종 '저널리즘적 지식'으로 폄훼되었다. 그런데, 이러한 연구들이 지닌 중요한 특징은 '지배적인 학문제도와 관행 및 이것을 지탱해주는 지배적 사회현실의 외부에서 그것의 폐쇄성을 비판'[51)]하였다는 점이다. 이들의 연구에는 식민지 시기라는 현실과 자유롭지 못한 학문 제도권하에서 이에 대한 비판을 가하고 있다는 측면이 강하게 내재되어 있는 것이다. 이들의 연구는 불공정한 경합의 조건을 통해 식민주의적으로 변용되고 있으면서도 '보편성'을 띈 것으로 여겨지던 당시의 학문에 대응이었다고 볼 수 있다.

연구를 진행하고 있었다(김용섭, 「일본 · 한국에 있어서의 한국사서술」, 『역사학보』 제31집, 역사학회, 1966).

50) 정인보는 당시의 역사학은 그것이 일제관학자의 것이든 줏대 없이 총독부의 식민지 문화정책에 동조하는 학자들의 것이든, 쓸데없는 것이요, 오히려 해악을 끼치는 것으로 보았다. 또한 당시 문헌고증학을 내세우며 한국 고대사를 난도질하는 식민주의 사학에 정면으로 투쟁하고 있다(김용섭, 앞의 글, 『한국의 역사인식(하)』, 1976; 홍이섭, 「爲堂鄭寅普」, 『韓國史의 方法』, 탐구당, 1968).

51) 백영서는 '제도로서의 학문'이 대응하지 못한 사회적 수요를 어느 정도 충족시켜준 제도 밖의 학술활동을 잠정적으로 '운동으로서의 학문'으로 부를 것을 제안하고 있다. 유럽 모델을 일본에서 수용 · 변용한 이 '제도로서의 학문'은 다시 동아시아에 확산되고, 그 과정에서 개별 국민국가와 학문의 관계에 따라 변형을 겪게 되지만, 그 기본틀은 유지된 채 오늘까지 이어진다고 할 수 있다(백영서, 앞의 글, 『한국사학사학보』 11집, 2005, 166~167쪽).

5. 맺음말

조선후기 역사지리학자들의 연구는 한말과 일제시기에 진행된 한국사 연구와 그 연구 방법론이나 논리의 전개 방식 등에서 큰 차이를 보이지 않는다. 그럼에도 불구하고 1910년대와 1920년대에 걸쳐 근대적인 학문방법이라는 이름으로 계속 인용되고 재생산되었던 것은 일본인 학자들의 연구였고, 조선후기 역사지리학자들의 연구는 점점 배제되어 나갔다.

본고에서 논의하고자 했던 바가 한국사의 발전단계에서 '근대'를 조선시대까지 소급하려는 것은 아니다. 그보다는 근대를 둘러싼 논의들이 결국은 동양을 서양이 만들어놓은 근대에 맞추어 해석하려는 종속성에서 비롯된 것이라는 문제의식 하에 근대성과 거리가 먼 것으로 치부해왔던 동아시아의 지적 전통에 대한 적극적인 재평가가 필요하다는 주장을 실제 연구 흐름을 추적해나가면서 논증하고자 한 것이다.

한편, 한말 이래 조선후기 이래의 전통적인 역사학과 문화의 '정당한 계승' 위에서 새로운 역사학을 도입하고자 했던 일련의 연구들도 존재했으나, 이러한 노력은 일제 말기 강화된 파시즘 체제 하에서 더 이상 구체화, 대중화되지 못하였다. 그 대신 그 문제의식은 해방 이후 한국의 역사학이 일본에 의해 만들어진 식민주의를 극복하고 내재적 발전 과정을 규명하는 과제를 수행하는 데에 토대가 되었다. 이러한 인식의 계승은 오늘날 세계화의 추세 속에 고유의 특성을 잃지 않으면서 동시에 세계사적인 문제인식과 결합하는 데에 시사점을 제공하리라 생각한다.

참고문헌

강세구, 『東史綱目硏究』, 민족문화사, 1994.

나가하라 게이지 지음, 하종문 옮김, 『20세기 일본의 역사학』, 삼천리, 2011.

박걸순, 『한국근대사학사연구』, 국학자료원, 1998.

박인호, 『조선후기 역사지리학 연구』, 이회문화사, 1996.

______, 『조선시기 역사가와 역사지리인식』, 이회, 2003.

스테판 다나카 지음, 박영재 함동주 옮김, 『일본 동양학의 구조』, 문학과지성사, 2004.

이만열, 『한국 근대 역사학의 이해』, 문학과 지성사, 1981.

______, 『한국 근현대 역사학의 흐름』, 푸른역사, 2007.

조동걸, 『현대한국사학사』, 나남, 1998.

조성을, 『조선후기 사학사연구』, 한울아카데미, 2004.

한영우, 『朝鮮後記史學史硏究』, 일지사, 1989.

______, 『朝鮮後記史學史硏究』, 일지사, 1989.

______, 『한국 민족주의 역사학』, 일조각, 1993.

허태용, 『조선후기 중화론과 역사인식』, 아카넷, 2009.

강세구, 「順庵安鼎福의 學問과 思想硏究」, 『毋岳實學』 5, 무악실학회, 1996.

______, 「안정복의 역사고증방법」, 『실학사상연구』 1, 1989.

______, 「안정복의 역사이론의 전개와 그 성격」, 『국사관논총』 93, 국사편찬위원회, 2000.

김미경, 「제1현도군의 위치에 대한 재검토」, 『실학사상연구』 24, 2002.

김용섭, 「일본·한국에 있어서의 한국사서술」, 『역사학보』 제31집, 역사학회, 1966.

______, 「우리나라 근대 역사학의 성립」, 『한국의 역사인식(하)』. 창작과 비평사, 1976.

김종복, 「대한제국기 역사서의 고대사 인식과 유교적 사유체계의 변동」, 『동아시아 근대 역사학과 한국의 역사인식』, 선인, 2013.

김현숙, 「실학자들의 고구려사·백제사 연구」, 『한국고대사연구』 62, 한국고대사학회, 2011.

미쓰이 다카시, 「일본의 동양사학은 어떻게 형성되었는가?」, 『역사학의 세기 -20세기 한국과 일본의 역사학』, 휴머니스트, 2009.

백영서, 「'東洋史學'의 誕生과 衰退 : 동아시아에서의 學術制度의 傳播와 變形」, 『한국사학사학보』 11집, 2005.

王健群, 「玄菟郡的西遷和高句麗的發展」, 『社會科學戰線』 87-2, 1987.
윤용구, 「현도군의 군현 지배와 고구려」, 『요동군과 현도군 연구』, 동북아역사재단, 2008.
윤희면, 「한백겸의 동국지리지」, 『역사학보』 93, 1982.
______, 「한백겸의 학문과 동국지리지 저술동기」, 『진단학보』 63, 1987.
원유한, 「韓百謙의 「東國地理誌」 성립배경과 성격」, 『국사관논총』 93, 국사편찬위원회, 2000.
이규수, 「근대 일본의 동아시아 인식체계 - '문명'과 '야만'의 역전」, 『사림』 39, 2011.
______, 「근대 일본의 학제 형성과 역사 지식의 제도화」, 『한국사학사학보』 27, 2013.
李基白, 「順庵 安鼎福의 合理主義的 史實 考證」, 『韓國實學硏究』 1, 1999.
李萬烈, 「十七 · 八世紀의 史書와 古代史認識」, 『韓國史硏究』 10, 1974.
이병도, 「玄菟郡及臨屯郡考」, 『史學雜誌』41編 4 · 5號, 1930(『韓國古代史硏究』, 1976 재수록).
이상태, 「신경준의 역사지리 인식」, 『사학연구』 38, 1984.
이우성, 「李朝後期 近畿學派에 있어서의 正統論의 展開」, 『歷史學報』 31, 역사학회, 1966.
정구복, 「한백겸의 동국지리지에 대한 일고」, 『전북사학』 2, 1978.
조 광, 「조선후기의 역사인식」, 『한국사학사의 연구』, 한국사연구회 편, 1985.
조성을, 「我邦疆域考에 나타난 丁若鏞의 歷史認識」, 『奎章閣』 15, 1992.
______, 「朝鮮後期 歷史學의 발달」, 『한국사 인식과 역사이론』, 지식산업사, 1997.
______, 「정약용의 역사이론의 전개와 그 성격」, 『국사관논총』 93, 국사편찬위원회, 2000.
정구복, 「안정복의 사학사상」, 『한국근세사회의 정치와 문화』, 정신문화연구원, 1987.
______, 「한국근세사학사의 성격」, 『한국근세사학사』, 경인문화사, 2008.
정두희, 「朝鮮初期 地理志의 編纂」, 『역사학보』 69집, 1976.
정종현, 「단군, 조선학 그리고 과학 - 식민지 지식인의 보편을 향한 열망의 기호들」, 『한국학연구』, 2012.
車長燮, 「安鼎福의 歷史觀과 東史綱目」, 『조선사연구』 1, 조선사연구회, 1992.
和田淸, 「玄菟郡考」, 『東亞史硏究(滿洲編)』, 1951.
최혜주, 「한말 일제하 재조일본인의 조선고서 간행사업」, 『대동문화연구』 66, 2009.
한영우, 「茶山 丁若鏞의 史論과 對外觀」, 『김철준박사화갑기념사학논총』, 지식산업사, 1983.
______, 「安鼎福의 思想과 東史綱目」, 『한국학보』 53, 일지사, 1988.
홍이섭, 「爲堂鄭寅普」, 『韓國史의 方法』, 탐구당, 1968.

안재홍의 인류학 이론 수용과 조선 상고사 연구

-「朝鮮上古史管見」을 중심으로-*

채 관 식**

1. 서론

본 논문의 목적은 1920년대 후반에서 1930년대 초반 안재홍의 인류학 이론 수용 양상과 상고사 연구의 전개를 구체적으로 규명하는 데 있다. 지금까지 일제시기 안재홍의 역사연구는 1931년 신간회 해소 이후 전개된 '朝鮮學' 연구와 문화운동의 일환으로 이해되어 왔다. 안재홍은 1934년 다산서세 기념사업을 계기로 정인보와 『與猶堂全書』를 교열하는 한편 '朝鮮學의 闡明'과 '朝鮮文化運動'의 전개를 주장하였다.[1] 그는 1935년 다산서세100년제를 거치며 조선학의 개념과 방법론을 검토하고 다산 정약용과 실학에 대한 다수의 논설을 집필하였다. 이후 『여유당전서』의 교열을 진행하는 동시에 역사연구에 주력하였다. 1937년부터 考徵書인 『朝鮮上古史鑑』을 집필하기 시작하였으며, 이 작업이 마무리된 뒤 1941년부터는 통사저술을 목표로 『朝

* 이 글은 '안재홍의 인류학 이론 수용과 조선 상고사 연구 -「朝鮮上古史管見」을 중심으로-', 『韓國史研究』 167호(2014.12)에 실린 원고를 수정, 보완하여 수록한 것이다.
** 연세대학교 역사문화학과 강사.
1) 안재홍, 「朝鮮과 文化運動-卷頭言에 代함」, 『신조선』 8, 1935년 1월, 1~3쪽.

鮮通史』의 서술을 시작하였다.[2] 그 중『조선상고사감』은 상고사·고대사에 관한 안재홍의 대표적인 역사연구서로서 인류학 이론과 비교언어학적 해석 방법을 통해 역사과학의 수준을 끌어올린 시도로 평가되었다.[3]

그러나 안재홍의 역사연구는 민족운동의 측면에서는 신간회의 해소와 문화운동의 부진이라는 상황에서 선택한 것으로 이해되었다. 이 때문에 사학사적인 성과와는 별개로 중일전쟁기 현실적인 제약 속에서 시도된 가장 비정치적인 선택이었다는 개량성의 문제가 함께 부각되어 왔다. 그런데 안재홍의 초기적인 역사연구는 민족주의 운동이 활발하게 진행되었던 1920년대 후반에 시작되었다고 할 수 있다. 사학사 연구에서『조선상고사감』의 저본으로 거론된「朝鮮上古史管見」(1930)(이하「관견」으로 줄임)이 그것이다.「관견」은 조선인의 특수한 '民族性' 문제를 고심하던 안재홍이 루이스 헨리 모건의『고대사회』를 접하게 된 것을 계기로 시도한 초기적인 역사연구였다. 따라서 안재홍이 조선학운동을 기획하고 역사가의 길로 가게 되는 과정은 1920년대의 현실과 역사인식에서 확인할 필요가 있다. 즉 안재홍의 역사연구는 1920년대 민족성 해명에 대한 관심, 인류학 이론의 수용과 상고사 연구, 조선학운동과 역사서 집필로 이어지는 일련의 역사인식 속에서 이해되어야만 한다. 그리고 이를 위해서는 장기적 역사연구의 출발점이 된「관견」의 이해가 필수적이라 할 수 있다.

안재홍은 역사상에 나타난 조선의 민족문화로부터 조선인의 민족성을 밝혀낼 수 있을 것이라 생각하였다. 이때 상고사는 고유한 민족성을 여실히 드러내주는 시기였으며 상고사 연구야말로 '민족의 진정한 상태'를 밝히는 작업이었다.[4] 특히 그는 모건의『고대사회』를 접하면서 사회진화의 과

2) 안재홍,「卷頭에 書함」,『민세안재홍전집3 조선상고사감』, 1991, 2~3쪽
3) 이에 대해서는 다음의 연구가 참고된다. 김용섭,「우리나라 근대 역사학의 발달」,『문학과지성』, 1971 여름; 이만열,『한국근대역사학의 이해』, 문학과지성사, 1981; 한영우,『韓國民族主義歷史學』, 일조각, 1993; 이지원,「안재홍」,『한국의 역사가와 역사학(하)』, 창작과비평사, 1994.

학적 법칙에 따라 성립된 국가 단계에서 조선의 고유한 민족문화를 확인하고자 하였다. 안재홍은 이를 통해 인류사회의 보편적인 발전에 따른 '국가'의 설립과 독자적인 '문화'의 창성을 설명할 수 있을 것이라 판단하였다. 이러한 입장은 그의 역사인식을 관통하는 기본 방향이 되었다.

이와 같이 「관견」이 역사연구의 전개에 있어 차지하는 비중이 매우 높다고 할 수 있다. 그럼에도 불구하고 사학사 연구에서의 개설적인 소개를 제외하면 이에 관한 구체적인 연구는 아직까지 없다고 할 수 있다. 다만 안재홍의 역사연구에 대해서는 『조선상고사감』을 중심으로 1920~30년대 발표된 역사 논설을 분석하여 정치사상이나 문화운동과의 관련성을 주목한 연구가 이루어졌다. 그러나 역사연구의 출발점이었던 「관견」에 대한 분석은 이루어지지 못하고 있는 실정이다. 따라서 인류학 이론의 수용과 상고사 연구의 상호관계에 대해 구체적인 문제제기가 이루어지지 못하였다.[5)]

안재홍의 역사연구는 민족성 문제 인식과 상고사 연구의 두 가지 측면이 공존하고 있었지만 기존의 연구에서는 특정 측면만을 주목하는 편향을 보이고 있었다. 뿐만 아니라 인류학 이론 수용에 있어서도 적용사례를 단순 비교하거나 유사성을 확인하는 데 머물렀다. 특정 이론이 수용되는 과정에 대한 문제의식이 미약하였고, 이론의 수용과 적용 사이의 관계를 주목하지 않은 채 성과만을 강조할 뿐이었다. 요컨대 선행연구들은 조선인의 민족성 문제에 대한 현실적 고민과 상고사 연구를 통한 해결방법 모색이란 두 가

---

4) 안재홍, 「朝鮮民族性의 國際史的 考察(1)」, 『현대평론』 1-4, 1927년 5월.

5) 안재홍의 역사연구에 대해서는 다음의 선행 연구가 참고된다. 김수태, 「안재홍의 신민족주의와 사회사 연구」, 『한국근현대사연구』 24, 2003; 이진한, 「民世 安在鴻의 韓國史 硏究와 新民族主義論」, 『한국사학보』 20, 2005; 정윤재, 「1930년대 안재홍의 문화건설론」, 『정신문화연구』 99, 2005; 이지원, 『한국 근대 문화사상사 연구』, 혜안, 2007; 이진한, 「民世 安在鴻의 韓國 中世史 認識과 唯物史觀의 批判」, 『史叢』 70, 2010; 류시현, 「1930년대 안재홍의 '조선학운동'과 민족사 서술」, 『아시아문화연구』 22, 2011; 정종현, 「단군, 조선학 그리고 과학: 식민지 지식인의 보편을 향한 열망의 기호들」, 『한국학연구』 28, 2012.

지 측면을 함께 포괄하지 못하였다. 그리고 저서로 편찬된 최종 결과물 분석에 치중하여, 인류학 이론이 수용되는 원인과 적용상의 특징을 충분히 설명하지 못하고 있다.

이상의 문제의식에서 본 논문은 1920년대 후반~30년대 초 안재홍이 조선 현실 인식을 바탕으로 민족성 문제를 어떻게 파악했으며, 민족성의 과학적·객관적인 확인을 위해 수용한 인류학 이론, 특히 모건의 고대사회 이론을 어떻게 적용했는지를 중점적으로 살펴보고자 한다.[6] 이 작업은 「관견」 이후 더욱 심화되는 안재홍의 상고사 인식을 이해하고, 장기적인 역사연구로 이어지는 역사인식의 성격을 총체적으로 규명하는 출발점이 될 것이다. 기본 사료로는 그동안 선행 연구에서 충분히 검토되지 못했던 「관견」을 중심으로 상고사에 주목하는 배경과 집필 과정, 서술 구조와 내용상 특징을 살펴보고 '국가의 형성'과 '문화의 창성'이란 측면을 중심으로 검토하고자 하였다. 마지막으로 조선 상고사 연구의 성과를 정리하고 이후 조선학 연구로 이어지게 되는 역사연구의 과제가 무엇이었는지를 확인하도록 하겠다.

---

6) 기존의 사학사 연구에서는 안재홍이 최신의 '인류학' 이론인 모건의 『고대사회』 이론을 수용하여 고대사를 고조선 사회의 발전과정으로 정리했다고 평가하였다. 비슷한 시기 일본의 인류학 수용사 연구에서는 1920~30년대 모건의 고대사회 이론 수용을 문화인류학 분야에서 진화론적 발전단계설의 도입으로 정리하고 있는데(横田健一, 「日本史研究と人類學」, 『日本歷史25 別卷2 日本史研究の方法』, 岩波書店, 1981, 232~234쪽), 당시 인류학자 니시무라 신지(西村眞次)는 사회학을 문화인류학의 한 갈래로 구분하였고 이러한 분류는 조선에도 소개되고 있었다(전경수, 『한국인류학 백년』, 일지사, 1999, 62쪽). 본 논문에서는 기존의 사학사 연구와 당대 인류학 수용사를 참고하여 안재홍의 고대사회 이론 수용을 인류학 수용의 양상으로 파악하고자 하였다.

2. 인류학 이론의 수용과「朝鮮上古史管見」집필

1) 민족성에 대한 관심과 상고사 연구의 배경

1920년대 민족운동의 전개에서 안재홍의 주된 고민은 민족성의 해명에 있었다. 안재홍이 처음 민족성 문제에 관심을 표명한 것은 1920년대 중반이었다. 당시는 자치운동의 발호를 견제하며 비타협적 민족주의 운동의 활성화를 도모한 시기였다. 이 무렵 안재홍은 민족운동의 대중적 확대와 관련해 조선인의 특수한 민족성에 주목하였다. 그는 先民들의 大氣魄을 자각하여 신생한 자아를 창조하고 정신적 부활의 길을 찾아야 한다고 보았다. 이는 제국주의적 침략과 구시대적 관습에 정신적 혼란을 겪고 있는 조선 민중을 구제하기 위한 현실적 방안의 모색이었다.[7]

이를 위해서 먼저 국제사회에 처한 조선인의 민족성을 파악하였다. 안재홍은 과거의 국가적인 위기를 이겨내고 강대국으로 자리매김한 영국, 독일, 소비에트 러시아 등 '列國民'의 민족적 氣風·性習으로부터 그들의 우월한 민족적 특징을 포착하였다. 그는 민족성이 국가의 정치운용에 영향을 미치고 사회 상태와 생활 방식을 반영하는 척도라고 인식하였으며, 강대국의 세계적 지위도 이로부터 기인하는 것으로 이해하였다.[8] 그렇다면 열국민의 국

---

7) 안재홍, 「信念 犧牲 勞動-民衆救濟의 精神的 標幟」, 『시대일보』 1924년 5월 17일.

8) 예컨대 영국인의 '健實中正한 태도'와 '勇堅剛實한 氣風'은 청교도 신앙과 종교혁명의 과정에서 양성된 것이었다. 그리고 독일이 비스마르크시기에 강고한 단결을 결성할 수 있었던 것은 한번 통일이 되면 아무도 막을 수 없는 남성적인 특수성에서 기인한 것으로, 독일인은 근대문학에 의해 국민성·애국심을 고조시키고 사회개혁과 군사사상의 고취로 強勇堅實한 우수한 국민성을 창성한 것이었다. 또한 소비에트 러시아는 일찍이 짜르의 독재와 귀족 및 군벌의 통제 하에 四隣을 위협하던 범슬라브적 기백으로 다시 강국 소비에트의 조직과 적색혁명의 조직으로 천하에 종횡하고 있는 것이었다(안재홍, 「民族性과 그의 反映」, 『시대일보』, 1924년 6월 19~20일; 「深化·純化·淨化」, 『시대일보』 1924년 5월 9일; 「解放戰線을 俯瞰하면서」, 『조선일보』 1925년 3월 1일).

민성·민족성에 비추어 볼 때 현재 조선인의 상태는 어떻게 파악되었을까.

안재홍은 1926년 말 조선인의 정치적 운동을 지배하는 주관적 조건으로서 조선인의 '政治的 潔癖'·'不寬容性'을 거론하였다. 이는 급속히 완화되기 어려운 '朝鮮人의 特質'로서 조선이 처한 객관적 諸條件과 함께 간과할 수 없는 문제였다.[9] 여기서 조선인의 특질이란 곧 민족성으로서 '非和衷, 幼弱, 軋轢, 紛糾, 穩健中正함의 부족, 主管의 便辟 등 사회적 현상의 원인이 되는 것'이었다. 그렇지만 그는 이러한 특징이 조선민족의 고유한 것은 아니라고 보았다. 민족성의 부정적 측면은 특히 조선시대 이후 400~500년간 '불행한 시기'의 영향으로서 유학의 존중으로 인한 文弱과 생활범위를 국내 축소한 跼蹐에 의해 후대적으로 형성된 것이라 하였다.[10] 그리고 이러한 부정적 성격이 조선인의 민족성에 아직 남아있으므로 이를 파쇄해야 한다고 주장하였다.

나아가 그는 고유한 민족성에 대한 관심을 역사적 관점에서 제시하였다. 滿韓의 대륙에 걸쳐 격렬한 생존경쟁의 운동을 일으켰던 상고사로부터 민족성의 본질을 확인해야 한다는 것이었다. 안재홍은 "민족성의 진정한 상태는 上古草昧한 시대에 비교적 간이한 방식으로 표현되는 원시적 조건"에서 여실하게 나타날 것이라 판단하였다. 상고사 연구를 통하여 '민족성의 진정한 상태'를 밝혀내고 회복하는 것이 곧 '비상한 민족적 역경'에 처한 현재 조선인에게 주어진 과제였다.[11]

안재홍은 1927년 2월부터 조선문화 연구의 필요성을 적극적으로 제기하였다. 그는 조선인의 생존운동을 해방을 위한 투쟁(상대적 측면)과 도덕

---

9) 안재홍, 「朝鮮 今後의 政治的 趨勢」, 『조선일보』 1926년 12월 16~19일
10) 안재홍, 「漢陽朝 五百年 總評」, 『개벽』 71, 1926년 7월
11) 안재홍, 앞의 글, 『현대평론』 1-4, 1927년 5월. 이 시기 안재홍은 역사연구의 목적이 소위 '國威, 國光'流의 문구로부터 자기마취의 尊大性을 과장하거나 '先民, 先哲'을 통해 감상적 명분론을 제시하려는 것이 아니라는 점을 분명히 하고 있었다(안재홍, 「朝鮮史 問題」, 『조선일보』 1926년 8월 8일).

적 · 사회적 개선(절대적 측면)으로 설정하였다. 그리고 이를 위해서는 先民들의 '朝鮮土'와 '朝鮮心'의 자취로부터 현대인의 心的인 內包를 忠實 · 堅確시켜야 한다고 주장하였다.[12] 그러나 안재홍은 역사 연구자가 아니었던 만큼 직접 상고사 연구를 시도하기는 어려웠다. 대신 그는 기회가 있을 때마다 조선문화 연구의 필요성을 제기하였다.[13] 이때 모범이 되었던 것이 최남선의 연구였다.

1927년 안재홍은 「崔六堂의 白頭山覲參記를 읽음」에서 1920년대 최남선의 역사연구를 종합적으로 논평하였다. 그는 특히 최남선의 상고사 관련 연구를 높이 평가하였다. 최남선의 연구는 조선에 대한 집착으로 "科學的冷靜을 잃을 때"가 있지만, "古朝鮮에 관하여 朝鮮學的으로 縱橫硏究"하는 것이었다. 그리고 최남선은 그 자체로 "朝鮮學, 國學의 學者"이었다.[14] 안재홍은 "朝鮮土의 속에 남아 있는 古文化-先民生活의 지취를 더듬어 내어 그 묵은 의의를 천명하고 새로운 생명을 창작코자" 하는 최남선의 연구 취지에 일찍부터 공감하고 있었다.[15] 최남선은 1922년 『朝鮮歷史通俗講話開題』에서 문헌사료가 부족한 상고사 연구를 위해 종교, 언어, 토속, 전설 방면에 대한 연구의 필요성을 주장하였으며,[16] 연구의 결과를 1927년 『兒時朝鮮』을 통해 발표하였다.[17]

그러나 '과학적 냉정'이 부족하다고 평가했던 만큼 안재홍은 최남선의 조

---

12) 안재홍, 「新朝鮮 創刊號 卷頭辭」, 『신조선』 1, 1927년 2월
13) 안재홍, 「東光에 對하여 諸名士의 意見」, 『동광』 13, 1927년 5월
14) 안재홍, 「崔六堂의 白頭山覲參記를 읽음」, 『조선일보』 1927년 10월 13~18일
15) 안재홍, 「尋春巡禮를 讀함(2)」, 『조선일보』 1926년 6월 7일
16) 최남선, 『朝鮮歷史通俗講話開題』, 1922(『六堂崔南善全集』, 현암사, 1973)
17) 당시 최남선의 대표적인 상고사 연구인 『兒時朝鮮』은 「不咸文化論」(1925), 「壇君論」(1926)을 완성한 직후 집필된 것으로, 문화권론과 단군에 대한 기본적인 입장이 반영된 고대문화사 서술이었다. 최남선은 1928년 탈고한 통사적 서술인 『조선역사강화』(1930)를 발표할 때에도 고대사의 취약한 부분은 『兒時朝鮮』에서 참고할 것을 권하고 있었다. 『兒時朝鮮』에 대해서는 이영화, 『崔南善의 歷史學』, 경인문화사, 2003 참조.

선연구를 그대로 받아들일 수는 없었다. 역사 속의 민족성을 객관적으로 파악하여 그 진정한 상태를 검증할 과학적 방법을 필요로 하였던 것이다. 1920년대 안재홍의 상고사 연구에 대한 고민은 이 지점에 머물러 있었다.

2) 모건의 고대사회 이론 수용과 조선 상고사 구성

안재홍이 역사연구의 과학적 방법을 집중적으로 모색한 시기는 1928년~1929년의 투옥기간이었다.[18] 옥중에서 조선사에 대한 여러 문헌을 섭렵하게 된 안재홍은 조선역사로부터 민족의 장래를 전망할 '暗示'를 얻고자 하였다. 이를 통해 '民族性의 特殊한 傾向'을 드러낼 수 있을 것이라는 생각이었다. 이에 안재홍이 최종적으로 주목한 것은 루이스 헨리 모건의 『古代社會』였다.

> 사회과학을 연구하는 入門의 一方便으로 겨우 허여된 古代社會를(류이스 모간 著, 高畠素之 譯) 閱讀하기 시작하여 전혀 우연한 暗示를 받은 것이 원인으로 零碎散逸한 조선의 古文獻에 대하여 언어, 토속, 종교 등 學에 의거한 古代社會學的 고찰을 가하기로 되었었다. (중략) 그 결과는 原始時代로부터 野蠻, 未開, 文明의 각 시기를 통하여 진보·발전되어 온 朝鮮人의 文化의 자취가 全世界人類史 즉 東西 각 民族의 발전되어 온 그것과 符節을 合한 것 같고 도리어 그 윤곽과 형태가 뚜렷하고 한결같은 점이 있을 뿐 아니라, 朝鮮古文獻의 위에 있어서 각각 疑問으로부터 든 바도 따라서 闡明되는 바 있음을 깨닫고 매우 얕지 아니한 興味를 가지게 되었었다.[19]

위의 기사는 1930년 1월 안재홍이 「관견」의 연재를 시작하며 집필 배경을 밝힌 것이다. 주목되는 점은 첫째, 모건의 고대사회 이론을 역사연구에 적용하고자 하였다는 것과, 둘째 최남선이 시도하고 있었던 언어학, 토속

---

18) 안재홍은 1928년 5월 조선일보에 게재한 사설 「濟南事件의 壁上觀」이 문제가 되어 8개월의 금고형에 처해진 상태였다(천관우, 「民世 安在鴻 年譜」, 『민세안재홍선집』 4, 1992, 403쪽).

19) 안재홍, 「관견(1) : 小序」, 『조선일보』 1930년 1월 29일.

학, 종교학에 의거한 고문헌의 비판적 검토를 목표로 했다는 것이다. 먼저 안재홍이 주목한 모건의 고대사회 이론을 살펴보자. 이것은 기본적으로 발명 · 발견에 의한 叡智, 정부, 가족, 영토, 재산관념의 발달을 기준으로 인류의 역사적 발전단계를 야만(전기-중기-후기), 미개(전기-중기-후기), 문명의 3시기로 구분한다. 그리고 모든 인류가 이러한 발전단계를 경과한다는 인식 아래, 인류 종족의 역사는 근원 · 경험 · 진보에 있어서 하나라는 입장을 취하는 것이다.[20]

이러한 도식이 엥겔스의 국가기원론(『가족 사유재산 및 국가의 기원』, 1884)에 채택된 이래, 모건의 고대사회 이론은 유물사관과 결합하여 국가성립 이전 단계의 다양한 문화와 발전단계를 규명하기 위한 이론으로 맑스주의자들에게 널리 수용되었다. 일본에서는 1920년대 중반 맑스주의 사학자들에게 여러 차례 번역, 수용되었고 일본 고대사의 모계사회 연구에 많은 영향을 미쳤다.[21] 중국에서도 郭沫若이 모건과 엥겔스의 연구방법에 영향을 받아 『中國古代社會硏究』(1930)를 발표하였다.[22] 조선에서도 백남운이

20) Morgan, Lewis Henry, *Ancient society*, London, Macmillan, 1877(최달곤 · 정호동 역, 『고대사회』, 문화문고, 2005, 646~647쪽).

21) 일본에서 『고대사회』는 高畠素之 · 村尾彰一(1924), 山本三吾(1927), 荒田寒村(1927, 1931, 1947, 1954), 山本琴 · 佐々木巖(1930), 天山道夫(1958) 등에 의해 번역되었는데, 특히 노농파 사회주의자 아라하타 간손(荒畑寒村)의 번역본이 널리 소개되었다. 모건의 영향을 받은 연구 중 다카무레 이츠에(高群逸枝)의 『母權制の硏究』(1954)는 일본 고대 헤이안 시대에도 모계원리가 존속하고 있었다는 것을 주장하여 고대 일본 귀족의 혼인 연구에 새로운 전기를 마련한 것으로 평가된다. 이에 대해서는 渡部英雄, 「ルイス · ヘンリ · モルガン-その日本への影響」, 『英学史硏究』, 東京 : 日本英学史学会, 1973, 57쪽; 横田健一, 앞의 글, 1981, 233쪽 참조.

22) 郭沫若, 『中国古代社会硏究』, 上海 : 新新書店, 1930(藤枝丈夫 譯, 『支那古代社會硏究』, 東京 : 東學社, 1930, 3~4쪽). 곽말약은 국고정리운동이 중국혁명을 수행하는데 도움이 되지 않는다고 비판하며 중국고대사 연구에 있어서 국학의 범주를 벗어날 것을 주장하였다. 그는 모건과 엥겔스의 이론을 수용하여 중국 고대사회를 유물사관에 근거해 파악하였으며, 고대사회의 발전단계를 아시아적 원시공산사회(西周 이전), 노예시대(西周), 봉건사회(東周 이후, 특히 秦 이후)로 구분하였다. 곽말약의 중국고대사회 연구에 대해서는 林甘泉 · 田人隆 · 李祖德, 『中國古

모건과 엥겔스의 이론에 근거하여 원시공산제사회의 주체인 씨족의 실체를 밝히고자 하였다.[23] 그리고 김태준과 신남철도 곽말약의 『중국고대사회연구』와 같이 세계적 보편성과 연결되는 국학연구를 주장하였다.[24]

그런데 안재홍은 상고사에 관심을 갖게 되었지만 역사학자는 아니었고, 모건의 사회진화 이론에 주목했지만 맑스주의자도 아니었다. 그는 선행연구 성과를 조선의 고유한 민족성 해명이란 자신의 의도에 맞게 선택할 필요가 있었다. 당시 모건의 고대사회 이론은 엥겔스의 학설과 결합하여 씨족제와 가족의 기원 문제를 해결하고 국가에 대한 부르주아적 견해인 초계급적, 윤리적 국가관을 비판하는 이론으로 인용되고 있었다. 그러나 안재홍은 그와 달리 인류 문화의 보편적인 발전법칙에 의해 성립된 '민족문화'로부터 고유한 민족성을 확인해야 했다. 일견 모순적으로 보이지만 조선민족이 처한 바를 객관적으로 이해하고자 하는 것, '객관적 특수성'에 대한 파악은 이즈음 안재홍의 주요 화두였다.[25]

결국 특수한 민족성을 객관적으로 이해하는 것을 목표로 하였던 안재홍은 모건의 고대사회 이론을 엥겔스의 국가기원론으로부터 분리하여 받아들였다. 조선 상고사의 역사상은 원시 혈족사회, 씨족사회, 부족과 부족연합사회라는 사회진화 단계를 거치며 민족국가를 형성하고 고유한 민족문화를 창성하는 과정으로 구성되어야 했던 것이다. 이를 위해 안재홍은 당대의 '朝鮮學, 國學의 學者'인 최남선의 연구로부터 조선 상고사의 소재와 언어학, 토속학, 종교학에 의거한 고문헌 검토 방식을 채용하는 한편 이를 모건의 고대사회 이론으로 증명해 내고자 하였다. 그는 이러한 기획을 「八道建築巡禮」에서 먼저 적용한 뒤,[26] 상고사 연구 논설인 「관견」을 통해 발

代史分期討論五十年』, 上海人民, 1982(최덕경 · 이상규 역, 『中國古代社會性格論議』, 중문출판사, 1991, 26~35쪽) 참조.

23) 방기중, 『한국근현대사상사연구』, 역사비평사, 1992, 146쪽.

24) 정종현, 앞의 글, 2012, 22~25쪽.

25) 안재홍, 「生存運動의 久遠한 途程」, 『조선일보』, 1928년 3월 1일.

표하였다.

안재홍은 「관견」에서 단군 이전의 원시사회로부터 삼국 건국 까지 각 시대별 역사적 특징을 서술하고 모건의 고대사회 이론을 적용하여 사회별 발전 단계를 분석하였다.27) 「관견」의 집필 의도는 서론에서 미리 밝히고 있는 다음의 7가지 성과에 잘 나타난다.28)

---

26) 「八道建築巡禮(1~57)」는 국내외에 산재한 조선의 문화재를 시대별로 구분하여 소개한 것이다(『조선일보』 1929년 10월 20~12월 29일). 서설에서는 先民의 생활이 "지금 우리에게 暗示의 속삭임을 주는 것"이라 하여 조선역사로부터 민족 장래의 암시를 얻고자 한 「관견」과 동일한 입장을 취하고 있다. 내용면에서도 문화재와 지명의 유래를 소개하는 틈틈이 단군시대의 사회진화, '기' 계층의 출현과 역할, 부족연합 시기 초기적 국가형태의 설립 등 「관견」과 같은 내용을 서술하고 있다. 이 글은 무기명으로 연재되었지만 「관견(30) : 8. 馬韓古都는 振威(1)」(1930년 3월 7일)에서 "吾人이 「建築巡禮 9」(昨秋本紙)에서 주장하였음"이라고 밝힘에 따라 안재홍의 글임을 알 수 있다.

27) 「관견」의 구성은 다음과 같다.

제목(대주제)	제목(소주제)	게제일	내용(시기)	회*	편수
社會進化의 諸段階	小序	1.29	서론	1	1
	東夷와 그의 語義	1.30	비교언어학적 '東夷' 분석	2	1
	「아지엄어이」時代	1.31~2.2	단군이전(原始~聖母) 시대	3~5	3
	檀君時代	2.3~13	단군조선 시대	6~13	8
	檀君時代小觀	2.14~16		14~16	3
朝鮮文化創成過程	「기ᄋ리」時代의 出現	2.15~25	'奇子'조선/부여·고구려 초기	17~25	9
	殷箕子抹殺論	2.26		26	1
特殊文化의 種種相	馬韓國과 金馬渚	3.4~6	삼한	27~29	3
	馬韓古都는 振威	3.7~12		30~34	5
	馬韓國과 그 興亡	3·13~14		35~36	2
	民族移動과 三國建設	3·15(?)~20	부여·고구려·백제 건국초기	37**~42	6
	新羅와 그의 國政	3.21~28	신라 건국초기	43~49	7
	東方文化와 朝鮮素	3.29~4.4	중국과 일본에 끼친 문화적 영향	50~56	7
	朝鮮史究明의 價値	4.5	결론	57	1

* 원문상 회차 표기에 오류가 있는 것들은 순서에 맞게 바로잡았다.

** 「관견(37) : 10. 民族移動과 三國建設(1)」은 순서상 1930년 3월 15일에 연재되었을 것으로 추정되지만 조선일보 마이크로필름(朝鮮日報社 調査部, 1987)과 조선일보 아카이브(http://srchdb1.chosun.com/pdf/i_archive/)에서는 해당 기사가 확인되지 않는다.

28) 안재홍, 앞의 글, 『조선일보』, 1930년 1월 29일.

① 단군 이전(有史 이전)의 사회상태 확인
② 族名, 人名, 職名, 地名 고증
③ 檀君에 대한 특별한 해석
④ 殷箕子東來說과 및 그에 의존하는 諸文獻의 根本的 破碎
⑤ 古代史上 조선과 일본 관계의 破惑
⑥ 중국문화에 대한 朝鮮素
⑦ 이 모든 조건을 통하여 朝鮮史가 가지는 특수한 범주

안재홍은 「관견」 제3편부터 본격적인 상고사 서술에 들어간다. 여기서 그는 原始~聖母時代(아지엄어이 시대)와 檀君朝鮮(단군시대)에 대해서는 상고시대 조선사회의 진화 · 발전단계로서, '奇子'朝鮮(기ᄋᆞ리 시대)에 대해서는 사회진화의 완성이자 민족문화 창성의 출발점으로, 그리고 삼한과 삼국에 대해서는 특수문화의 발현과 대외적 영향으로 서술하였다. 목차의 대주제를 통해 보면 「관견」의 성과 중 ①과 ③은 '社會進化의 諸段階', ③과 ④는 '朝鮮文化創成過程', ⑤와 ⑥은 '特殊文化의 種種相'에 해당한다. ②는 고증 방법으로서 모든 부분에 포함되며 ⑦은 본 논설에서 구명하고자 하는 결론이 된다. 이를 연재분량을 중심으로 보면 안재홍이 주력한 부분은 檀君朝鮮의 존재와 奇子朝鮮의 성립 문제, 그리고 민족문화의 형성과 東方文化와의 관계에 관한 점이라 할 수 있다.

「관견」에 나타난 상고사의 체계는 사회진화의 단계를 기준으로 女系사회인 '아지엄어이' 시대에서 과도기인 '단군'시대를 거쳐 男系사회인 '기ᄋᆞ리' 시대로 이행하는 것으로 구성되었다. 각 시대는 혈족사회(야만후기~미개전기), 씨족사회(미개중기~미개후기), 부족사회와 부족연합사회(문명의 시기)로 대응되며, 부족사회에서는 초기적인 민족국가 형태가 나타난다. 각 시대 명칭은 해당 시대의 통치자를 의미하는 것이 특징적이다. '아지엄어이'는 평등시대의 聖母이고 '단군'은 神政本位 · 兵教混合의 존재이다. '기아리'는 귀족, 공민인 '기' 가운데 영웅적, 문벌적 존재로서 정치적 권위자를 의

미하였다. 사회진화의 결과 초기적 민족국가 형성이 완성된 이후부터는 삼한, 삼국의 명칭으로 구분하였는데, 과도기인 삼한시대를 지나 삼국시대에는 '근대식 민족국가'가 성립된다고 보았다.

「관견」의 내용을 간단히 정리하면 다음과 같다. 단군시대 이전의 성모시대(아지엄어이 시대)는 원시적인 女系 중심의 혈족사회였다(「관견」 3~5). 단군시대(단군조선)는 女系 중심 시대에서 男系 중심으로 이동하던 과도기에 등장하였다. 太白山에서 연원하여 「붉다-왕금」으로 설명되는 檀君은 군장과 제사장을 겸하는 존재였다(「관견」 6~13). 단군시대는 원시적 공산사회가 몰락한 후 '사유재산, 영토, 주권'을 3요소로 하는 '초기적 국가' 성립의 단계로 발전하는 과도기였다(「관견」 14~16). 한편 단군조선의 지방관인 따금은 '기'라는 계층으로, 처음 씨족의 長에서 부족의 首長이 되고 민족집단의 君長으로 성장하였다. 단군시대 후대에는 '기'들의 활동이 사회의 중추기능을 장악하였으며, '기'의 長上은 '奇子'朝鮮(기아리 시대)을 건설하였다. 이는 殷箕子東來說의 부정으로 연결된다(「관견」 17~26).

초기적 국가의 선구를 이룬 것은 북쪽의 부여와 고구려, 남쪽의 삼한이었다. 먼저 삼한의 중심은 마한으로서, 위만의 침입으로 南遷한 奇子朝鮮의 準王이 마한왕을 칭했다(「관견」 27~36). 그리고 북쪽에서 초기적 국가를 형성한 것은 송화강 유역의 부여와 부여로부터 분화된 고구려였으며, 이후 '근대식 국가'로 발전한다. 남쪽에서는 백제와 신라가 건국하여 삼국시대가 출현하였다. 고구려의 五部制는 軍國戰陣的 조직으로 부족연합이 생성된 과정을 보여주는 것이었으며, 백제의 五部制도 고구려와 같은 것이었다(「관견」 37~42). 신라의 六部는 촌락에서 郡을 거쳐 국가의 성립까지 역사사회의 전형적인 발전 과정을 보여주는 것이었다(「관견」 43~49). 한편 조선인은 '동방문화' 창성에 중요한 직능을 담당했는데, 서쪽으로 중국 문화 생장에 중요한 기여를 하고 동쪽으로 일본문화에 근간적인 요소를 만든 것이 동방문화에 나타난 '朝鮮素'였다(「관견」 50~57).[29]

「관견」은 목차의 체제상 크게 세 부분으로 나누어져 있지만 내용상으로는 '민족국가'의 성립 · 발전과 '민족문화'의 창성 · 영향의 두 부분으로 구성되어 있다고 볼 수 있다. 그리고 '국가 성립'과 '문화 창성'의 두 부분을 연결하고 있는 것이 바로 '奇子'朝鮮('기아리' 시대)의 존재이다. '奇子'조선은 야만과 미개상태를 거친 조선사회가 문명의 단계에 들어서 초기적 민족국가를 형성한 사회진화의 완성단계이자 조선의 고유문화가 처음 만들어지는 시작점이다. '奇子'조선은 「관견」에서 보편적 사회진화를 통한 '국가의 성립'과 '문화의 창성'이 교차하는 지점이었으며, 고유한 민족성을 객관적으로 확인하고자 하는 안재홍의 목적이 집약된 부분이었다. 다음 장에서는 이 문제를 중심으로 서술상에 나타난 민족문화 인식의 특징과 연구의 성과를 살펴보겠다.

---

29) 「관견」의 시대별 역사상과 사회진화 단계를 정리하면 다음과 같다.

<table>
<tr><th>구분</th><th>제목</th><th>역사 시기</th><th>진화단계(상태)*</th><th>정치</th><th>통치자(系)</th></tr>
<tr><td rowspan="3">사회진화의 과정</td><td>「아지엄어이」時代</td><td>단군 이전</td><td>야만후기~미개전기
(야만상급~미개하급)</td><td>혈족사회</td><td>聖母시대
(여계중심)</td></tr>
<tr><td>檀君時代</td><td rowspan="2">단군조선</td><td rowspan="2">미개중기~미개후기
(미개중급~미개상급)</td><td rowspan="2">씨족사회</td><td rowspan="2">神政本位
兵校混合
(여계首長→
남계首長)</td></tr>
<tr><td>檀君時代小觀</td></tr>
<tr><td rowspan="2">사회진화의 완성
·
민족문화의시작</td><td>「기아리」時代의 出現</td><td rowspan="2">奇子조선</td><td rowspan="2">문명의 시기
(문명상태)</td><td rowspan="5">부족(연합)사회
·
초기적국가</td><td rowspan="5">군사지휘관
(남계본위)</td></tr>
<tr><td>殷箕子抹殺論</td></tr>
<tr><td rowspan="3">민족문화의 양상</td><td>馬韓國과 金馬渚</td><td rowspan="3">三韓</td><td rowspan="3">문명의 시기
(문명상태)</td></tr>
<tr><td>馬韓古都는 振威</td></tr>
<tr><td>馬韓國과 그 興亡</td></tr>
<tr><td rowspan="3">민족문화의 완성</td><td>民族移動과 三國
建設</td><td>부여·
고구려·
백제</td><td rowspan="3">문명의 시기
(문명상태)</td><td rowspan="3">부족연합
·
근대식국가</td><td rowspan="3">帝王·執政者
(남계본위)</td></tr>
<tr><td>新羅와 그의 國政</td><td>신라</td></tr>
<tr><td>東方文化와 朝鮮素</td><td>종합</td></tr>
</table>

* 안재홍은 모건의 도식에 따라 '진화단계'를 구분하였지만 '진화상태'에 대해서는 특별히 언급하지 않고 있다. 여기서는 모건의 『고대사회』에서 '진화상태' 구분을 인용하였다.

3. 조선 상고사 연구와 민족문화 인식의 정립

1) 사회진화의 전개와 '근대식 국가'의 성립

「관견」의 전반부에서는 보편적인 사회진화의 전개와 '근대식 민족국가'의 성립과정을 설명하고 있다. 앞서 살펴본바 안재홍은 '檀君朝鮮 - 奇子朝鮮 - 三韓 - 三國'으로 이어지는 상고사 서술체계를 구성하였다. 이는 최남선의 『兒時朝鮮』 제1부 事歷篇의 체제를 대체로 수용한 것이었다. 뿐만 아니라 敬天사상과 토템사상(「관견」 4회), 단군의 語義(Tangri, Tengri) 분석(「관견」 7회), '붉'에 대한 학설(「관견」 7회·9회), 奇子의 해석(「관견」 26회) 등을 설명할 때 최남선의 견해를 기준으로 삼았다.[30] 그러나 안재홍은 모건의 고대사회 이론에 근거하여 상고사를 사회진화 단계의 완성이란 구도에서 서술하고, 氏族, 部族, 部族連合, 首長, 公民 등 사회과학적 개념을 통해 분석하고자 하였다. 고대사회 이론은 고유한 민족성의 객관적 파악을 가능하게 해 줄 '과학'이었다. 이에 따라 「관견」 전반부는 단군조선에서 기자조선으로의 이행과정에 나타나는 시대상의 변화와 진화발전의 요소를 중심으로 서술되었다.

먼저 단군조선 시대에 대해서는 최남선의 단군론을 수용하여 단군을 神政本位 · 兵教混合의 존재로 설정하였다.[31] 그러나 안재홍이 파악한 단군은

30) 이 외에도 殷箕子의 東來 · 教化를 부정하면서 '奇子朝鮮'을 조선인 귀족인 奇子의 나라로 파악하는 것, 漢 樂浪郡의 문화적 기여를 일정부분 인정하는 것 등 상고사의 쟁점이 되는 부분에서 최남선의 연구를 수용하고 있다.

31) 최남선은 1910년대에는 민족주의 사학의 단군인식을 계승하여 단군을 정치적 군장으로 이해하였지만, 1920년대에 들어서는 「不咸文化論」(1925)에서 '밝'과 '당굴' 연구에 기초하여 단군을 정치적 군장이자 종교적 제사장으로 규정하였다. 이러한 변화는 샤머니즘의 신관과 세계관의 영향을 받은 것으로, 이후 「薩滿教箚記」(1927)에서 단군 샤먼론을 구체적으로 규명하였으며 한국의 무속을 동북아시아의 공통적인 샤머니즘과 연결시켜 논증하였다. 「壇君及其研究」(1928년)에서 일단의 완성을 보인 최남선의 단군론은 개국시조로서의 단군보다는 동북아시아의

최남선의 연구와 중요한 점에서 차이가 있었다. 「관견」에서는 사회진화 과정 속에서 단군조선의 존재를 설명하기 위해 주력하였다. 예컨대 안재홍은 단군에 대한 최남선의 의미해석을 수용하면서도, 이를 모건의 『고대사회』에 등장하는 북아메리카 인디언인 이로쿼이족의 사례와 비교하여 단군의 실재를 세계사적으로 강조하였다.

> (단군은) 흉노어의 撐利, 몽고어 및 터키어의 tangri(tengri) 등과 한 가지 天 혹 天帝를 의미하는 말로(此說 崔南善씨에 依함) 현재에는 巫覡의 首長인 '단굴'에 겨우 그 漢化경향의 밑에 퇴화된 殘痕을 남기고 있을 쯤이다. 그러나 '마술사'로서 '신앙수호자'로서 겸하여 軍務를 맡고 씨족회의의 결정에 의하여 행정적 또 사법적인 몇 가지 사실을 관장하는 것은 이로쿼이 씨족의 예에서 보는 바이요, (중략) 이로쿼이 연합이 조직될 때 (중략) 그 동맹(연합) 운용의 衝에 당한 중심인물인 '하요웬트하'가 그 사업의 완성을 보자마자 하얀 獨木舟를 타고 홀연 天界에 올라가서 아득하게 視界의 저 위로 날아갔다는 것은 化神昇天한 단군을 그대로 방불케 한다 할 것이다. 그러나 누가 이 사천수백 년 전에 나타난 단군을 "祈禱에 의하여 불러 내린 神話的 인물이라"고 하랴?[32)]

단군의 의미 분석은 최남선의 단군론을 수용하였지만 '신화적 인물'이 아니라고 보는 점에서는 다르다. 안재홍이 상정한 단군은 신화 속 인물, 신앙의 대상이 아니었다. 각각의 사회진화 단계에서 발견되는 통치관념이나 관련 신화의 유사성을 근거로 볼 때, 4천여 년 전 씨족사회의 대표자로서 보편적으로 실재했음이 증명되는 존재였다. 즉 단군은 이로쿼이 씨족사회에서 확인되듯이 씨족을 대표하는 세습적 首長이며 종교와 행정·사법을 관장

보편적인 존재로서의 의미를 부각시켰다. 단군왕검은 古君長(보통명사)이자 '震域 人文의 祖'(고유명사)였다. 단군은 신화적 · 신앙적 · 사상적 존재였기 때문에 최남선은 역사적 실재로서의 단군을 강조하지 않았다. 최남선의 단군연구에 대해서는 이영화, 앞의 책, 2003, 142~150쪽 참조.

32) 안재홍, 「관견(7): 4. 단군시대(2)」, 『조선일보』, 1930년 2월 4일.

하는 병교혼합의 간이한 정치를 담당했다는 것이었다.[33] 이처럼 단군의 존재는 사실로서 증명되어 부인할 수 없는 것이며, 따라서 일본인 학자들이 제기하는 이른바 '檀君抹殺論'은 편견과 정략적 목적에서 제기된 '學術冒瀆'일 뿐이었다.[34]

단군은 국가성립 이전 단계에서 민족적 문화권 생활을 가능하게 한 존재이자, 초기적 국가의 형성과 민족문화의 시작을 배태하도록 한 존재였다. 즉 단군조선은 상고사회의 필연적인 발전을 예비하던 과도기였으며, 단군은 상고사의 전개상 그러한 변화가 구현될 수 있는 가능성을 내포한 존재로써 '代謝傾向'을 강하게 갖는 것이었다.[35] 따라서 단군조선에서는 변화와 발전을 추진할 수 있는 사회진화의 동력이 요구되었다. 그리하여 단군조선으로부터 奇子朝鮮으로의 이행에 있어서 단군과 함께 부각되는 것이 '기' 계층이다.

「관견」에서 '기' 계층은 단군조선 시기 씨족사회의 세습수장인 단군을 보좌하는 보통수장으로 등장한다.[36] 단군 아래에서 벼슬을 맡은 '기' 계층은 이로쿼이 씨족사회에서 입법, 행정, 군사기능을 담당한 50인의 보통수장과 같이 次席으로서 보좌의 지위를 갖고 있었다.[37] 「관견」에서는 모건의 고대

---

33) 안재홍, 「관견(11): 4. 단군시대(6)」, 『조선일보』, 1930년 2월 8일

34) 안재홍, 「관견(13): 4. 단군시대(8)」, 『조선일보』, 1930년 2월 11일.

35) 안재홍, 「관견(18): 5. 기ᄋᆞ리 시대의 출현(2)」, 『조선일보』, 1930년 2월 16일. 「관견」에서 단군조선은 그 다음에 오게 될 기자조선을 준비하는 시대라는 의미를 갖는다. 즉 女系추장 시대에서 男系추장 시대로 이행하는 과도기(초기 男女추장 병행 → 후기 男系추장), 神政 · 兵敎의 혼합 시기로서 정치적 성격이 강화된 군사지휘관 출현의 직전 단계, 미개상태의 후기(상급)로서 문명상태의 시작인 초기적 민족국가 성립 직전 단계 등이 그것이다.

36) 안재홍, 「관견(10): 4. 단군시대(5)」, 『조선일보』, 1930년 2월 7일.

37) 이로쿼이 씨족사회에서 세습추장은 공석이 되자마자 충원되지만 일반추장은 개인적인 공적의 보답으로 수여되며 사망과 동시에 종료되기 때문에 비세습적이었다. 세습추장은 일반추장보다 권위가 높지만 그 직책이 평화적인 일에만 국한되어 있었다. 반면 일반추장은 개인적인 용감성, 사무적인 재능 또는 회의에서의 웅변으로 추장의 지위에 오른 만큼 능력에 있어서는 세습추장보다 우위에 있었

사회 이론 중 사회진화의 지표 가운데 하나인 '발명·발견에 의한 叡智'의 부분들을 '기'들이 담당한 것으로 서술하였다. 구체적으로는 주거, 채집, 사냥, 목축, 농업, 관개, 도로, 초기적 제조공업 등 실무적인 부분에 관한 것이다. '기'들은 단군조선 출현 이전부터 이러한 분야의 장구한 발전을 주도하였으며 단군보다 더 뛰어난 능력을 발휘하였다.[38] 그 결과 제시된 '기'의 사회적 지위와 奇子조선의 의미는 다음과 같다.

> '기' 그것이 마치 아테네의 30만의 賤民 혹은 奴隷에 비하여 오직 10만의 公民을 가졌던 것과 같은 貴族的 의미로서의 공민의 칭호였던 것을 수긍케 된다. (중략) '기'가 公民적 즉 貴族적 지위를 스스로 차지한 것은 비교적 후대의 일이겠는데 '기' 그네들이 이러한 사회적 우월한 지위를 壟斷함에는 반드시 許久한 동안 남다른 功績으로 有利한 생활을 하여왔을 것이 추단된다.[39]

> 그는 '배달'사회의 역사적 모태의 속에서 人民의 中樞勢力으로서의 생장을 생장할 대로 한 후 필경은 깨뜨려져야 할 '배달'사회의 胎門을 스스로 열어제치고 必然의 途程에 나타나게 된 것일 것이다. (중략) '지'('지', '기' 竝用키로 함)의 許久한 활동의 積累한 功績이 '배달'사회로 하여금 일층의 繁榮과 堅固와 統制的인 '기어레'의 '기얼음'(編制)으로 되매 그 중에서 가장 英雄的인 또 門閥的인 '기'의 어른(實質로 보아)이 있어 그의 技術, 德望 및 權力에 의하여 일개의 劃時期的인 '기아리' 정치의 新紀元을 이룬 바일 것이다.[40]

'기'의 정치적 등장이 오랜 세월 단군조선의 사회진화를 담당해 온 결과로서 정당화되었다. '기'는 마치 그리스의 공민과 같은 특권적 계급이었다. 그러나 이들이 처음부터 귀족으로서의 지위를 차지한 것이 아니라 사회진화에 필요한 공적을 쌓음으로써 후대에 가서야 우월한 지위를 획득할 수

다[Morgan, Lewis Henry, 1877, 앞의 책(최달곤 · 정호동 역, 2005, 앞의 책, 91쪽)].

38) 안재홍, 앞의 글, 『조선일보』, 1930년 2월 16일.

39) 안재홍, 「관견(19): 5. 기ᄋᆞ리시대의 출현(3)」, 『조선일보』, 1930년 2월 18일.

40) 안재홍, 앞의 글, 『조선일보』, 1930년 2월 16일.

있었다는 것이다. 따라서 奇子조선은 단군조선 내에서 중추적인 역할을 담당함으로써 자생적으로 성장한 '기'들이 정치적 권위를 바탕으로 '스스로' 역사의 전면에 등장하여 단군시대를 마무리한 결과였다. 이때 '기아리' 즉 奇子는 '기'들 중 가장 영웅적 · 문벌적 존재였다. 기자는 兵敎혼합의 단군왕검을 '敎權'적 지위로 밀어내고 기술과 덕망, 권력을 바탕으로 정치의 신기원을 열게 된다.[41] 요컨대 奇子조선의 출현은 '必然한 一環의 連鎖로서 나타나야 할 역사적 과정'이었으며, 스스로 성장한 '기' 계층이 주체가 되어 이룩한 사회진화의 완성이자 '국가'의 성립을 의미하는 것이었다.[42]

이렇게 '기'의 자생적 성장과 시대의 전환을 강조하는 것은 당시 최남선의 단군론과 대비되는 중요한 요소이다. 최남선의 '개아지조선설'(『조선역사강화』, 1922)에서도 단군조선과 함께 '奇子朝鮮'을 설정하여 殷箕子를 부정하고 있으며, 안재홍의 '奇子朝鮮'도 이를 받아들인 것이다.[43] '개아지조선설'에서 'ᄀᆡ'는 단군조선의 씨족 중 '日子'(ᄀᆡ아지)를 스스로 칭할 정도로 존귀를 받던 집단이었으며, 이들이 언젠가 단군으로부터 왕위를 계승하여 성립한 'ᄀᆡ아지조선'은 곧 "단군조선의 '延長'인 'ᄀᆡ아지'朝"였다.[44]

이에 반해 안재홍은 奇子朝鮮을 단군조선의 연장이 아닌 새로운 '사회단계로의 필연적 발전'이자 '一大變革'이라는 의미를 부여하였다. 그리고 '기'에 대하여 처음부터 귀족이었던 존재가 아니라 성모시대와 단군시대를 거치며 사회적 역할을 완수하면서 스스로 성장한 집단으로 보고 있다. 조선사의 태고 이래 야만-미개한 사회상태를 극복하고 문명단계의 국가를 형성할 수 있도록 준비한, 그리하여 단군시대의 사명을 달성한 진정한 동력은

41) 안재홍, 「관견(20): 5. 기ᄋᆞ리시대의 출현(4)」, 『조선일보』, 1930년 2월 19일.

42) 안재홍, 「관견(21): 5. 기ᄋᆞ리시대의 출현(5)」, 『조선일보』, 1930년 2월 20일.

43) 한영우, 앞의 책, 1993, 222쪽. 「관견」에서는 '기아리시대'에 대해 최남선의 『兒時朝鮮』 중 'ᄀᆡ아지조선설'을 먼저 읽어볼 것을 권하고 있으며(「관견(17)」), '殷箕子抹殺論'은 최남선의 『朝鮮의 箕子는 支那의 箕子가 아니다」(『怪奇』2)를 참조했음(「관견(26)」)을 밝히고 있다.

44) 최남선, 「朝鮮史의 奇子는 支那의 奇子가 아니다」, 『怪奇』 2-2, 1929년 12월.

사회진화의 중추인 '기'의 성장을 떠나서는 생각할 수 없는 것이었다.

한편 안재홍은 기자조선 시대에 본격적으로 민족이 형성된다고 하였다. 상고시대 사회조직의 기초는 혈족, 씨족사회에 바탕을 둔 '두레'로서 지역적 類緣을 중심으로 한 것이었다. 그러나 기자조선에 들어서는 '기' 계층의 활동에 의해 타종족과의 접촉 및 교섭이 발생하며 대립적인 종족적 자각을 요하는 시대가 전개되었다. 그리고 '기'의 활동이 중추적 기구를 형성함에 따라 '겨레', 즉 민족이 사회조직의 기축으로 형성되었다.[45] 즉 '기'들이 각 부족의 수장으로 각지에서 산재하고 있었기 때문에 이를 연합으로 통제할 필요가 있었고, 그리하여 모든 인접한 혈연종족에 대해 '겨레'를 형성하게 되었다는 것이다.[46]

그러나 기자조선은 아직까지 '초기적 민족국가'에 해당하는 것이었다. 「관견」에서는 사회진화의 완성으로 형성된 국가를 '초기적 국가(기자조선, 삼한)'와 '근대식 국가(부여, 고구려, 백제, 신라)'로 구분하고 있었다. 이는 모건의 고대사회 이론에서 '영토, 재산, 주권자(=정부)'의 요소를 수용한 것이다. 안재홍은 이 중 정치적 측면, 즉 정부형태에 주목하여 기자조선을 초기적 국가로 구분하였다. 단군조선의 멸망과 기자조선의 성립은 사회진화의 완성을 의미했지만, 정치적인 측면에서 이때의 국가는 일개의 부족연합이 민족국가를 형성한 과도적인 형태였다. 이는 완전한 政局의 통일을 이루지 못한 '自由聯合의 國家'였다.[47] 초기적 국가에 해당하는 기자조선과 마한이 각각 위만과 백제에게 영토를 주었다가 공격을 받아 멸망하는 것은 영토관념의 부족과 극히 산만한 통치형태를 보여주는 것이었다.

그리고 초기적 국가의 멸망은 곧 근대식 국가의 출현과 특수한 민족문화의 완성으로 이어진다.[48] 즉 위만의 침입으로 奇子조선이 멸망하고 마지막

45) 안재홍, 「관견(23): 5. 기ᄋᆞ리시대의 출현(7)」, 『조선일보』, 1930년 2월 22일.
46) 안재홍, 「관견(24): 5. 기ᄋᆞ리시대의 출현(8)」, 『조선일보』, 1930년 2월 23일.
47) 안재홍, 「관견(30): 8. 마한고도는 진위(1)」, 『조선일보』, 1930년 3월 7일.

왕이었던 準王이 남천하여 세운 마한이 백제에 의해 멸망하면서 초기적 국가시대를 열었던 '기아리' 시대는 마감되지만, 이는 완전한 '근대식 국가'의 시대를 열게 되는 것이었다. 안재홍은 이때에 가서야 조선의 고유한 문화발달의 특수성이 대부분 완성된다고 보았다. 이는 결국 고유한 문화의 형성과 발전이 민족국가로부터 시작된다는 논리였다.

2) 민족문화의 창성과 '동방문화'의 朝鮮素

사회진화의 단계로 볼 때 '기'의 역할은 단군조선의 시대적 과제를 완수한 奇子朝鮮의 성립으로 마무리되었다. 그러나 민족문화의 측면에서는 외부 문화의 영향으로부터 "獨自的의 創成過程"이라는 새로운 과제가 부여되었으며, 이는 특수한 조선문화의 형성이라는 결과를 가져와야 했다. 이에 따라 「관견」의 후반부는 고유한 민족문화의 창성과정과 동방문화에서의 국제사적인 위치에 대한 서술이 중심을 이룬다.

조선 상고사의 사회진화는 태고 이래 단군시대를 거치며 발전의 과정을 거듭해 오고 있었지만, 문화의 창성은 사회진화가 완성되고 나서야 시작될 수 있었다. 그런데 외부의 간섭 없이 '스스로' 사회진화의 가능성을 구현한 '기'의 존재는 국가를 수립하는 자생적 원동력이 되지만, 반대로 민족국가의 건설 이전까지는 외부 문화를 거부하는 역할을 하게 된다. 이러한 경향은 '기'의 주체적 성격을 강조할수록 두드러졌으며 이른바 '殷箕子東來說'을 부정하는 논리가 된다.

> '기'의 활동을 중심으로 조선의 문화가 어떻게 그 獨自的의 體系를 가진 獨自的의 創成過程을 밟아 나왔는가를 명백하게 볼 수 있는 줄로 믿는다. 가장 鄕土的, 種族的의 特殊한 文化創成의 歷史를 밟아오지 않고서는 각종 산업의

48) 안재홍, 「관견(36) : 9. 마한국과 그 흥망(2)」, 『조선일보』, 1930년 3월 14일.

> 기술, 예의, 도덕, 종교, 습속 등에 관하여 그와 같이 系列整然한 어휘의 형성을 期할 수 없는 바이다. 漢書의 소위 "教其民, 以禮義田蚕織作"이란 것은 殷箕子의 東來로 인함은 아니요, '기'를 중심으로 (중략) 허구한 동안 發明教導하던 역사를 구전함을 追錄함에 지나지 않을 것이요, (중략) 따로히 外來文化의 侵蝕作用의 자취를 찾을 수 없다.[49]

앞서 살펴보았듯이 '기'는 사회진화의 측면에서 그리스의 공민과 같은 세계사적인 존재였지만, 다른 한편으로는 외부의 간섭을 인정하지 않는다는 점에서 조선문화의 독자성을 담보하는 존재였다. 따라서 '기'의 활동에 의해 만들어진 조선의 '鄕土的, 種族的'인 특수문화는 창성과정에서 외래문화의 영향을 배제하고 고유한 성격을 갖는 것으로 정리되었다. 민족문화는 국가 성립 이후부터 시작되기 때문에, '독자적 체계와 창성과정'을 설정하기 위해서 조선민족은 아무리 오랜 시간이 걸리더라도 국가의 형성까지 '스스로' 성장해야만 했다. 기자조선은 조선문화의 창성과정으로서 '전적인 의의 및 가치'를 가지는 것이었으며, '기' 계층이 발전을 거듭했던 '단군시대의 진면목'도 奇子조선을 통해 드러난다는 것이 안재홍의 입장이었다.[50]

이를 위해 외부와의 접촉은 그것이 설사 문화의 발전을 가져오는 것이었을지라도 배제될 필요가 있었다. 즉 奇子조선 시대는 문화창성의 경로를 따라 천 수백 년간의 진보가 누적될 것이었지만, 성립 초기에는 단군조선과 마찬가지로 중국문명에 비해 훨씬 후진적이었던 것으로 설정되었다.[51] 이는 단군조선의 선민들이 인접민족과의 교섭이 적음에 따라 사회문화의 진보가 '저절로 굼뜬바' 있었던 결과였다. 따라서 이후 부여와 고구려 등 '근대식 민족국가'의 형성을 이루기까지 사회진화의 제단계를 지남에는 수천 년의 기간이 요구되었으며, 이 때문에 단군기원 4263년(서기 1930년)도 결

---

49) 안재홍, 「관견(22): 5. 기ᄋᆞ리시대의 출현(6)」, 『조선일보』, 1930년 2월 21일.
50) 안재홍, 「관견(17): 5. 기ᄋᆞ리시대의 출현(1)」, 『조선일보』, 1930년 2월 15일.
51) 안재홍, 앞의 글, 『조선일보』, 1930년 2월 21일.

코 과장한 연대가 아니었다.[52]

요컨대 「관견」에서는 奇子 왕조를 내세워 중국의 殷箕子를 부정하고자 했던 최남선의 '개아지조선설'을 받아들여 '은기자동래설'에 대한 반박을 시도하면서도 이를 '기'에 의한 자생적 국가의 성립과 외래문화의 '침식' 배제라는 구도로 인용하였다. 조선문화는 '기'의 활약에 의하여 開創 · 創作 · 成長되어 특수한 자취를 뚜렷이 나타내는 것이었다.

결국 안재홍이 우수한 외부 문화인 중국 문화와의 관계를 인정하는 것은 근대식 민족국가가 출현하면서 부터였다. 이때 중국 문화를 접하게 되는 경로는 바로 漢의 樂浪郡인데 여기서 조선을 중심으로 중국 문화의 수용을 이해하고자 하는 방식이 독특하다.

> 殷箕子가 동래하여야 遼水의 西東 어느 지점에서 어느 정도의 문화적 기여가 있었던지는 速斷할 수 없으나, 流寇 衛滿의 王儉城 建國과 및 그를 繼承한 漢 樂浪郡의 설치가 고대 朝鮮文化史上에 심상치 아니한 寄與를 한 것은 부인할 바 아니요, (중략) 漢種族으로서도 東南에 이동한 자 적지 않은 것이다. 다만 漢 樂浪郡의 僑來民도 大部는 山東, 河北 방면 古東夷人의 混血兒의 자손이 많았을 것이니, 그 血緣의 관계가 전연 風馬牛가 아닌 것은 推想할 만하다.[53]

「관견」에서는 조선에 근대식 민족국가가 들어선 다음 중국으로부터 문화적 영향을 받았다는 것을 인정하였지만, 낙랑군민의 다수를 중국에 있던 동이족과의 '혼혈'이라 설정하였다. 중국 내에서 漢族은 주로 '陝西 · 河南으로 東下'하였고 朝鮮系 東夷人은 '山東 · 河北 · 江蘇 방면으로 南下'하였는데, 특히 산동반도는 중국 대륙과는 전혀 다른 '朝鮮系'의 생활권이었다.[54]

52) 안재홍, 「관견(14): 4. 단군시대 小觀(상)」, 『조선일보』, 1930년 2월 12일.
53) 안재홍, 「관견(38): 10. 민족이동과 삼국건설(2)」, 『조선일보』, 1930년 3월 16일.
54) 안재홍, 「관견(50): 11. 동방문화와 朝鮮素(1)」, 『조선일보』, 1930년 3월 29일. 「관견」에서는 조선의 선민인 동이족을 송화강, 압록강의 동북지역 및 한반도로 이주

낙랑군이 조선 문화 형성에 많은 영향을 끼쳤다는 점을 받아들이면서도 낙랑군민의 대부분이 산동, 하북 방면 출신이라는 것을 부각시키는 것은, 낙랑군의 우수한 문화 형성에 조선인의 先民이 관계하고 있었음을 이야기하는 것이었다.

이는 신채호가 낙랑유물이 漢의 낙랑군의 것이 아니라 고구려의 漢人들이 남긴 것으로 보아 낙랑군이 대동강 유역에 있었다는 증거로 인정하지 않았던 점과 다르다.[55] 그리고 최남선이 평양 낙랑군설을 인정하여 우수한 漢의 낙랑 문화를 접했기 때문에 한국의 고대문화가 우수했다고 본 것과도 일치하지 않는다.[56] 안재홍은 낙랑 문화와의 관계를 부정하지는 않았다. 그러나 낙랑군민에 포함된 조선인 선민과의 관계를 설정함으로써 조선 문화가 이미 중국에 영향을 주고 있었음을 강조하고자 하였다. 낙랑군의 유산은 일방적인 문화의 수용과정이 아니라, 조선인의 문화가 중국에 영향을 주고받으며 형성되는 것이었다.

그리고 이러한 의도 하에 제시된 '동방문화'는 漢族과 "朝鮮系 東夷人의 創作 · 合成에 依한 것"이었으며 조선의 濊族과 중국을 통해 일본으로 전달되어 일본의 문화발전을 가져 오는 것이었다.[57] 결국 안재홍은 문화형성의 본질과 핵심은 민족국가 안에 있는 것으로 인식하고 있었다. 최남선의 '불함문화'가 민족을 넘어선 동아시아 문화권을 상정하고 문화의 전파와 수용을 가지고 설명했던 것과는 달리, 안재홍이 구상한 '동방문화'는 외부문화의 영향을 인정하지만 민족 내적으로 형성된 각각의 문화가 서로 영향을 주고받는 것으로 이해한 것이다.

한 집단과 중국 발해만의 서안에서 산동지역(淮岱)으로 이주한 집단으로 구분하고 있다. 이 중 전자에 의해 단군조선이 성립되었으며, 동이족과의 혼혈로 설정된 낙랑군민은 후자에 해당한다(안재홍, 앞의 글, 『조선일보』, 1930년 2월 12일).

55) 이만열, 앞의 책, 1981, 177쪽.

56) 이영화, 앞의 책, 2003, 113~114쪽.

57) 안재홍, 「관견(54): 11. 동방문화와 朝鮮素(5)」, 『조선일보』, 1930년 4월 2일.

즉 조선의 고유문화는 민족국가 성립단계까지 내적으로 창작·성장한 것이며, 국제사적으로 볼 때에 선진문화 형성에 깊이 관여하면서 동방문화를 창작·합성한 것이었다. 이제 「관견」은 조선문화야 말로 "중국의 文化 生長에 중요한 寄與를 하고 일본 文化에 根幹的 요소를 만든 것"이라 정리하면서 중국과 일본문화에서 나타났던 '朝鮮素'를 확인하며 마무리된다.[58] 이로써 조선인은 상고사에서 스스로 민족문화 창성의 직능을 다 하였으며, 중국과 일본문화에 기여한 동방문화의 창시자로서 지위를 회복하게 되었다.

3) 「조선상고사관견」의 성과와 조선학 연구의 과제

이상의 논의에서 도출된 성과는 「관견」의 결론인 '朝鮮史究明의 價値'에서 보편적 사회진화 완성과 고유한 민족문화 형성의 두 가지로 정리되었다. 첫째 「관견」은 사회진화 완성의 측면에서 원시시대부터 통치체제의 발전, 族制의 변화를 통한 근대식 민족국가의 완성까지 '사회진화의 諸段階'를 검토·천명한 것이었다. 특히 사회진화의 양상을 통해 조선상고사에서도 전세계 인류의 문화사와 같은 점층적 진보가 이루어졌음이 확인되었다는 점이 부각되었다. 안재홍은 「관견」을 통해 세계 사회발달사상 유일한

58) 안재홍, 「관견(51): 11. 동방문화와 朝鮮素(2)」, 『조선일보』, 1930년 3월 30일. 안재홍은 주로 비교언어학인 방법으로써 동방문화의 '朝鮮素'를 제시하고 있다. 예컨대 중국문화의 朝鮮素는 대륙에 뜻을 두고 북진한 大陸北進思想의 결과였다. 그러나 漢族과의 생존경쟁에서 패배함으로써 그 실례가 명확하게 남아있지 않으며, 다만 언어학적 분석을 통해 볼 때 동이계로 분류할 수 있는 伏羲, 蚩尤, 舜, 帝, 姜太公 등은 문화적·무력적 대륙진출을 매개로 조선의 문화가 중국문화 발달사상에 영향을 미친 것이었다. 반면 일본문화의 朝鮮素는 安住地를 찾아 해양을 건너간 入海南遷思想의 결과였다. 언어의 기원과 유사성을 통해 볼 때 神話, 傳說, 神事, 法俗, 政治, 産業, 軍事, 家族 및 기타 고문화의 기반 위에서 발전한 모든 것이 朝鮮素로 된 바 일본문화의 본질이자 근저부가 되는 것이었다. 그러나 이러한 증명은 지나치게 음상사를 이용한 방법에 치중되어 있으며 그 외에 실증할 수 있는 자료가 없다는 점에서 무리한 추정이라 할 수 있다. 이 점에 대해 안재홍도 의식하고 있었으며 추후 수정이 필요하다는 것을 시인하였다.

전형으로 된 그리스 고대사의 면목이 조선상고사에서도 확인됐으며, 성모시대와 단군시대를 과학적으로 단정하고 '은기자동래설'을 명백하게 파괴했다는 점을 강조하였다.

둘째 「관견」은 민족문화 형성의 측면에서 奇子朝鮮의 출현 및 활동을 통해 '조선특수문화의 창성과정'을 확인한 것이었다. 기자조선은 민족고유의 색채와 정취, 본질을 표하는 것이었으며, 조선의 문화와 역사는 발생 초기부터 전 시대에 걸쳐 독자적인 생명을 가지고 있는 것이었다. 이는 조선역사가 시작부터 중국문화에 附庸되어 있었다는 오류를 깨뜨리고 오히려 조선의 선민이 동방문화의 형성과 성장에 중요한 기여가 있었음을 천명하는 것이었다. 안재홍은 이러한 사실이 현대의 민중생활에도 중대한 영향을 미치게 될 것이라 판단하였다.

정리하자면 안재홍은 근대식 국가의 형성이 민족문화를 완성한다는 관점에서 조선 상고사에서 보편적인 국가 성립과정을 이끌어내는 가운데 내적인 발전의 동력과 양상을 제시하였으며, 조선인이 수행한 동방문화상의 역할과 지위가 현대 조선인에게도 직접적으로 관련되어 있음을 주장한 것이었다. 「관견」은 모건의 고대사회 이론을 바탕으로 조선문화의 세계사적인 발전과정을 도출해 낸 것이지만, 결국 국가 없는 민족문화의 발전이 불가능하다는 것을 역설적으로 강조하고 있는 것이었다. 이점은 안재홍이 최남선의 상고사 구도로부터 연구를 시작했음에도 1930년대 이후 역사연구에서 서로 다른 결론으로 가게 되는 원인이 되었다.[59)]

---

59) 안재홍, 「관견(57): 조선사구명의 가치(1)」, 『조선일보』, 1930년 4월 5일. 한편 안재홍은 결론의 마지막에서 보론으로 일본과의 혈연적·언어적 유사성을 주장하는 동화론을 비판하였다. 과거 조선계의 濊族이 일본민족의 근간을 이룬 것은 맞지만 극히 원시적인 시대의 일로서, '근대식 국가'의 형성기에는 이미 민족적 분화가 완료되었다는 것이었다. 예컨대 튜턴족에 기원을 둔 게르만족과 앵글로색슨족처럼 조선인과 일본인은 서로 다른 민족이라는 게 그의 주장이었다. 나아가 안재홍은 당시 한일간 언어적 유사성 분석에 근거하여 동화론을 제기한 가나자와 쇼자부로(金澤庄三郎)의 『日鮮同祖論』(1929)을 언급하면서, 경성제대

그런데 이러한 결론을 통해 안재홍이 처음 목표로 삼았던 민족성의 객관적인 확인이 충분히 이루어지고 있는가에 대해서는 단언하기 어렵다. 「관견」에서는 조선인의 정치적 결벽성, 불관용성으로 인해 발생한 현실 문제를 해결하고 새로운 자아를 창건하기 위해 자각해야 할 선민들의 '大氣魄'이 무엇이었는지 명확하게 제시되지 않았다. 대신 선민들이 이룩한 독자적인 문화가 존재하였고 동방문화에 대해서도 많은 기여를 하였으므로 동아시아와 세계문화사에 있어서 조선에 대한 재인식이 이루어져야 한다는 결론으로 마무리 되었다. 이 점에 있어서 「관견」은 민족성의 확인을 위한 전제였던 민족문화의 존재와 그 양상까지만 확인한 것이었다고 할 수 있다. 이에 따라 조선의 특수한 문화 연구를 통한 민족성 해명과 민족문제에 대한 전망은 이후의 과제로 남겨지게 되었다.

그렇지만 「관견」은 미완성으로 마무리되었음에도 향후 장기적 역사연구에서 지향할 기본 방향을 제시하고 있었다. 특히 「관견」을 통해 확인된 조선 상고사의 역사상은 조선의 고유문화에 입각한 '宗國思想'(혹은 宗國意識)을 중심으로 조선사를 재인식하는 근거가 되었다. 안재홍은 본질적인 민족성이 무엇인지에 대해서는 구체적으로 정의하지 못하였지만, 상고사 연구에서 확인한 민족문화의 존재와 개별 양상으로부터 '종국사상'을 개념화하였다. 즉 상고시대가 마무리되면서 점차 약화되어 소멸된 종국사상의 부재가 조선이 처한 민족문제의 중요한 원인이 되고 있다는 분석이었다.[60]

이때 「관견」을 통해 확인된 단군시대와 단군의 존재는 종국사상의 자각을 주장할 수 있는 핵심적 요소가 되었다. 1930년 초 안재홍은 상고사에 있

학자들(城大學派)이 '朝鮮學에 관한 學究的, 政略的' 연구에 가나자와의 『일선동조론』을 이용할 것에 대비한 대책 마련이 시급함을 강조하였다.

60) 안재홍, 「『最近朝鮮文學史』 序」, 『조선일보』, 1929년 6월 11일; 「統一難과 統一의 要求(再)」, 『조선일보』, 1929년 7월 2일. 안재홍은 1929년 출옥 이후부터 '종국사상'이란 개념을 사용하고 있는데, 「관견」의 집필을 준비하는 과정에서 조선사의 문제점을 검토하면서 여기에 대해 주목하게 된 것으로 보인다.

어서 단군의 본질적 의미에 대해 다음과 같이 규정한다.

> 민족적 동일 문화권의 생활을 형성하고 거기에 가장 太上的 帝王的 지위에 놓이는 분이 있었으니, 그는 檀君王儉으로 일컫는 분이었고, 국가적 형태와 요소를 갖추어 역사적 존귀한 생장의 胚種을 지었던 具現的 史上의 존재자이시던 것이다.61)

> 檀君을 떠나서 全朝鮮史를 설명할 수 없고, 이에 관련된 방계 인민의 역사도 천명되지 않고, 하물며 이 엄연한 사실을 부정하여 全歷史의 경로를 온통 攪亂하는 것은 杜撰·改纂의 史學的 과오가 자못 큰 바라 하겠다.62)

단군은 국가성립 이전 단계에서 민족적 문화권 생활을 가능하게 한 존재이며 종국사상의 핵심이었다. 그러나 이러한 종국사상은 대륙북진주의를 대표하는 고구려가 중국과의 경쟁에서 실패하고 소국안분주의를 대표하는 신라가 삼국을 통일하면서 약화되었다. 종국사상은 자주파와 한화파가 대립하던 고려시대까지 명맥이 유지됐으나, 대외적인 경쟁을 포기하고 유학을 존숭했던 조선시대에 들어 완전히 사라지게 되었다. 그 결과 소국안분주의가 강화되어 조선인은 지방주의적, 가족주의적, 소극적, 이기주의적 경향이 농후해졌고, 형식적인 예론으로 대표되는 논쟁적 경향으로 사쟁적 당쟁이 강해졌다. 이것이 현재와 같은 부정적 민족성을 형성하게 되었다는 것이 안재홍의 설명이었다.63)

이에 따라 안재홍은 종국사상의 회복을 통해 부정적인 민족성을 타파하고 민족문제의 장래를 전망할 방법을 모색하였다. 우선 그는 종국사상의 현대적 의미에 대해 '역사동일체로서 이해를 같이하는 인민집단이 공통적

61) 안재홍, 「檀君과 朝鮮史」, 『조선일보』, 1930년 7월 5일.
62) 안재홍, 「檀君과 朝鮮史的 價値」, 『조선일보』, 1930년 11월 23일.
63) 안재홍, 앞의 글, 『조선일보』 1929년 7월 2일; 「누가 좋아할 일이냐」, 『조선일보』, 1930년 2월 14일.

난국 극복을 목표로 하는 同類意識의 총합'으로 정리하였다. 그리고 종국사상은 현대의 애국사상, 민족의식과 同根異質의 것이며, 민족감정이 시세에 따라 변화하듯 消長盛衰를 겪는 것이라 파악하였다.64)

안재홍이 조선후기 영정조대의 새로운 학술경향인 '朝鮮學'의 문제에 주목하게 된 것도 역사 속에서 종국사상을 자각한 사례를 검토한 결과였다. 조선학은 '朝鮮我'에 눈을 뜬 조선후기 영정조대 문예부흥의 분위기 속에서 조선을 중심으로 역사, 지리, 언어, 풍속 등을 연구한 학문 경향이었다.65) 정인보에 의해 '실학'으로 명명되는 이들 학문은 사라져 버린 민족 고유의 종국사상을 자각하고 학술적으로 적용한 사례로서 큰 의미를 갖는 것이었다. 이처럼 안재홍은 상고사 연구로부터 고유한 민족성의 확인을 통해 조선민족이 처한 문제를 해결하고자 했던 의도가 미완성에 그친 뒤 비로소 조선학의 문제에 천착하게 되었다. 종국사상을 자각함으로써 고유한 민족성을 부흥시킨 조선후기 실학의 사례는, 현재 조선인의 부정적 민족성을 타파하고 민족전망을 획득할 역사적 자원으로 인식되었던 것이다.

이후 안재홍의 역사연구는 종국사상의 회복을 통한 민족성 문제의 해결과 새로운 자아의 창건에 기반한 지도원리의 계발에 집중되었다. 이러한 점에서 1935년 8월『신조선』다산특집호의 권두언은 앞으로 안재홍의 역사인식이 향하게 될 지향점을 잘 보여주고 있는 것이었다. 그는 루소의 民約論이 서양에서만 있었던 것이 아니라고 주장하며, '新'을 세우는 길을 역사로부터 찾아 '신인식'을 일으키고 '신생명'을 열고자 하였다.66) 여기서 조선후기의 대표적인 실학자였던 다산 정약용은 종국사상을 기본으로 한 '近世

64) 안재홍, 「「애국심」 비판-시대를 딸어 변천하는 형태」, 『삼천리』 9, 1930년 10월.
65) 안재홍, 「『朝鮮最近世史』의 卷頭에 書함」, 『조선일보』, 1930년 4월 29~5월 1일.
66) 안재홍, 「茶山先生特輯 卷頭言」, 『신조선』 12, 1935년 8월. "무릇 신을 세움이 여러 길이로되 그 하나는 실로 옛일을 찾아서 신인식을 일으키고 써 신생명을 여는데 있는 바이라. 어찌니만 해외의 人과 學만이 홀로 그 善美를 의미할 수 있으랴! 크게 천하 식자에게 외쳐 보낸다."

的 愛國家', '近世 資本的 國民主義者', '現代 經濟的 民主主義者'로서 부활하고 있었다.[67] 안재홍의 역사연구는 조선학 운동의 결과가 아니라 원인이었으며, 1930년 초 조선학 연구는 민족 고유의 종국사상이 역사 속에서 회복된 사례로서 현재 조선인의 민족성 문제를 해결할 사상적 과제로 남겨진 것이었다.

4. 결론

지금까지 안재홍의 「朝鮮上古史管見」을 중심으로 고대사회 이론의 수용 양상과 상고사 연구에 나타난 민족문화 인식을 검토하였다. 1920년대 이래 안재홍의 관심은 조선인의 특수문화로부터 민족성을 해명해 내는 것에 있었다. 그는 관용성 결핍과 정치적 결벽으로 대표되는 부정적 민족성을 타파할 수 있는 조선인의 본질적인 민족성을 확인하기 위해 조선의 상고사로부터 조선인의 특수한 문화를 확인하고자 하였다. 이를 위해 모건의 고대사회 이론을 수용하고 최남선의 상고사 연구성과를 도입하였다. 그리하여 조선이 원시 혈족사회, 씨족사회, 부족과 부족연합이라는 사회진화의 과정을 거쳐 결국 '근대식 국가'를 형성하고 '민족문화'를 창성하는 상고사의 역사상을 구상해냈다.

안재홍은 1930년 「관견」에서 단군조선은 원시 사회를 극복하고 다음 단계로의 필연적인 발전을 예비한 과도기적 시대로, 기자조선은 내적인 동력을 바탕으로 사회발전을 마무리하고 초기적 국가의 성립을 이룩한 시대로, 삼국시대는 근대식 국가를 완성한 시대로 규정하였다. 또한 기자조선에서부터 시작된 민족문화는 독자적인 창성과정을 거쳐 삼국시대에 완성한 것

---

67) 안재홍, 「茶山의 經綸」, 『조선일보』, 1935년 7월 16일.

으로 파악하였다. 그리고 조선의 민족문화는 본질적으로 민족국가라는 단위 속에서 내적으로 형성·발전되었으며, 이렇게 형성된 조선의 문화는 중국문화와 영향을 주고받으며 동양문화를 만들어낸 것으로 결론을 내렸다.

안재홍은 「관견」에서 보편적 '사회진화'와 특수한 '문화창성' 속에서 민족문화의 본질을 확인하고자 하였고, 이를 통해 조선인의 민족성을 해명하여, 민족에 대한 전망을 얻고자 하였다. 그러나 이러한 시도는 미완성으로 끝이 났다. 안재홍은 민족국가의 성립과 민족문화의 발전을 보편적인 과정으로 설명하였으나, 자신이 목표로 했던 특수한 민족성의 설명까지는 도달하지 못한 것이다.

다만 그는 「관견」에서 확인된 민족문화의 존재와 개별 양상으로부터 단군을 중심으로 한 '종국사상'을 개념화 하였다. 그리고 그는 역사상 '종국사상'을 자각한 사례로서 조선후기의 실학, 즉 '조선학'에 주목하게 되었다. 안재홍은 실학과 정약용에 대한 연구를 통해 현재 조선인의 부정적 민족성을 타파하고 민족전망을 획득할 역사적 자원을 확보하고자 하였다. 따라서 1930년대 초 안재홍에게 있어 '조선학'은 민족 고유의 종국사상이 역사 속에서 회복된 사례를 확인하는 것으로서 의미를 갖는 것이었다. 이후 조선학 연구는 현재 조선인의 부정적 민족성을 극복하고 새로운 지도원리를 만들어낼 사상적 과제로 남겨지게 되었다.

따라서 신간회 해소 이후 조선학운동으로 이어지게 되는 일련의 과정은 이 점을 중심으로 새롭게 이해되어야 할 필요가 있다. 다만 민족성에 대한 구체적 정의를 결여한 채 종국사상의 자각이라는 한계에서 출발한 조선학 연구가 과연 민족문제의 전망을 확보할 수 있는 것이었는지, 그렇게 확보한 민족전망을 통해 식민지 시기 조선 민족이 처한 문제를 해결할 수 있는 것이었는지에 대해서는 비판적인 접근이 필요할 것이다. 향후 조선학 연구는 이 점에 주목하여 연구되어야 할 것이다.

참고문헌

1. 사료

안재홍, 「信念 犧牲 勞動-民衆救濟의 精神的 標幟」, 『시대일보』, 1924년 5월 17일.
______, 「民族性과 그의 反映」, 『시대일보』, 1924년 6월 19~20일.
______, 「深化·純化·淨化」, 『시대일보』, 1924년 5월 9일.
______, 「解放戰線을 俯瞰하면서」, 『조선일보』, 1925년 3월 1일.
______, 「尋春巡禮를 讀함(2)」, 『조선일보』, 1926년 6월 7일.
______, 「漢陽朝 五百年 總評」, 『개벽』 71, 1926년 7월.
______, 「朝鮮史 問題」, 『조선일보』, 1926년 8월 8일.
______, 「朝鮮 今後의 政治的 趨勢」, 『조선일보』, 1926년 12월 16~19일.
______, 「新朝鮮 創刊號 卷頭辭」, 『신조선』 1, 1927년 2월.
______, 「東光에 對하여 諸名士의 意見」, 『동광』 13, 1927년 5월.
______, 「朝鮮民族性의 國際史的 考察(1)」, 『현대평론』 1-4 1927년 5월.
______, 「崔六堂의 白頭山覲參記를 읽음」, 『조선일보』, 1927년 10월 13~18일.
______, 「生存運動의 久遠한 途程」, 『조선일보』, 1928년 3월 1일.
______, 「『最近朝鮮文學史』 序」, 『조선일보』, 1929년 6월 11일.
______, 「統一難과 統一의 要求(再)」, 『조선일보』, 1929년 7월 2일.
______, 「八道建築巡禮」, 『조선일보』, 1929년 10월 20일~12월 29일.
______, 「朝鮮上古史管見」, 『조선일보』, 1930년 1월 30일~4월 5일.
______, 「누가 좋아할 일이냐」, 『조선일보』, 1930년 2월 14일.
______, 「『朝鮮最近世史』의 卷頭에 書함」, 『조선일보』, 1930년 4월 29일~5월 1일.
______, 「檀君과 朝鮮史的 價値」, 『조선일보』, 1930년 11월 23일.
______, 「「愛國心」 批判時代를 딸어 變遷하는 形態」, 『삼천리』 1930년 10월.
______, 「檀君과 朝鮮史」, 『조선일보』, 1930년 7월 5일.
______, 「朝鮮과 文化運動-卷頭言에 代함」, 『신조선』 8, 1935년 1월.
______, 「茶山의 經綸」, 『조선일보』, 1935년 7월 16일.
______, 「茶山先生特輯 卷頭言」, 『신조선』 12, 1935년 8월.
최남선, 『朝鮮歷史通俗講話開題』, 1922(『六堂崔南善全集』, 현암사, 1973).
______, 「朝鮮史의 奇子는 支那의 奇子가 아니다」, 『怪奇』 2-2, 1929년 12월.

2. 자료집
민세안재홍선집간행위원회 편, 『民世安在鴻選集』 1·3·4·5, 지식산업사, 1981·1991·1992·1999.
고려대학교박물관 편, 『民世安在鴻選集』 6, 지식산업사, 2005.

3. 연구논저
김수태, 「안재홍의 신민족주의와 사회사 연구」, 『한국근현대사연구』 24, 2003.
김용섭, 「우리나라 근대 역사학의 발달」, 『문학과지성』, 1971 여름.
류시현, 「1930년대 안재홍의 조선학운동'과 민족사 서술」, 『아시아문화연구』 22, 2011.
방기중, 『한국근현대사상사연구』, 역사비평사, 1992.
이만열, 『한국근대역사학의 이해』, 문학과지성사, 1981.
이영화, 『崔南善의 歷史學』, 경인문화사, 2003.
이지원, 「안재홍」, 『한국의 역사가와 역사학(하)』, 창작과비평사, 1994.
______, 『한국 근대 문화사상사 연구』, 혜안, 2007.
이진한, 「民世 安在鴻의 韓國史 硏究와 新民族主義論」, 『한국사학보』 20, 2005.
______, 「民世 安在鴻의 韓國 中世史 認識과 唯物史觀의 批判」, 『史叢』 70, 2010.
전경수, 『한국인류학 백년』, 일지사, 1999.
정윤재, 「1930년대 안재홍의 문화건설론」, 『정신문화연구』 99, 2005.
정종현, 「단군, 조선학 그리고 과학: 식민지 지식인의 보편을 향한 열망의 기호들」, 『한국학연구』 28, 2012.
조동걸, 『현대한국사학사』, 나남출판, 1998.
천관우, 「民世 安在鴻 年譜」, 『민세안재홍선집 4』, 1992, 403쪽.
한영우, 『韓國民族主義歷史學』, 일조각, 1993.

Morgan, Lewis Henry, *Ancient society*, New York, Henry Holt and Company, 1877(高畠素之·村尾昇一 譯, 『古代社会 上下』, 東京 : 而立社, 1924).
Morgan, Lewis Henry, *Ancient society*, London, Macmillan, 1877(최달곤·정호동 역, 『고대사회』, 문화문고, 2005).

高畠素之, 『社會問題辭典』, 東京 : 新潮社, 1925.
郭沫若, 『中国古代社会研究』, 上海 : 新新書店, 1930(藤枝丈夫 譯, 『支那古代社會研究』, 東京 : 東學社, 1930).
渡部英雄, 「ルイス·ヘンリ·モルガン-その日本への影響」, 『英学史研究』, 東京 : 日本英学史学会, 1973.

林甘泉·田人隆·李祖德, 『中國古代史分期討論五十年』, 上海人民, 1982(최덕경·이상규 역, 『中國古代社會性格論議』, 중문출판사, 1991).

横田健一, 「日本史研究と人類學」, 『日本歷史25 別卷2 日本史研究の方法』, 岩波書店, 1981.

필자소개

이태훈 : 연세대학교 역사문화학과 조교수

정덕기 : 연세대학교 역사문화학과 강사

왕현종 : 연세대학교 역사문화학과 부교수

이준성 : 세종대학교 강사

채관식 : 연세대학교 역사문화학과 강사